大学生创业实务训练教程

主　编　张　伟　段辉琴　姜素兰
副主编　李静文　何霄云　朱宝轩
主　审　周志成

中国政法大学出版社
2017·北京

图书在版编目（CIP）数据

大学生创业实务训练教程 / 张伟，段辉琴，姜素兰主编. —北京：中国政法大学出版社，2017.4
ISBN 978-7-5620-7385-7

Ⅰ. ①大… Ⅱ. ①张… ②段… ③姜… Ⅲ. ①大学生－创业－高等学校－教材 Ⅳ. ①G647.38

中国版本图书馆CIP数据核字(2017)第071461号

出 版 者　中国政法大学出版社
地　　址　北京市海淀区西土城路 25 号
邮寄地址　北京 100088 信箱 8034 分箱　邮编 100088
网　　址　http://www.cuplpress.com (网络实名：中国政法大学出版社)
电　　话　010-58908285(总编室) 58908334(邮购部)
承　　印　固安华明印业有限公司
开　　本　880mm×1230mm　1/32
印　　张　14
字　　数　330 千字
版　　次　2017 年 5 月第 1 版
印　　次　2017 年 5 月第 1 次印刷
定　　价　49.00 元

《大学生创业实务训练教程》编委会

序

|PREFACE|

在以知识为基础的经济时代，实施创新驱动发展战略是建设创新型国家的必然选择。习近平总书记在2016年全国科技创新大会上发出了建设世界科技强国的号召，对坚持走中国特色自主创新道路、深入实施创新驱动发展战略进行了总动员。大力推进创新创业教育，培养一大批具有社会责任感和创新创业精神、善于将创新成果转化为现实生产力的高素质人才，是高等教育的重要使命，是推进“大众创业、万众创新”的现实需要，也是实施创新驱动发展战略的内在要求。

北京联合大学围绕“城市型应用型大学”的定位，依据“校地融合、产教融合、科教融合、学专融合、心智融合”的发展路径，提出了“创新创业教育应当是面向北京社会经济发展需要，综合运用学校、社会和政府等各种教育资源，在培养大学生创新创业精神的基础上，激发大学生的创造天性，使大学生成为具有创新创业精神和创业技能，根植地方的应用型创业人才的素质教育活动”；构建了“三个三”的工作模式，即“创业通识教育、专业创业教育、创业职业教育”三个层次的课程体系，“专家型、专业型和实践型”教师相结合的三支师资队伍，“由模拟到实训再到实战”的三类实践基地，形成联动式的创业管理工作平台和整合式的创业教育模式，涌现出一批优秀大学生创业成果。今后我校将构建“教学体系、保障体系、管理体系”三轮驱动的创新创业教育体系，强化创新创业实践，完善创业指导服务和创新创业保障机制，为应用型创新创业人才脱颖而出创造条件。

作为北京人民子弟兵的地方院校，深耕北京、服务北京是北京联合大学天然的使命。本次我校专家编写的《大学生创业实务训练教程》是北京市人力资源和社会保障局指定的首批大学生创业培训试点教程，兼顾实用和适度的原则，集理论性、实践性和创新性于一体，内容丰富多元、案例鲜活生动。希望本书能帮助大学生完成创业相关知识和理论的学习，通过行动训练不断提高创新创业能力，激活创新热情和创业才智，最终实现创新创业的梦想。

周燕 [illegible]

2016.11.15

CONTENTS 目录

模块B 创业准备

模块C 企业开办

模块A
创业评估

第一课
创业认知
LESSON 01

【创业故事】

美女CEO的追梦之旅

业界盛传王树彤是一位不可多见的美女CEO，而见过王树彤的朋友都说，她本人看上去比照片还漂亮，一头飘逸别致的短发，越发衬托出她娴雅端庄的气质。

王树彤没有海外留学背景，也没有很高的文凭，但这并不妨碍她精彩而辉煌的职业生涯。1991年她从北京电子工程学院（现为北京联合大学信息学院）毕业，随后进入清华大学软件开发与研究中心当老师。1993 年一路过关斩将进入到微软（中国）有限公司，先后出任市场服务部经理和事业发展部经理。1999 年加盟思科，出任市场营销部经理。1999 年创立卓越网，在卓越网当 CEO 时，她领导卓越网成为中国最大的网上音像店。2004 年，她创立了电子商务网站敦煌网，目前兼任艺术品中国网商业资深顾问。

她坦言："今天的成功源于对机遇的把握。几年来，我一直拼命学习和总结，尽心尽力地做好手中的每一件事，每走一步都力求扎实，为后来铺好道路。"

王树彤说自己属于越挫越勇的人，看问题能用很积极的态度，从困难逆境中看到光明、希望。这样的执着源于当年小学参加长跑集训的一段经历。当时她是练中长跑的，十分辛苦，望着长长的跑道，觉得自己永远也跑不到终点。但教练说："你一定要跑到终点，不管有多困难，哪怕是爬呢！"一周七天，王树彤每天工作到深夜十一二点。一路狂奔的结果是在同期进入微软的员工中，她是提拔最早、最快的。而这并非一帆风顺，因为在初期的外企里，国内的人才还是很受压制的。有几年，她的直接上司换了一拨又一拨，唯独没考虑到她，尽管她的业绩早就足以获得那个职位了。不过，她并不因此而气馁，只是一直潜心于做好自己的事情，从不计较自己付出了多少，得到了多少。她坚信一分耕耘，一分收获。

执着的个性，使王树彤从不去抱怨环境或者上司，而是埋头苦干。她说不公平的现象随时存在，关键在于你看问题的方式。在当今浮躁的互联网界，诱惑太多，跳槽如此频繁，年轻人有太多的理由轻易离开一家公司，他们往往会抱怨自己的上司如何苛刻、环境如何糟糕、待遇如何不公……真的是很难静下心来做好一件事了！王树彤不无感慨地说："其实他们只要再坚持些，结果可能就完全不一样了。”

刚到卓越网的时候，一切都从零开始。以前的卓越网是一个供网民免费下载游戏和软件的地方。王树彤来了以后，和她的团队一起，经过两三个月的充分调研和激烈论证决定开始做电子商务，她认为这是大势所趋。只要是她认准了的事情，她就会排除困难、不遗余力地去做。凭着自己多年的外企经验和过人的智慧胆识，她熬过了最艰苦的日子，迅速把卓越网打理成了中国网上第一音像店，成为中国电子商务新一代的领跑者。

在跨国公司做得久了，喜欢挑战的王树彤也逐渐意识到自己永远只能居于次中心位置，无法真正融入核心。她开始想着自己创业，在卓越工作的 3 年中，王树彤认识到电子商务应该从个人应用走向企业应用，信息服务要走向交易服务，电子商务面对的不应该只是区域市场，而更应该是国际市场，这也成了她创立敦煌网的原始动力。2004 年，王树彤创办了电子商务网站敦煌网，并将自己的目标一直锁定在“全球贸易的 B2B 平台”上。

在王树彤看来，做职业经理人和自己创业的最大不同是，为别人打工不用考虑生存问题，而创业则要随时留心市场的风吹草动，以防意外出局。强烈的危机感让身处高位的王树彤仍然保持着学生心态，总是在不断吸收各方面的知识。

2009 年，敦煌网小额在线外贸交易额达到 25 亿元。王树彤的目标是在 2010 年将这一数字提高至 60 亿元，占全国小额在线外贸总交易额的 60%。2013 年 3 月，敦煌试水中大额外贸，王树彤参加 B2B 大会时向外界透露，外贸电子商务属于风景正好，敦煌网在 2011 年后已实现持续盈利。

【导师问答】

问：王总，您认为大学生在选择创业之前需要做哪些准备呢？

答：第一，在出发之前你是不是想好了为什么要创业？什么是你的梦想？如果你有这个梦想，你就抵御住质疑或者诱惑，坚持下去。

第二，如果你选择了创业，你就选择了一种生活方式，它是长期的、艰巨的，或者说是一种对人的心力、体力、精力和毅力都是巨大考验的生活方式，你是不是能乐在其中？当别人出去玩儿的时候，你在加班，当别人休息睡觉的时候，你在出差，对这个问题如果没有想得很清楚就不要创业了。

第三，创业是一个不断超越自己、不断改变自己的过程。就像我，在卓越也好，在敦煌也好，创业初期都必须身先士卒。所以我在卓越布线也做过，在敦煌处理订单也做过。但每个人要知道什么时候能够停止，换成另外一个角色。这里面需要你做很多的改变，改变是非常痛苦的。

第四，选择创业不要怕走弯路，但也别期望一夜暴富。你在逆境的时候别气馁，但当你在顺境的时候，市场大潮非常红火的时候，也别真的不知道自己是谁了。很多企业家就是在不知道自己是谁的时候跌到了沟里面。

学习要点

1. 创业概念，创业的意义，影响创业活动的主要环境因素。

2. 创业对人生的影响，创业活动的基本特点，创业风险的评估。

3. 创新的内涵，创新与创业的关系，企业的创新框架，创新创业的本质。

【知识导航】

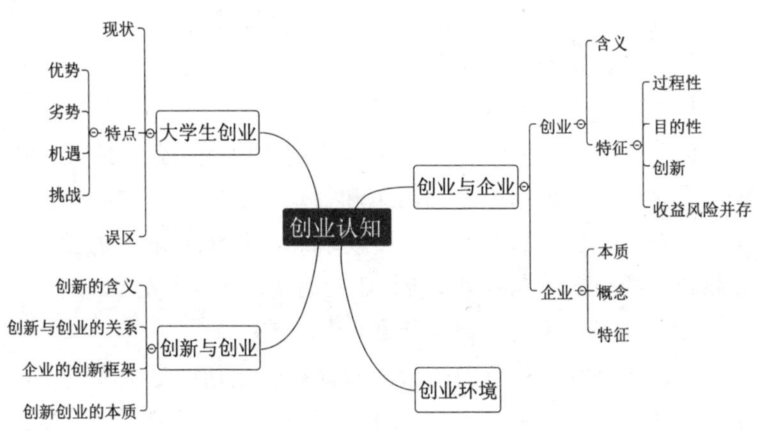

第一节　揭开创业的神秘面纱

一、创业的含义

创业，在《辞海》中的解释是创立基业。中国人对创业最普遍的理解就是创建一番事业。在英文中，“venture”“start-up”“entrepreneurship”都表示创业。“venture”的最初含义是冒险；“start-up”强调从零开始到新企业产生；“entrepreneurship”更多地表示创业精神和创业活动。

总结国内外学者的研究成果来看，创业的概念分为两个层次，即狭义的创业概念和广义的创业概念。狭义的创业是一个经济学的范畴，指主体以创造价值和就业机会为目的，通过组建一定的企业组织形式，为社会提供产品服务的经济活动。广义的创业是指“社会生活各个领域里人们开创新事业的实践活动”，即所有开创新事业的活动都是创业。本书关于创业的定义是：创业是指创业者发现商机、承担风险，利用企业这个经济组织，将自己拥有的资源或通过努力对能够拥有的资源以一定的方式优化整合，为社会和个人创造价值和财富的活动。

创业具有如下一些特征：

1. 创业是一个过程

创业是一个持续的过程，包括从创业伊始到企业的经营管理，直至最后退出的一系列决策和行动。作为一个创业者，要从无到有创建自己的企业，需要发现和评估新的市场机会，形成新企业的构想，直至完成新企业的创立、运营和发展。

2. 创业是一个有目的的行为

创业者一般都有明确的目的和动机，包括满足个人基本的生存需要、追求财富、实现自身价值和理想、寻求更大的自由等。创业的目的性对创业的成败和创业成功后的发展有着重要的影响。

3. 创业离不开创新

创业过程永远是不断创新与变革的过程，无论是发现新创意、捕捉新机遇、寻找新市场，还是技术创新、制度创新和管理创新，都是创新。可以说，创业的本质是创新。在某些时候，一些创新也只能以创业的形式来实施。在某些时候，如果没有创业，就不可能有后续一轮又一轮的创新。

4. 创业是一个风险和收益并存的过程

创业过程是一个充满风险的过程，这些风险可能来自市场、财务、精神和社会等各方面。一旦创业失败，创业者为创立企业所做的一切努力将付之东流。但是，如果创业成功，又会给创业者带来高于社会平均利润的更多超额利润，或使创业者追求独立和自我价值实现的目标得以实现和满足。

二、什么是企业

1. 企业的概念

企业一般是指根据社会需要来组织和安排某种商品生产、流通或者服务等活动，进行自主经营、自负盈亏、独立核算、具有法人资格的基本经济单位。

企业是在社会化大生产条件下存在的，是商品生产与交换的产物，是从事生产、流通与服务等基本经济活动的经济组织。

2. 企业的本质

企业是商品经济发展到一定阶段的产物。企业是一个社会单位，是国民经济体系中最基本、最活跃、最有创新意识的经济组织。企业在实现自身目标的同时，也要承担起社会责任。就企业的本质而言，它属于营利性组织。企业的本质目的在于“长期的利润最大化”，为了实现这个目的，企业必须重视顾客。企业如果盲目追求“利润最大化”，那么会慢慢失去顾客，企业必然灭亡。而如果盲目追求“顾客至上”，显然地，没有利润，企业何以为继？所以，企业必须在“短时利润最人化”与“顾客至上”之间平衡，才能达到“基业长青”的目的。

3. 企业的基本特征

（1）企业是依法设立的。企业必须具备法律规定的设立条件，依照法律所规定的设立程序成立，取得权利能力和行为能力。

（2）企业从事的是商品经营或者营利性服务的经济活动。一般企业经营的目的是营利，实现企业利润效益。当然，也有个别的政策性和公益性企业经营的目的不单纯是满足企业效益，更重要的是为了实现社会公共利益。是否从事经营性的经济活动这一特征是企业与国家机关、事业单位、社会团体最主要的区别。

（3）企业是一个经济实体，是一个经济组织。企业具有自己的名称，占据一定的营业地点，有独立支配的财产，有相应的组织机构。企业需要汇集人和物，诸如劳动力、技术、资金、设备、管理等生产要素形成一定的经济实体，开展经营活动，这种经营行为不是一次性的或瞬间的生产经营或服务活动，企业这一特征将企业与非组织的公民个人、个体工商户区分开来。

（4）企业具有独立或相对独立的法律人格。企业依据其不同的形式具有不同的法律地位。企业可分为法人企业和非法人企业，两类企业都享有法律所赋予的主体资格。公司企业具有法人资格，因此有独立的法律人格，公司的财产与投资者的财产区分开来，公司以其全部财产对外承担债务责任，公司企业享有独立支配企业财产的权利。合伙企业和独资企业不具有法人资格，企业财产与投资人的财产没有明显的区别，企业的债务由普通合伙人承担无限连带责任，有限合伙人以其认缴的出资额为限承担责任，个人投资者对企业债务承担无限责任。

三、创业的意义

1. 帮助实现人生价值

对许许多多梦想着开创自己事业的人而言，创业不但是一种充分实现自我的途径，更是发挥个人潜能的舞台。知识经济时代，智力已经成为关键性生产要素，大学生借助知识和创意去创建企业可以将梦想变为现实。

2. 促进资源合理分配

新创立的企业要能够生存并获得持续发展，必须具备比已存在企业更强的竞争力。新创立的企业的成功将会加剧行业的竞争，形成优胜劣汰的局面。竞争的存在促使资源向经营良好、效率更高的企业流动，并最终促使社会资源合理配置，产生更高的社会效益。

3. 推动组织发展

组织是创业者把商业机会转换成商业价值而整合、配置资源的一种形式。不同的经济发展阶段和商业环境需要有相应的组织形式来支撑创业活动的开展，创业者为了适应外界不断变化的商业环境就必须不断地调整组织的功能与形式，从而推动组织的发展。

4. 推动社会发展进步

创业往往伴随着新技术、新工艺、新方法进入市场，所以会催生大量科研成果转化型企业，这对创新驱动发展战略的实施、全社会创新能力和综合国力的提升有着巨大的促进作用。

“活着就是为了改变世界”，这是乔布斯的名言，也是无数创业者的梦想。

四、影响创业的外部环境

1. 政府政策

政府的创业政策对创业活动的开展和新创立的企业的发展具有重大的影响。从政策的内容来看，包括激励创业的政策，如对创业活动和新创立的企业成长、环境、安全、企业组织形式、税收的规定等，还包括政策的执行情况、落实情况和实施上的效率情况等。中国初创企业的税务负担比较低，而且其面对的税务和其他管制是相对稳定的。我国地方政府对新成立企业优先给予帮扶，对软件、金融、生物等高新技术创新企业在税收政策方面也给予了许多优惠政策，这些都有利于新创企业的成长和发展。

2. 政府项目支持

提供项目支持是政府政策的具体化。是我国政府支持创业和创业者的基本形式。这种支持，既包括提供资金和项目，也包括提供服务支持和建立扶植创业企业的相关组织和机构，以及通过这些组织和机构举办和开发大量创业项目。

3. 金融支持

新创立的企业的资金来源主要有三种：一是私人权益资本，包括自有资金、亲戚朋友借贷和引入私人股权筹集资金；二是创业资本融资；三是上市融资。一般而言，在企业发展的早期阶段，主要以私人权益资本和创业资本两种形式为主。为创业者提供的小额贷款，数量和范围都有限。中国创业的金融支持最主要的来源还是自有资金、亲戚朋友投资或其他的私人股权投资。现阶段大学生创业融资环境相对乐观，学校、各类机构等给予学生的创业资金较为充分。

4. 教育与培训

教育培训是创业活动得以开展的必要条件，也是创业者将潜在商机变为现实商机的基础。在提供关于市场经济知识和创业知识的整体培训方面，在商业、管理教育、创业类的课程的开发和项目管理能力培训方面，学校资源与社会资源已经能够为创业者提供较高的服务。

5. 研究开发转移效率

研发成果的市场化转移过程是否顺利，不仅表明我们商业化的步伐，而且表明创业研发和研发后转化为生产力的效率和水平，更反映出创业者是否能抓住商业机会。创业企业在接触新技术、新研究上能与大企业具有相同的机会。这表现出我国有较完善的科技成果转化基础，具备了支持个别领域的企业成长为世界一流技术型企业的能力。

由于很多科研成果是从学校、科研院所出来再走进市场，科研成果的转化过程不是很顺畅，因此，我国研究开发成果的转移工作应有针对性地重视改进转化条件，提升转化效率。可喜的是国家对产学研的政策不断推进，并加大了创客空间推进科研成果转化的扶持力度。

6. 进入壁垒

中国的高新技术市场正处于双高时期。首先是市场的增长率高，每年的市场都在不断扩大；其次是市场的变化率高，产品更新快，产业成长和衰退快。因此，对于创业企业来说，在当下的市场环境为其提供了难得的机遇。随着国家对知识产权的保护力度越来越大，企业本身的知识产权保护的门槛也越来越高，后来者的进入难度越来越大。

7. 商务环境和有形基础设施

一个良好的商务环境和充足的、有形的基础设施是创业成功的物质基础，又是创业重要的环境因素。近来，我国在整体商务环境的构建，市场体系的建设等方面做了大量工作，整体环境正在朝着有序、规范的方向发展。诚信意识在增强，硬件环境在改善，服务意识在提高，消费者的理性消费意识和消费观念有了明显变化，这一切为创业者进行创业奠定了一个比较好的基础。

8. 文化和社会规范

文化和社会规范是重要的创业环境要素。我国的文化和社会规范越来越鼓励人们通过个人努力取得成功，也鼓励创新的精神，更鼓励通过诚实劳动致富，让创业者勇敢承担和面对创业中的各种风险。这为建立崭新的创业文化奠定了坚实的基础。

第二节　大学生创业

一、励志点亮人生，创业改变命运

“励志点亮人生，创业改变命运”，这句话是《赢在中国》的主题，影响鼓励了太多在路上的创业者。古人云：志不立，天下无可成之事；志不立，如无舵之舟，无衔之马。若想要不虚度年华，人生路上有所作为，必须立好志向，及早做好自己的人生规划。然而，立志与规划人生不是随意的，必须要有开阔的胸襟和远大的抱负，必须顺应时代和社会发展的趋势，唯有如此，才能站在社会的最前沿，成为时代的弄潮儿。

人的一生虽不能惊天动地，但是一定要勤奋；生活虽不能奢华无度，但是一定要充实饱满；财富虽不能家财万贯，但是一定不能自甘堕落。成功是每个人的追求目标，创业则是许多人迈向成功的路径。在“大众创业，万众创新”的感召下，国家陆续出台多项优惠大学生创业的政策，对于有志向的朋友们，这无疑是一次难得的历史机遇。

二、大学生创业方兴未艾

所谓大学生创业，即是大学生毕业之后，不是立即就业，而是开始准备创业，或是在先就业之后，等自己的经验足够丰富，就准备创业，不是找工作而是创造工作机会。在大学生就业难的形势下，国家鼓励毕业生通过各种渠道、采用各种形式就业，大力支持大学生自主创业。此外，还连续出台了一系列针对大学生创业的优惠政策。因此，大学生创业并不是天方夜谭。

《2016 年中国大学生就业报告》即“就业蓝皮书”基于麦

可思公司2016年度的大学毕业生跟踪调查数据指出，自2010年《教育部关于大力推进高等学校创新创业教育和大学生自主创业工作的意见》发布之后，大学毕业生创业比例年年稳步提升。2015届毕业生自主创业比例是3.0%，比2014届（2.9%）高出0.1%，比文件发布之前的2009届（1.2%）高出1.8%。2015届高职高专毕业生自主创业的比例（3.9%）高于本科毕业生（2.1%）。

根据国家统计局《2015年国民经济和社会发展统计公报》发布的普通本专科毕业生人数680.9万估算，2015届大学生中约有20.4万人选择了创业。大学毕业生创业的主要动因是“理想就是成为创业者”和“有好的创业项目”。

调查数据显示，2012届大学毕业生毕业时创业的比例为2%。毕业三年后创业比例增长为5.7%，其中毕业时创业三年后还存活的约为1%，就业后再创业的约为4.7%，大学毕业生创业大部分是先就业后创业。大学毕业生创业存活的比例在上升，2010届毕业时创业的大学毕业生，三年后还在创业的比例为42.2%，2012届的毕业生创业三年存活率增长为47.8%。大学毕业生创业质量在提高。

1. 大学生创业优势分析

（1）学科专业知识优势。大学生在校期间，尤其是工商管理专业的学生，所学课程多为理论知识，如工商管理、经济、法律等专业，拥有丰富的企业管理及经济法律知识，这给大学生积累了许多经营管理、资金运营、财务核算、市场调查、法律法规等方面的经验。对于其他专业的大学生而言，虽然没有相应的经营管理知识，但是大多具有特定学科的专门知识，这些知识对于想要在相关领域创新的学生来说是巨大的财富，如计算机专业的学生可以利用相关专业知识创办高科技企业。此外，大学期间开设的课程大都有其内在的关联性，教给学生的是一种理念，一种思维方法，这些对大学生创业都会有很大的帮助。大学生在学习过程中培养了自学的能力，有很强的理解能力和逻辑思维能力，他们能很快习得新的知识，并对不断变化的环境做出迅速反应。

（2）大学生概念性技能强。随着市场经济的规范化，企业管理及决策科学化，创业并不只是头脑一热就可以付诸实践的。创业者要拥有足够的知识，对创业的各流程要有很清楚的了解，包括规划分析、注册选择、品牌经营等内容，这些都是概念性很强的理论，而大学生相对于社会上其他创业者如农民工来说，有绝对的优势。

（3）大学生团队组合优势。大学生在校期间，在许多专业都会有些志同道合的朋友，而这些朋友经过几年的交流沟通，会产生很好的合作意识。每个成员都有自身的优势，这样在创业团队组建时可以产生协同优势。大学生组建团队，因为有一定的感情基础，所以团队的稳定性更好。组建了有能力、有默契、有感情的高效团队就是创业成功的开始。

（4）大学生创新能力。大学给大学生提供了许多培养创新能力的平台。大学生社团完全由学生组织，学生在建立社团并在社团经营过程中，锻炼了自己的沟通能力、组织管理能力、事务处理能力、承受失败等能力，这些能力是创业者所必备的。全国各高校还为广大大学生组织各种创新创业比赛，如“挑战杯”“互联网+大赛”等，不仅激发了学生的创新创业意识，更为大学生的创新创业实践提供了很好的舞台。

（5）大学创业教育的开展。创业教育是对在校大学生进行从事事业、企业、商业等规划活动的教育，是对探索精神、冒险精神等心理品质的教育。近年来，各高校开设了创业管理课程，旨在培养大学生的创业意识。大学生创业教育能提高大学生的创业素质，对大学生的综合创业能力有很大的提高，不仅表现在理论知识层次上的提高，还表现在实践能力上的提升。如捕捉市场信息，果断的决策能力，敢想敢干，勇于创新；有经济头脑，注重经济效益，讲究工作效率；较强的法制观念，善于社会交往，正确处理人际关系。这些素质的培养，相信对即将创业的学生会有帮助。

2. 大学生创业劣势分析

（1）大学生对社会认知较少、社会经验不足。同学们平时关注较多的是成功案例，看到、听到的也都是成功人士，想当然的心向往之。因此存在盲目乐观的现象，对失败没有足够的心理准备。一旦创业遇到挫折和失败，许多创业者会感到痛苦、茫然，意志消沉。其实，成功的路上伴随的更多是烈士，他们由于各种原因没有走到成功的彼岸。更多的了解失败者才能使年轻的创业者们变得更加理智，提高成功的概率。

（2）急于求成、缺乏商业意识及管理经验，是影响大学生成功创业的重要因素。学生们虽然掌握了一定的理论知识，但终究缺乏基本的实践能力和经营管理能力。

（3）不少大学生对创业的认识还停留在仅有一个美妙想法与概念上。从一些同学提交的创业计划书可以看出，不少同学还试图用一个自认为很新奇的创意来吸引投资，拓展市场。虽然这样的事以前在国外确实有过，但现如今已然不可能。现在的投资人看重的是你的创业计划真正的技术含量有多高，在多大程度上是不可复制的，以及市场盈利的能力有多大。而对于这些，必须有一整套细致周密的可行性论证与实施计划，绝不是仅凭三言两语就能让人家掏钱的。

（4）大学生的市场观念较为淡薄，不少大学生很乐于向投资人大谈自己的技术如何领先与独特，未来多么美好，却很少涉及这些技术或产品究竟会有多大的市场空间与盈利能力。就算谈到市场的话题，他们也多半只计划花钱做广告买流量，而对于诸如目标市场定位与营销手段组合这些重要方面，则全然没有概念。其实，真正能引起投资人兴趣的并不一定是那些先进的东西，相反，那些技术含量一般但却能切中市场需求的产品或服务，常常会得到投资人的青睐。同时，创业者应该有非常明确的市场营销计划、成本计划、内部管理能力，能强有力地证明盈利的可能性。

当然，为了避免创业失败，在行动之前，我们还需先明白创业路上的地雷在哪儿。著名 IT 人士、创新工场董事长兼首席执行官李开复为急于创业的应届大学毕业生“支着儿”，建议年轻人在创业过程中避免五种急功近利的误区。

误区一：一毕业就创业

如果大学生尚未预备好，就过早出来“主导”创业，失败率很高。李开复表示，先参与创业，再主导创业，这对大学生而言是一个更好的选择。因为国内教育更关注专业发展，而忽视对学生执行力、团队经验、市场研究等方面的培养。他认为，创业能力、创业教育是以上所有因素全方位的整合，而中国教育尚需走一段较长的路。

误区二：创意即是创业

针对国内很多大学生有了自己的创意却不愿意让投资者知道的做法，李开复以为，“点子改变一切”的情况在现实生活中实在很少见。“点子不是最值钱的，假如让投资者在‘创意’和‘创业人’之间选择其一的话，肯定有更多投资者选择后者。创业人身上包含了所谓的非智力因素，包括创业方向、人的性格品质、创业团队以及执行力等。”

误区三：创业即是上市

创业的目的不仅是为了上市和赚钱，更不是为了打倒竞争对手。年轻创业者要更有胸怀，打造正面的创业生态系统。上市、赚钱等并非创业的最后目标，大学生创业者的最大理想应该是创造、完善行业产业链，用技术来造福用户。例如在互联网行业，当网络用户、内容生产商和广告商都能够分享你的技术，并达成收益和经验上的共赢时，才算得上是成功。

误区四：对市场不够重视

将“创业”直接等同于“科技创业”，又将“科技创业”直接等同于“获得专利”，是目前国内大学生创业者中一种较为多见的想法。在李开复看来，创业成功与否，很大程度上取决于大学生创业者是否“知悉市场”，包括对市场的理解，对用户的深刻洞悉，以及对用户利益的了解和尊重。

误区五：创业即是赢得风投

“风险投资提供的不仅是钱。”李开复表示，据他观察，有些创业者第一笔资金拿到手后，便开始排斥投资者的共同参与，把他们的意见当成对自己的干涉。“风投的价值远在金钱之上。除了投钱之外，他们还能为涉世未深的大学生介绍人脉、客户、伙伴，帮助大学生了解市场，治理财务，以及吸引下一轮融资等。”正是基于这个原因，好的投资人的标准不仅在于他是否愿意投钱、投多少钱，更在于在投钱之后他能否为创业者提供持续的、有价值的帮助。

李开复认为，五大误区中首当其冲的是简单地以为“一毕业，就应该创业”。大量经验和实证案例表明，“一毕业，就创业”往往失败率更高。更恰当的方法是，毕业后首先加入一个创业团队，从团队中学习创业经验，逐步积累个人实力，在几年后再正式创业。其余的四大误区中两项与“钱”有关，分别是以为“创业即是上市”，“创业即是赢得风险投资”。这两个误区都把创业过程中的融资手段当成了目的，是非常短视的行为，不利于创业者将新企业做大做强。最后两大误区一是以为“创意即是创业”，二是以为“科技创新即是创业”。他说，时下一些大学毕业生往往以为自己手里握着“点子”和“发明专利”就是万能的，结果一创业就败下阵来。这大多是由于在创业过程中忽视了团队合作和执行力，这两种能力比“点子”更重要。

第三节　创新与创业

来自中国科学技术协会的调研结果显示，六成科技工作者有创业欲望，但真正去创业的只有2.5%。我国科技人力资源和研发人员数量均居世界第一，是“双创”最为宝贵的战略资源。应允许有技术有本事的科技人员“一夜暴富”。对优秀创新创业资源的争夺，已成为欧美等发达国家的主要战略。只有高度重视科技人员的生力军作用，进一步深化科技体制改革，使更多创业活动建立在创新驱动的基础之上，才能使更多的创新企业破土而出、发展壮大，成长为具有世界竞争力的引领产业变革的“独角兽”企业。

一、创新的含义

“创新”一词最早是由美国经济学家熊彼特于1912年出版的《经济发展理论》一书中提出的，其创新理论包括下列五种具体情况：开发新产品，或者改良原有产品；使用新的生产方法，比如改手工生产方式为机械生产方式；发现新的市场，比如从国内市场走向国际市场；发现新的原料或半成品，比如使用钛金属做眼镜的镜框；创建新的产业组织，比如新兴的培训公司。

二、创新与创业的关系

创新是创业的基础，而创业推动着创新。从总体上说，科学技术、思想观念的创新，促进人们物质生产和生活方式的变革，引发新的生产、生活方式，进而为整个社会不断地提供新的消费需求，这是创业活动源源不断的根本动因。创业在本质上是人们的一种创新性实践活动。无论是何种性质、类型的创业活动，都有一个共同的特征，那就是创业是主体的一种能动的、开创性的实践活动，是一种高度的自主行为，在创业实践的过程中，主体的主观能动性将会得到充分发挥，正是这种主体能动性充分体现了创业的创新性特征。

三、企业的创新框架

创新既是企业生存与发展的必然要求，也是现代社会经济发展的基本动力。熊彼特在《经济发展理论》一书中提出：企业创新就是把一种从来没有过的关于生产要素的“新组合”引入生产体系。这种新组合包括：开发新产品、引进新技术，开辟新市场、获得原材料或半成品的新的供应来源。所以，企业创新是一个以人的知识资本为主导、以生产要素的新组合为手段、以提升企业的绩效为目的的活动。

企业创新的能力体现在以下三方面：一是在技术上，企业能否将科学的概念转化成为用户开发的产品，并且生产、制造和提供给消费者；二是企业提供的产品是否能被用户认可，企业能否有效地说服用户接受自己的产品；三是企业是否能有效地管理这一过程，并获得一定的财务回报。马克·佩恩在《创新者的变现力》一书中指出，企业创新的核心是产品创新。为什么产品创新如此重要呢？在他看来，只有产品创新能直接满足客户需求并带给客户不同的产品体验。同时，创新还能给企业带来足以维持其生存与发展的业务收入。这真是一个既能化繁为简，又能贯穿整体的精巧定义。由此可见，产品创新也应该成为绝大多数企业最重要的创新方向。而围绕产品创新所展开的技术创新、商业模式创新和管理创新等，都是为了最大限度地提升产品性能，建立差异化的品牌定位和获得足够的利润空间。

企业创新涉及组织创新、技术创新、管理创新、战略创新等方面的问题，且各方面的创新都不是孤立地考虑某一方面的创新，要全盘考虑整个企业的发展，是有较强的关联度的。因为现代企业的组织结构具有多层次性，企业决策层周围往往是围绕一层至多层的组织，创新可能在企业不同层次的组织中产生，所以创新会呈现出与企业组织结构相对应的多层次性。

四、创新创业的本质

1. 创新是创业的本质与源泉

熊彼特认为，创业包括创新和未曾尝试过的技术。创业者只有在创业的过程中具有持续不断的创新思维和创新意识，才可能产生新的富有创意的想法和方案，才可能不断寻求新的模式、新的思路，最终获得创业的成功。

2. 创新的价值在于创业

从一定程度上讲，创新的价值就在于将潜在的知识、技术和市场机会转变为现实生产力，实现社会财富的增长，造福于人类社会。而实现这种转化的根本途径就是创业。创业者可能不是创新者或是发明家，但必须具有发现潜在商机的能力和敢于冒险的精神；创新者也并不一定是创业者或是企业家，但是创新的成果必须经由创业者推向市场，使潜在的价值市场化，才能转化为现实生产力。这也侧面体现了创新与创业的相互关联。

3. 创业推动并深化创新

创业可以推动新发明、新产品或是新服务的不断涌现，创造出新的市场需求，从而进一步推动和深化各方面的创新，因而也就提高了企业或整个国家的创新能力，推动了经济的增长。

【案例链接】

1. 大学生猪肉倌薪酬直追白领

2013年1月，北京大学经济系毕业生陈生领衔的“大学生猪肉倌”正式在上海12个菜市场亮相，经营猪肉生意。50余名大学毕业生被分配到了各大菜场的柜台，成为猪肉一线销售员工，被市民戏称为“大学生猪肉倌”。据悉，由于员工中大学毕业生占了一半多，学习能力强、素质好，使得壹号土猪发展很快，在珠三角的专柜已经超过500个。同时，一线“猪肉倌”的月收入也达到3000元以上，管理层更有10万元以上年薪，这一薪酬与办公室里的白领不相上下。

2. 大三学生创业开公司被并购　两年“炼成”百万富翁

今年22岁的陈运峰是武昌理工学院商学院国贸1104班的学生，出生于鄂州的一个农民家庭，贫困的农村生活培养了他自立自强、吃苦耐劳的精神。由于家庭贫困，他的大学学费和生活费全靠助学贷款和助学金维持，他从大一开始就勤工俭学。从最开始的发放传单、贴海报等基础性工作，到自己组建团队独立完成任务，再到配合教学部设计课程和海报，最后自己决定创业都是他不断学习、不断把握机会和努力突破的过程。凭借个人毅力和能力，他从普通校园代理发展成为校园主管、区域主管，最后成为培训部经理。由于对培训行业的热爱和近两年的市场经验，2012 年 10 月，陈运峰创业成立了“魔法国际教育”。2014 年元旦前夕，由于创业团队良好的业绩加上团队成员优秀的执行力，“魔法国际教育”被武汉信维时代商务管理有限责任公司相中后并购，陈运峰享有 50%的股权，并出任公司执行副总经理，这名大三学生一下子就成了百万富翁。

资料来源于大学生创业网：http://www.studentboss.com/html/news/。

【能力训练】

1. 棉花糖游戏

目标：在固定的时间、有限的资源下，利用给定的道具完成指定的任务。

道具：棉花糖 1 只、棉线 1 米、胶带 1 米、意大利面条 20 根、剪刀 1 把、白板 1 个、1 米皮尺 1 条、黑色记号笔 1 支、任何奖品 3 份、棉花糖游戏录像 1 段（最好有）。

游戏要求：将所有参与者分成 4 人一组，利用上面的道具，在 20 分钟的时间内，不借助任何外力，建成一个最高的棉花糖。

游戏结果分享：这个游戏不管你是完成还是没有完成，其实都没有失败，游戏的目的主要是让大家感受创新任务完成的过程，锻炼大家在创新过程中利用原型法做事情，并且要目标导向，打破惯性思维。

2. 头脑风暴法

头脑风暴是帮助人们想到更多更好的解决方案，为达到较好的效果，需事先确立以下规则：

（1）鼓励创新的观点。

（2）不轻易否定别人的观点。

（3）可以提建设性的想法。如果觉得别人的一个想法很好，但还不够完善，那么可以在他观点的基础上说一些进一步的想法，帮助他的想法变得更好。

（4）鼓励更多的新点子，越多越好。用便笺纸或便利贴把好的点子记录下来。

（5）讨论时一个一个讲话，不七嘴八舌。

（6）讨论不偏题。

通过小组讨论利用头脑风暴产生创业想法。

【课后练习】

用杂志封面描述你的创业梦

1. 通过视觉艺术将自己的创业梦表达出来 用手来思考，用心来设计。

2. 设想当狂野的创业梦想实现以后，企业未来的前景将会是什么样。其中包括：对行业的理解、品牌的推广、解决方案、美好的未来等。然后将自己的认知画出来，作为畅销杂志的封面。比如，有人会以交通工具为杂志封面来代表该公司在所处行业的状况。通过大家所绘制的图案联想所代表的含义，如自行车（轻便）、火车（守旧）、大巴（保守）、高铁（高速现代）、飞机（高速飞奔）、飞船（高科技）、UFO（神秘）等，可以看出每个人对未来企业不一样的认知。

第二课
创业者评估 LESSON 02

【创业故事】

大学生自主创业开餐厅　试营业期间每天赔两千

2004年10月26日，由北京联合大学应用文理学院的8名应届毕业生自主创业开办的餐厅"八零年代"开业了。2004年初，还未毕业的赵明晨等8人有了联合入股承办学校餐厅的想法，他为此还辞去了月薪6000元的工作，全身心投入。6月底中标成功后，赵明晨几个人开始了创业之旅。2004年10月26日11时左右，总经理赵明晨宣布"八零年代"餐厅正式开业。包括十几个前来捧场的老师、7个股东以及赵明晨的父母和亲戚在内，现场只有30人。

"八零年代"采用橘色装修，色彩温暖，很优雅。作为股东之一的郑丹阳说，所有装饰品都是他们自己买的。取名"八零年代"，是因为大家都是八十年代出生。这个年代赋予我们的意义太多。

到中午12时左右，能坐40多人的餐厅坐满了人，除了附近的居民，大多数人是学校的学生和老师，其中一个老师是刚从外地飞回北京，他一下飞机就赶到餐厅为弟子捧场。就餐的学生对这里的饭菜比较满意。他们表示，挺佩服赵明晨等几个师兄的魄力。

到了当天19时的晚饭时间，餐厅的生意变得冷清，只有二十几个顾客坐在包厢内就餐。

问题：生意不好每天赔2000元

据赵明晨介绍，从9月20日试营业到现在，基本上每天赔2000元左右。赵明晨说，可能很多同学发现装修得好了，就觉得价钱也高了，但实际上不是这样，一份宫保鸡丁才9块钱。经常有同学两个人点一盘土豆丝，还用打折卡打八五折，成本很难维持。

赵明晨称，鉴于生意不好的情况，他特意试尝了周围餐厅的各种特色菜，以改进自家餐厅的菜品，吸引更多的顾客。

感言：创业艰难远超想象

对餐厅的成功开业，赵明晨哭了。他说："我的感觉是艰难，异常艰难。"赵明晨称，自主创业的想法始于刚上大学时对未来的想象，想和几个朋友一起干番事业。大四时，学校的餐馆招租，这给了他们梦想成真的机会。

赵明晨承认，自己起初并未意识到创业的艰难远远超过自己的想象。赵明晨家是工薪阶层，开业启动资金的大部分都是从亲戚朋友手中借的。

赵明晨等人的预算是15万到20万元，结果实际投入高达50万元，其中很多是不了解餐饮业的流程导致的重复投资。赵明晨原以为厨房只要简单粉刷一下就行，可装修好后却没通过卫生局的验收。原来，从前的厨房进门就是炒菜的地方，洗菜、配菜在里面，整个操作流程是反的。结果，赵明晨在将厨房重建后，才把流程理顺。他们不得不大量追加投资。

最让赵明晨头疼的是办理各种执照。他已经记不清去过海淀一站式服务大楼多少次，办理工商、税务各种执照，平均每项都要跑三四次。"原来说给大学生自主创业提供很多优惠政策，但去了很多部门都说没有。”

对于“后来者”，赵明晨以过来人的身份说：“一定要做好充分的心理准备。因为办理各种手续非常麻烦，而且工作非常繁杂，如果事业上能有一个可以分担的合作伙伴，那是最好的。”

【导师问答】

问：很多人都说大学生不应该一毕业就创业，可是我又确实找不到合适的工作，我应该勉为其难，找一个凑合的工作先生存，还是应该立刻寻找目标，开创自己的事业？

答：一定要进行自我评估，确定自己目前的各种条件是否适合马上创业。不管做什么，前期准备都很重要，创业会很辛苦，心理和生理都要做好准备。首先，要问问自己对什么感兴趣。对自身不感兴趣的事情是很难持续投入精力的。其次，要有强健的体魄。创业过程中需要自己殚精竭虑，事无巨细，持续不断的身心投入，问问自己身体的储备能否适应艰辛的创业历程。最后，内心足够强大。创业的过程就是不断解决问题的过程，更是一个适应环境的过程，此中面对的各种问题与波折，都需要创业者有足够的忍耐能力、沟通能力、适应能力。

学习要点

1. 创业类型，创业动机，创业目标对创业活动的影响。
2. 创业者具备的精神与素质，创业精神的本质和创业精神的要求。
3. 创业者需要具备的能力。
4. 创业者自我评估的方法，创业者自我提升计划的制订。

【知识导航】

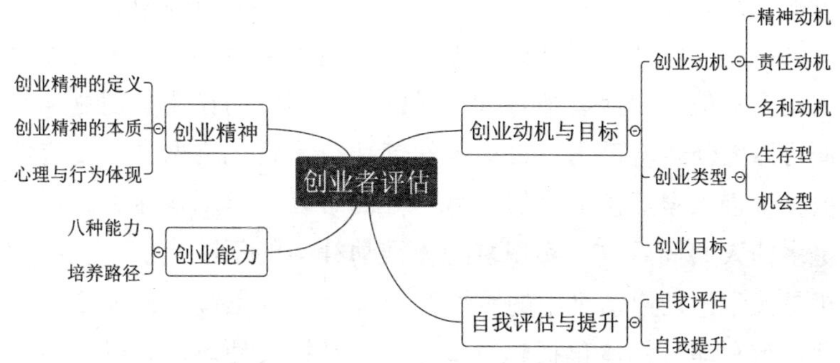

第一节　创业的动机与目标

一、创业动机

创业动机是指引起和维持个体从事创业活动，并使活动朝向某些目标的内部动力，是鼓励和引导个体为实现创业成功而行动的内在力量。对于大学生而言，当智力水平和知识能力差别不大时，创业动机的强弱对其今后是否选择创业以及创业能否成功起着至关重要的作用。

清华大学经济管理学院张凯竣、雷家骕研究发现，我国在校大学生创业动机主要分为精神动机、责任动机和名利动机三个维度，其中精神动机对大学生创业倾向的影响最为显著。精神动机具体包括检验个人想法、挑战自我、获得成就感等内容，反映了大学生希望通过创业来实现自己的理想。大学生思维活跃、朝气蓬勃，容易接受新鲜事物，具有开拓创新精神，有着实现自我价值和个人理想的远大志向，这样的特点往往是大学生创业的动力源泉。因此，与其他群体的创业者相比，大学生有着更加强烈的精神动机。大学生多认为个人能力素质是可以培养和发展的，因而有动力通过创业的方式来不断挑战自我、发掘潜能，提升自己的能力和水平。责任动机包括通过创业促进国家经济发展、贡献社会进步等。创业作为一项经济与社会活动，对他人和社会都有着积极的影响和带动作用。创业一方面可以增强经济活力，将更多的创新成果转化为商品，创造价值，促进国家经济的发展；另一方面可以缓解就业压力，帮助更多的人共同致富、实现梦想，推动社会的不断进步。名利动机是大学生创业动机中的重要组成部分，也是最容易理解的一项。名利动机具体包括解决就业、提升社会地位、获得社会认可、实现个人独立、积累财富等内容，反映了大学生希望通过创业获取权利、财富、地位等外在认可的动机。

二、创业类型

2001 年，全球创业观察（GEM）报告的撰写者雷诺兹等最先提出了生存型创业和机会型创业的概念。生存型创业是面对现有的市场捕捉机会，表现出创业市场的现实性。生存型创业从事的是技术壁垒低、不需要很高技能的行业。生存型创业所占比重较大，在我国所有创业活动中，大约在 90%左右。生存型创业起点较低。生存型创业者大部分文化水平不高，创业项目也主要集中在餐饮副食、百货等微利行业。

机会型创业和生存型创业不是创业者的主观选择结果，而是由创业者面临的环境和能力决定的。创业环境是宏观因素，需要社会有意识和有计划地改善；而创业能力特别是开创新市场的能力则可以通过教育来提高。当然，创业能力中所包含的创业意识一定程度上说也是一种天赋，既有自主选择的一面，也有被迫选择的可能。

创业者个人特征是影响创业动机的主要因素，对机会型创业与生存型创业的区分有显著影响。一般来说，年龄在 25 岁到 44 岁之间的人更有可能进行机会型创业，而年龄在 45 到 54 岁的创业者，生存型创业的比例明显高于机会型创业。另外，学历高低与机会型创业比重正相关，与生存型创业比重负相关。

创业投资回报与创业风险成正比。对于失败的恐惧，生存型创业者比机会型创业者高两倍，因此生存型创业者比机会型创业者期望较低的风险，机会型创业者往往期望较高的风险和投资回报。

生存型创业者更多地受到创业资金的限制，同时，由于本身受教育程度较低、人力资源相对缺乏，更多地主动回避技术壁垒较高的行业。而机会型创业者拥有更多的创业资金，更关注新的市场机会，选择的行业无论是资金壁垒还是技术壁垒，都远远高于生存型创业者。机会型创业者能比生存型创业者获得更多的贷款资金和政府支持。生存型创业者的资金主要来源个人和家庭自筹。

相比生存型创业，机会型创业不仅能解决自己的就业问题，而且能解决更多人的就业问题。另外，机会型创业着眼于新的市场机会，拥有更高的技术含量，有可能创造更大的经济效益，从而改善经济结构。无论是从缓解就业压力还是改善经济结构的目的出发，政府和社会都应该更加关注机会型创业，大力倡导机会型创业。

除了这种分类方式，创业还可以根据不同标准，分成创建新企业与企业内创业，独立创业与合伙创业，传统技能型、高新技术型和知识服务型创业，依附型、尾随型、独创型和对抗型创业，以及基于产品、营销模式和组织管理体系创新而创业等不同分类。

三、创业目标

理解了上面的内容，你可能已经在心里权衡自己的创业动机和创业目标了。只有具备了创业的动机和目标，你才能够创业。没有动机，没有目标，就很难有创业的强烈愿望，更不会有创业激情。首鼠两端，畏首畏尾，创业很难成功。

思考一下，你的创业动机是机会型的，还是生存型的？不同的创业动机决定了你的创业目标。机会型创业和生存型创业虽然是基于创业者创业动机的分类，但由于二者在产业升级的贡献、提供就业岗位的数量、拓展市场的空间、经济社会竞争实力的提升以及对国家税收的贡献率等方面具有很大区别，机会型创业与生存型创业的比率都是衡量一个国家创业水平的标志。大学生创业既有生存型的也有机会型的。对比分析两者差异，降低生存型创业的引发因素，改善和提高机会型创业的条件，对提高机会型创业的比率和机会型创业的成功率以及大学生创业水平等具有重要的现实意义。

【自我评估】 你的创业目标是什么？

目　标	很符合（5分）	符合（4分）	一般符合（3分）	不符合（2分）	很不符合（1分）
我认为通过创业可以实现某种梦想					
我认为通过创业可以解决个人就业问题					
我认为通过创业可以实现个人经济独立					
我认为通过创业可以积累资金和财富					

续表

目　标	很符合（5分）	符合（4分）	一般符合（3分）	不符合（2分）	很不符合（1分）
我认为通过创业可以挑战自我					
我认为通过创业可以给自己带来成就感					
我认为通过创业可以提升自己的社会地位					
我认为通过创业可以提升个人社会影响					
我认为通过创业可以促进国家经济发展					
我认为通过创业可以为社会做更多贡献					

第二节　创业精神的本质与培育

一、创业精神的本质

创业精神（entrepreneurship）是指在创业者的主观世界中，那些具有开创性的思想、观念、个性、意志、作风和品质等。创业精神有三个层面的内涵：哲学层次的创业思想和创业观念，是人们对创业的理性认识；心理学层次的创业个性和创业意志，是人们创业的心理基础；行为学层次的创业作风和创业品质，是人们创业的行为模式。

企业精神的本质着重于一种创新活动的行为过程，而非企业家的个性特征。创业精神的主要含义为创新，也就是创业者通过创新的手段，更有效地利用资源，为市场创造出新的价值。

“创业精神”类似于一种能够持续创新成长的生命力，一般可区分为个体的创业精神及组织的创业精神。所谓个体的创业精神，指的是以个人力量，在个人愿景引导下，从事创新活动，并进而创造一个新企业；而组织的创业精神则指在已存在的一个组织内部，以群体力量追求共同愿景，从事组织创新活动，进而创造组织的新面貌。

创业精神所关注的在于“是否创造新的价值”，而不在于设立新公司。创业精神指的是一种追求机会的行为，这些机会还不存在于资源应用的范围，但未来有可能创造资源应用的新价值。因此我们可以说，创业精神即是促成新企业形成、发展和成长的原动力。

二、创业精神的心理与行为体现

在心理和行为模式上，我们从众多的成功创业者身上看到了许多个性上的共同点。《福布斯》专栏作家大卫·迪邵夫认为，他们都拥有恰到好处的韧性、言行一致的行为模式，并做到有灵魂的务实，同时能够有策略地化解危机，并具有责任感。

第一，创业者要具有恰到好处的韧性。这是一个有成就的创业家与一个无法打开那扇门的尝试者之间最关键的区别所在。你必须清楚什么时候该认真聆听，什么时候该不顾一切地坚持。

第二，当你观察这些“有成者”，你会发现他们往往拥有很好的品质，并能坚持做到言行一致。他们不会为了短期利益而去坑蒙拐骗，他们知道答应人家的就必须做到，这样才有第二次合作的机会。

第三，“务实”与“现实”往往只有一线之隔，而这条线的名字就叫作“有没有心”。务实的创业者会去想对方的好处，尽量在能力范围内达成双赢甚至是多赢的结果，即使这代表着会牺牲自己部分的利益。即使没有办法做到皆大欢喜，他还是会去照顾失意者的感受。人其实都是感性的动物，而能够多用一点心，往往就是打动他们最后的关键。

第四，在创业的过程中，必然会遇到很多的突发状况，而厉害的人不只是很快地把这些问题解决掉，他们还会兼顾长期的策略布局。他们知道组织三五年后希望达到的目标，因此不管眼前的问题多着急、多棘手，每一个对应的决策也不能背离这些策略目标。

第五，有成就的人了解“授权”与“责任”的不同，即使把执行过程的决策权交给伙伴，也不代表着出状况时可以推卸责任。公司发生的一切，他们都会负责到底。也唯有这样的领导人，才能长期赢得股东、伙伴、同事的尊敬，最后带领大家到达伟大航道的另一端。

所以，综合以上五点，可以看出有成就的人想的都是很长远的，他们非常有条理、非常用心而且很有耐心地往目标前进，然后务实地判断什么时候该坚持、什么时候该放弃。这些特质说起来很简单，但做起来却非常困难，这也是所有创业者都希望学习并拥有的。

第三节　创业者的能力

一、创业者应该具备哪些个人能力

结合我国大学生实际情况，大学生创业者应具有如下八种能力：

1. 创业意识

创业意识是一种不安于现状的冲动，是一种强劲的内在动力。大学生可通过已有的知识和实习实践过程中对市场的感悟和体验，在不断总结经验和熟悉市场运营模式的基础上，以一种饱满的热情浓缩在脑海里；同时，以敏锐的眼光捕捉市场，一旦时机成熟，即投入到创业的海洋。只有储备了这种意识，才能抓住机遇，做到厚积薄发。没有这种意识，机会往往一闪而过。

2. 创业素质

创业素质是指在人的心理素质和社会文化素质基础上，在环境和教育的影响下形成和发展起来的，在社会实践活动中安全地、较稳定地表现出来，并发挥作用的身心组织要素、结构及其质量水平。创业素质既可以指人的素质中有待开发的创业素质潜能，又可以指已经形成的创业基本素质。

3. 创新能力

创新源于思考、源于质疑、源于突破。江泽民同志指出："创新是一个民族进步的灵魂，是国家兴旺发达的不竭动力"。创新是一种进步，创新是创业的孵化器。创新必须热衷于借鉴别人的成果，注重思维的广阔性和预见性，勤于思考，大胆质疑，勇于突破。

4. 管理能力

管理的职能是计划、组织、领导、控制和创新。创业管理也不例外，它不仅包含着对人、财、物的管理，还包含着对信息和知识的管理。创业企业要生存和发展，必然涉及资源配置、预测分析、经济核算、知识转化、成本控制、营销策略等一系列问题，同时，在市场经济条件下，企业不仅要靠产品、技术追求效益，更要靠科学管理提高效益。只有掌握现代管理的理论和方法，才能使企业实现持续经营并顺利地发展下去。

5. 敬业精神

一个人只有具备强烈的事业心，才有创业的巨大动力，才能有紧迫感和责任感，才能有战胜困难的决心和勇气，才有对理想的执着和矢志不渝。创业不是一蹴而就的事，专心和恒心都来源于敬业，敬业来源于一个人的职业品德。上帝总是先给我们锄头，然后才是果实。

6. 竞争意识

市场经济，竞争无处不在。俗话说，商场如战场。大学生创业之初，就要有竞争意识，这种意识的培养应贯穿整个学习过程，如学业成绩、学生组织、社会角色、集体活动、文娱竞赛等无不有竞争的影子，我们时时刻刻都应培养这种参与意识和竞争意识。

7. 法律常识

市场经济本质上就是法治经济。随着市场经济的逐步成熟与完善，相关法律法规已经渗透到经济领域的生产、交换、分配、消费的各个环节和层面。市场的培育和发展都离不开法律，只有以法律为武器，规范自己和企业的行为，保护自己和企业的合法权益，才能使创业企业长治久安。创业者自创业开始就离不开法律，懂法并善于用法是创业者的必备素质。

8. 承受挫折能力

大学生创业过程中，挫折总是避免不了的，甚至是接踵而至的，如果没有很强的承受挫折能力，非常容易半途而废。所以我们在对学生进行创业教育时，不可缺少的要对学生进行磨难教育、挫折教育，培养学生面队困境、遇到挫折的承受能力及解决能力。可以这样说，缺少了上面任何一条，创业要想获得成功都是十分困难的。

二、创业者精神培养

国家大力倡导大学生创业教育，目的当然不是让所有的学生都去创业。创业教育本质是高层次、高质量的职业素质教育。创业教育对于培养个人的首创和冒险精神、创业和独立工作的能力以及技术、社交、管理技能非常重要。这就要求我们在加强大学生创业素质教育的同时，也要促使大学生转变就业意识、提高就业技能。

联合国教科文组织要求高等学校必须将创业技能和创业精神作为高等教育的基本目标，要求将它提高到与学术研究和职业教育同等重要的地位。从本质上说，创业教育就是指培养学生创业意识、创业素质、创业技能的教育活动，即培养学生如何适应社会生存以及进行自我创业的方法和途径。作为大学生，要培养自己的创业精神，应该从以下几个方面做起：

1. 培养坚定的创业信念

首先，要有创业成功的自信。人相信有什么结果，就可能有什么作为，一个人如果连自己都不相信自己能创业成功，是不可能去争取和追求的。其次，要有创业的责任感。应担当创业重任，上为国家做贡献，下为自己谋出路。最后，要有逆境中创业永不言败的创业精神。虽然身处逆境，却能拼力抗争，不断追求，这样，才能造就壮丽的创业人生。

2. 培养积极的创业心态

积极的创业心态能发现潜能、激发潜能、拓展潜能和实现潜能，进而帮助创业者获得事业上的成就和巨大的财富。积极的创业心态应包括：巨大的创业热情；清除内心障碍；努力克服困难、创造条件，变不可能为可能。

3. 培养顽强的创业意志

创业意志指个体能百折不挠地把创业行动坚持到底以达到目的的心理品质。创业意志包括目的明确、决断果敢、具有恒心和毅力。

4. 培养鲜明的创业个性

创业成功者一般都有鲜明独特的个性品质：一是敢冒风险。创业的价值就在于创造出自己独特的东西，要敢于冒风险，敢于走前人和别人没有走过的路。敢冒风险是理智基础上的大胆决断，是自信前提下的果敢超越，是新目标面前的不断追求。二是痴迷。对目标如痴如醉，全身心融进创业行动之中。三是独立自主。独立自主地解决困难和问题，不受各种外来因素的干扰。

第四节 创业者自我评估与提升

一、创业者的自我评估

1. 你是否具备基本的创业素质

美国 HMO（健康维护组织）协会设计了一份测试题，可使你在做出决策前对自己有一个初步的了解。下列各题均有四个选项：A. 是；B. 多数；C. 很少；D. 从不。请在符合你实际情况的小括号内填上 A、B、C、D。

（1）在急需做出决策的时候，你是否在想："再让我考虑一下吧?"（　　）

（2）你是否为自己的优柔寡断找借口说："是得好好慎重考虑，怎能轻易下结论呢?"（　　）

（3）你是否为避免冒犯某个或某几个有相当实力的客户而有意回避一些关键性的问题甚至表现得曲意逢迎呢?（　　）

（4）你已经有了很多写报告用的参考资料，是否仍责令下属部门继续提供?（　　）

（5）你处理往来函件时，是否读完就扔进文件筐，不采取

任何措施？（　　）

(6) 你是否无论遇到什么紧急任务，都先处理琐碎的日常事务？（　　）

(7) 你非得在巨大的压力下才肯承担重任吗？（　　）

(8) 你是否无力抵御或预防妨碍你完成重要任务的干扰与危机？（　　）

(9) 你在决定重要的行动计划时常忽视其后果吗？（　　）

(10) 当你需要做出可能不得人心的决策时，是否找借口逃避而不敢面对？（　　）

(11) 你是否总是在快下班时才发现有要紧事没办，只好晚上回家加班？（　　）

(12) 你是否因不愿承担艰巨任务而寻找各种借口？（　　）

(13) 你经常来不及躲避或预防困难情形的发生吗？（　　）

(14) 你总是拐弯抹角地宣布可能得罪他人的决定吗？（　　）

(15) 你喜欢让别人替你做自己不愿做的事吗？（　　）

评分标准：“A”记 4 分，“B”记 3 分，“C”记 2 分，“D”记 1 分。

结果说明：

50~60 分：你的个人素质与创业者相差甚远；

40~49 分：你不算勤勉，应彻底改变拖沓、效率低的缺点，否则创业只是一句空话；

30~39 分：你大多数情况下充满自信，但有时犹豫不决，不过没关系，有时候犹豫是成熟、稳重和深思熟虑的表现；

15~29 分：你是一个高效率的决策者和管理者，具有良好的心理素质和坚韧不拔的毅力，具备成功创业者的特质。

2. 你的创业智商有多高？

测试说明：回答“是”或“否”。

（1）你父母有过创业的经历吗？

（2）在学校时，你不太喜欢参加群体活动，如俱乐部的活动或集体运动项目？

（3）少年时代，你是否更愿意一个人待着？

（4）你小时候是否很倔强？

（5）你是否不太在乎别人的意见？

（6）你是否写下了自己长期和短期的目标？

（7）你是否参加过学校工作人员的竞选或是自己做生意，如卖柠檬水、办家庭报纸或者出售贺卡？

（8）改变固定的日常生活模式是否是你开创自己生意的一个动机？

（9）也许你很喜欢工作，但是你是否愿意晚上也工作？

（10）在你成功完成一项工作之后，你是否会马上开始另一项工作？

（11）你是否愿意用你的积蓄开创自己的生意？

（12）你是否愿意向别人借东西？

（13）你是否愿意承担企业开办过程中的风险？

（14）你是否认为自己能够以非常职业的态度对待经手的现金？

（15）你是否很容易烦？

（16）你是否很乐观？

（17）在学校时，你学习成绩是不太好吗？

（18）少年时代，你做事是否有些马虎？

（19）小时候，你是否很勇敢而且富于冒险精神？

（20）你是否愿意随工作要求而延长工作时间，可以为完成一项工作而只睡一会儿，甚至根本不睡？

（21）如果你的生意失败了，你是否会立即开始另一个？

评分标准：

1~6题，选“是”加1分，选“否”减1分；7~16题，选“是”加2分，选“否”减2分；17~21题，选“是”加4分，选“否”减4分。

结果说明：

35~46分：太合适创业了。你如果不自己创业，简直是资源浪费啊！

15~34分：你应该说是个“老板坯子”，很适合创业。

0~14分：你的人生可以有许多选择，既可以选择自己创业，也可以选择做个高级白领。因为你的智商和情商发展均衡，这意味着你在很多选择中可进可退，可攻可守。

-15~-1分：如果你非要走创业之路，应该说也有属于自己的机会，但首先要克服很多困难，包括环境，也包括你自身的思维方式与性格制约。

-46~-16分：你目前还不适合创业。因为你的才华可能并不在这方面。也许为别人工作或是掌握某种技术远比做生意更适合你，可以让你更好地享受生活的乐趣并且充分发挥自己的能力，发展自己的兴趣。总之，无论做什么，都要专注、专业，并且坚持去做，这是最重要的。

二、创业者的自我提升

“金无足赤，人无完人”。如果我们尚未具备创业的素质、能力和条件，那么就要针对自己存在的不足，克服自己的弱点，增强自己的创业能力。因为素质可以培养、技术可以学习、条件可以改善、能力可以提高。

1. 创业学习的特点

2000年，大卫·瑞伊（David Rae）从学习的本质出发，将创业学习分为认知学习、经验学习和隐含学习三种类型。认知学习是“知道”怎么做，经验学习是“干”中学，隐含学习是“懂得为什么”这么做，三者在整个学习过程中相互依赖，共同促使行为的改变——学习的结果。创业教育的主要任务不是灌输创业知识，而是基于创业隐性知识转移的创业能力开发，是磨炼创业意志、增强创业情感体验。创业教育更多地应该是经验式的引导，注重创业隐性知识的转移与共享。

所罗门（Solomon）对美国270所学院关于创业教育方法的调查结果显示，美国创业教育排在前列的教学方式分别为课堂讨论、商业企划、嘉宾演讲、案例研究、企业主讲座、研究项目、可行性研究、实习、课堂练习、实地考察、小企业协会和计算机模拟。

1992年，舒埃凯（Choueke）和阿姆斯特朗（Armstrong）对创业者常用的学习模式进行了调查，询问哪种学习模式在创业成长中对组织创业绩效的影响最重要，95%的人将“过去经历”排在第一位，61%的人认为“从同事或同行身上学习”最重要，54%的人认为“从书本上自学”最重要。行为经历在创业成长中起着重要作用。调查还显示义乌市每六人就有一本营业执照，在义乌创业是一项大众化活动，创业始于模仿和大胆实践。研究者走访了120位袜子生产、销售经营户，发现他们不是跟着邻居、亲戚、朋友学的，就是用打工学的本领自办企业。由此可见，创业者主要通过做事和反思来学习创业，包括从模仿、试验问题解决乃至从错误中学习。

2. 跟乔布斯学创业

福布斯网站刊登题为“乔布斯取得成功的七大处事原则”的评论文章，分享了关于乔布斯的个人职业生涯成功背后的七大处事原则。

原则一：做你喜爱做的事情

乔布斯曾经说过："唯有有热情的人才能够改变世界!"他认为人生很短暂，我们并不应该为别人的梦想而活，因此千万不要为那些无法帮助你取得成功的人卖命。

原则二：眼光要放长远

乔布斯的过人之处之一便是在个人职业发展和企业经营中具备长远的眼光。他当年将百事公司总裁约翰·斯库莱（John Sculley）挖来苹果担任首席执行官之前曾经询问后者这样一个问题："你是愿意一辈子卖这种甜味的汽水还是做些别的事情改变世界?"

原则三：广纳贤才，融会贯通

乔布斯曾经说过创造力便是将各种事物从内部关联起来以发挥出惊人的作用。他常说只有富有生活经验的人才能发现常人发现不了的事物，当年 Mac 电脑的问世便是集中了艺术、诗句、历史以及计算机技术等多个领域的人才之力才得以完成。

原则四：简单至上

在苹果公司内部，朴素简单是"至高无上"的原则，任何可能有碍于用户使用习惯的设置都会被公司消除。这就是 iPad 表面只单独设置了一个按键，而 iPhone 也并未配备内嵌式键盘的原因。

原则五：获取不同方面的经验

乔布斯一生中创造出了许多项技术和产品项目，与此同时他在客户服务方面也获得了很多经验，而这也是乔布斯难以被别人彻底超越的优势之一。

原则六：善于传播消息

好的创意和杰出的表达能力总是相辅相成的。乔布斯堪称全世界"最会讲故事的人"，不同于一般人只是单纯的叙述，乔布斯除了是一位优秀的“推销员”以外，更是“教育家”“激励者”和“娱乐明星”。

原则七：“出售”梦想

正因为准确抓住了客户们的心理，乔布斯才得以取得如此巨大的成功。只有时刻想到如何帮助你的客户实现梦想，你才会取得成功。

世界上很少有人如此满怀激情地追逐自己的梦想，很少有人能有如此卓越的远见并且能将不可能之事变为现实。这就是斯蒂夫·乔布斯，一个通过实现自己的梦想而改变世界的人！

【案例链接】

大学生创业：激情之余 还缺什么

“从学生到创业者，从设计师到管理者的身份转换，我还不适应。”近日，在中南大学举行的湖南省科技活动周启动式暨大学生创新创业论坛上，因创意作品被李克强总理购买而走红的湖南大学设计艺术专业研究生潘英，面对数百位来自湖南省各大高校、怀揣创业梦的大学生们，讲述自己创业所遇到的机遇与困难。

除了学生身份，潘英还是位公司老总，在湖南大学教学楼内，她的团队拥有名为“书院九号创新工坊”的大学生创意孵化空间。“我们属于技术型创业。跟很多大学生创业团队一样，我们有一定创新能力，但经营管理等其他能力和社会经验都很缺乏。我认为，我们需要有明确的职业规划，为深入某项技术研发、实现自己的创业梦想而有目的地学习。这样，从学生转向创业人的时候，可能会比专业型人才更顺利。当然，对于初创企业，特别是技术型创业者，也可以选择将自己不擅长的财务、人才、管理、销售等内容外包，把自己最擅长的专业部分做到极致。”潘英如此支着儿。

宽敞的中南大学讲堂被大学生们占得满满当当。他们中不乏有技术、有激情者，但要走向创业，他们还需要什么？

“就我所知，政府对大学生创业的帮扶政策非常多，税费减免、创业贷款、专项扶持资金、创业服务平台……但以我和我周围想创业的大学生朋友的经历来讲，他们对政府相关政策制度不敏感，这不仅导致大学生创业的成功率低，也抑制了部分人的创业激情。”潘英说。

“我在创业前，曾在国企工作过15年。我并不认为，所有的人都适合创业，我也不赞成大学生毕业即去创业。我觉得，只有具备一定阅历、经验和强大责任心的人才适合创业。我更倾向于建议大学生们毕业后先就业。先学会如何被别人管理，才更懂得如何管理自己的企业。”楚天科技董事长唐岳表示。企业家应该具备责任、勤奋和毅力三大素质，吃苦、创新和冒险三种精神，诚信、公平和正义三大品质。他告诫大学生们，不要蔑视勤奋、用技巧代替勤奋、用幻想意淫勤奋。创业需要足够承受失败的心理素质，需要做好抗风险计划，需要选择适合自己且自己很有兴趣的行业发展，而不是只顾着投所谓的“热门”。

“我们一直在尝试为大学生设立专门的‘大学生天使投资项目’。但这样的项目，会比企业天使投资项目具有更大风险。因此，需要有投资人带着公益的想法来做这样的投资。目前，这类大学生项目在北京等地做得比较成功。在湖南，我们还刚刚起步。”湖南高新创投集团总裁刘少君向科技日报记者表示。

摘自《科技日报》2015年5月20日第8版。

【能力训练】

个人版商业模式画布设计

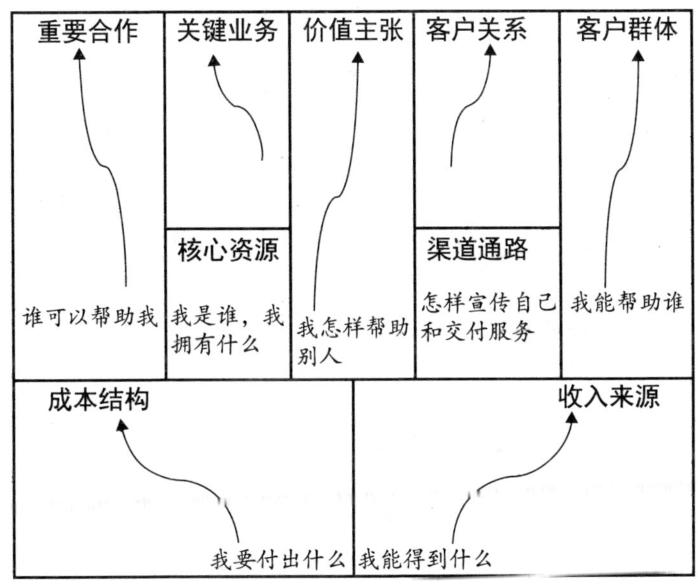

1. 集中讲解个人版商业模式9大模块的基本内涵，其中包括：重要合作（谁可以帮助我）、关键业务（我要做什么）、核心资源（我是谁，我拥有什么）、价值服务（我怎么帮助他人）、客户关系（怎样和对方打交道）、渠道通路（怎样宣传自己和交付服务）、客户群体（我能帮助谁）、成本结构（我要付出什么）、收入来源（我能得到什么）。

2. 个人特质分析。孙子兵法有云："知己知彼，百战不殆"。了解自己哪些方面需要提升，是创业者在创业之前务必要做的事。下面就在表格中列出你的技能、兴趣和生活目标，并且分析具体的个人特质让你更适合创业还是更适合就业。

你的特质	你的这个特点对哪个选择有利?	
	你最喜欢的职业	自主创业
你的技能（你擅长什么?）		
你的兴趣爱好（即使每天都做也乐在其中的事?）		
你的生活目标（你想从生活中得到什么?）		

3. 以画布为基础设计个人版商业模式并进行测试。

【课后练习】

寻找身边的创业英雄

选择你最想了解的1~2位创业者和企业，可以是你心目中的典范或仰慕的榜样，也可以是你所知甚少但非常想了解的，以小组为单位，撰写一篇访问的专题报告（约1000字）。其内容包括：

1. 访谈时间、地点；

2. 被访问者姓名、年龄、性别；

3. 创业的动机、经历、如何发现商机等；

4. 创业中遇到的困难及解决对策、特有的个性和品质、获得的外部帮助有哪些，成功的关键因素等，重点是创业者的经验、体会、教训等。

第三课 创业团队建设

LESSON 03

【创业故事】

腾讯五兄弟

马化腾等五兄弟创立腾讯，堪称难得，其理性堪称标本。12年前的那个秋天，马化腾与他的同学张志东“合资”注册了深圳腾讯计算机系统有限公司。之后又吸纳了三位股东：曾李青、许晨晔、陈一丹。这5个创始人的QQ号，据说是从10001到10005。为避免彼此争夺权力，马化腾在创立腾讯之初就和四个伙伴约定清楚：各展所长、各管一摊。马化腾是CEO（首席执行官），张志东是CTO（首席技术官），曾李青是COO（首席运营官），许晨晔是CIO（首席信息官），陈一丹是CAO（首席行政官）。之所以将此称为“难得”，是因为直到2005年的时候，这五人的创始团队还基本保持这样的合作阵型，不离不弃。直到腾讯做到如今的帝国局面，其中4个还在公司一线，只有COO曾李青挂着终身顾问的虚职而退休。

都说一山不容二虎，尤其是在企业迅速壮大的过程中，要保持创始人团队的稳定合作尤其不容易。在这个背后，工程师出身的马化腾对一开始合作框架的理性设计功不可没。从股份构成上来看。5个人一共凑了50万元，其中马化腾出了23.75万元，占了47.5%的股份；张志东出了10万元，占20%；曾李青出了6.25万元，占12.5%的股份；其他两人各出5万元，各占10%的股份。

虽然主要资金都由马化腾所出，他却自愿把所占的股份降到一半以下，47.5%。“要他们的总和比我多一点点，不要形成一种垄断、独裁的局面。”而同时，他自己又一定要出主要的资金，占大股。“如果没有一个主心骨，股份大家平分，到时候也肯定会出问题，同样完蛋”。保持稳定的另一个关键因素就在于搭档之间的“合理组合”。

《中国互联网史》作者林军回忆说：“马化腾非常聪明，但非常固执，注重用户体验，愿意从普通的用户的角度去看产品。张志东是脑袋非常活跃，对技术很沉迷的一个人。马化腾在技术上也非常好，但是他的长处是能够把很多事情简单化，而张志东更多是把一个事情做得完美化。”许晨晔和马化腾、张志东同为深圳大学计算机系的同学，他是一个非常随和，有自己的观点，但不轻易表达的人，是有名的“好好先生”。而陈一丹是马化腾在深圳中学时的同学，后来也就读深圳大学，他十分严谨，同时又是一个非常张扬的人，他能在不同的状态下激起大家的激情。

如果说其他几位合作者都只是“搭档级人物”的话，只有曾李青是腾讯5个创始人中最好玩、最开放、最具激情和感召力的一个，与温和的马化腾、爱好技术的张志东相比，是另一个类型，其大开大合的性格，也比马化腾更具备攻击性，更像拿主意的人。不过或许正是这一点，才导致他最早脱离了团队，单独创业。

后来，马化腾在接受多家媒体的联合采访时承认，他最开始也考虑过和张志东、曾李青三个人均分股份的方法，但最后还是采取了5人创业团队，根据分工占据不同的股份结构的策略。即便是后来有人想加钱、占更大的股份，马化腾说不行，“根据我对你能力的判断，你不适合拿更多的股份”。因为在马化腾看来，未来的潜力要和应有的股份匹配，不匹配就要出问题。如果拿大股的不干事，干事的股份又少，矛盾就会发生。

当然，经过几次稀释，最后他们上市所持有的股份比例只有当初的1/3，但即便是这样，他们每个人的身价都还是达到了数十亿元人民币，是一个皆大欢喜的结局。

可以说，在中国的民营企业中，能够像马化腾这样，既包容又拉拢，选择性格不同、各有特长的人组成一个创业团队，并在成功开拓局面后还能依旧保持着长期默契合作，是很少见的。而马化腾成功之处就在于其从一开始就很好地设计了创业团队的责、权、利。能力越大，责任越大，权力越大，收益也就越大。

资料来源于 http://hb.qq.com/a/20150624/052285.htm。

【导师问答】

问：在创业初期，团队成员之间需要明确责、权、利吗？

答：大学生在初始创业时，创业团队大多数基于良好的人际关系而组建，很多明确的制度没有引起成员的重视，虽然团队内部有明确的分工，但是由于创业团队的特殊性——每个员工都是身兼数职，导致责任很不明确。随着团队的发展壮大，团队成员之间因为对未来发展、产品迭代、人员管理、个人诉求等方面的分歧，很容易在沟通和工作上产生矛盾摩擦，从而导致企业不能很好发展。因此，团队在创立初期应该有比较明确的职、责、权、益分配方案，避免后期因利益分配而引发矛盾。

学习要点

1. 团队创业的优势分析，创业团队的组建原则。
2. 创业团队的招募方式，人员选择。
3. 创业团队股权分配以及预留股份的重要意义。
4. 创业团队管理的方法，沟通的重要意义、基本原则和技巧。
5. 创业团队的角色分工，团队利益分配与决策。

【知识导航】

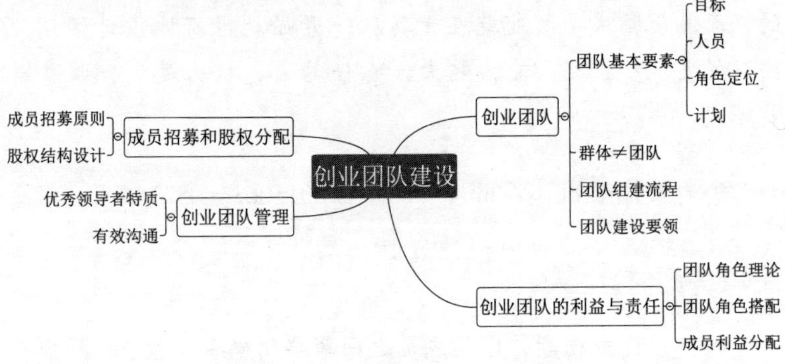

第一节　创业团队

一、创业团队的基本要素

创业团队是指在创业初期（包括企业成立前和成立早期），由一群才能互补、责任共担、愿为共同的创业目标而奋斗的少数人所组成的特殊群体。

一般而言，创业团队的组成需要具备目标、人员、角色定位和计划等要素。

1. 目标

创业团队需要有一个既定的共同目标，为团队成员导航，也是将人们的努力凝聚起来的重要因素。目标在创业企业中以企业远景、战略形式体现。

2. 人员

因为任何计划的实施最终都要落实到人的身上去，所以人是构成创业团队最核心的要素，人力资源也是所有创业资源中最活跃、最重要的资源。

3. 角色定位

需要明确团队成员在新创企业中担任的职务和承担的责任。

4. 计划

计划有两方面的含义：一是指目标的实现需要一系列具体的行动方案，可以把计划理解成达成目标的具体工作程序；二是指只有按计划进行才可以保证团队创业的顺利推进。只有按计划一步一步贴近目标，才能最终实现目标。

二、群体≠团队

1. 领导方面

群体应该有明确的领导人；团队可能就不同，尤其是团队发展到成熟阶段；成员共享决策权。

2. 目标方面

群体的目标必须跟组织保持一致，但团队中除了这点之外，还可以产生自己的目标。

3. 协作方面

协作性是群体和团队最根本的差异，群体的协作性可能是中等程度的，有时成员可能有些消极，甚至有些对立；团队则需要成员之间齐心协力。

4. 责任方面

群体的领导者要负很大责任，而团队中除了领导者要负责之外，每一个团队的成员也要负责，领导和成员之间要相互作用，共同负责。

5. 技能方面

群体成员的技能可能是不同的，也可能是相同的，而团队成员的技能应该是相互补充的，只有把拥有不同知识、技能和经验的人综合在一起，形成角色互补，整个团队才能有战斗力。

三、创业团队的组建流程

创业者能否走得更远，取决于创业者和创业团队的基本素质。搭建一支优秀的创业团队对任何创业者而言都是一项至关重要的工作，它决定着创业的成败。那么，我们怎样才能组建一支优秀的创业团队呢？

创业团队的组建是一个相当复杂的过程，不同类型的创业项目所需的团队不一样，创建步骤也不完全相同，但基本流程如下。

1. 撰写创业计划书

通过撰写创业计划书，使自己的思路更加清晰，也为后来的合作伙伴的寻找奠定基础。

2. 优劣势分析

认真分析自我，发掘自己的特长，确定自己的不足。创业者首先要对自己正在或即将从事的创业活动有足够清醒的认识，并使用 SWOT 法分析自己的优点、缺点、自己的性格特征、能力特征、拥有的知识、人际关系以及资金等方面的情况。

3. 确定合作形式

通过第二步的分析，创业者可以根据自己的情况，选择有利于实现创业计划的合作方式，通常是寻找那些能与自己形成优势互补的创业合作者。

4. 寻求创业合作伙伴

创业者可以通过媒体广告、亲戚朋友介绍、各种招商洽谈会、互联网等形式寻找自己的创业合作伙伴。

5. 沟通交流，达成创业共识

通过第四步，找到有创业意愿的创业者后，双方还需要就创业计划、股权分配等具体合作事宜进行深层次、多方位的全面沟通。俗话说："亲兄弟、明算账"。凡涉及权利义务与利益分配问题，需要事先讲清楚，不能感情用事，也不能回避不谈。叫朋友到公司来做事，千万别说"请你来帮我"，只有前期充分沟通和交流，才不会导致正式创业后因沟通不畅而引发矛盾。友情不能维持合伙关系，事实证明，生意上的合伙关系很容易破坏多年的友情。

6. 落实谈判，确定责、权、利

在双方充分交流达成一致意见后，创业团队核心成员还需对合伙条款进行谈判并以契约的形式明确下来。典型的创业契约应该说明生意的具体目的，说明每个合伙人的有形资产、财产、设备、专利等和无形服务、特有技术、关系网等投入，把最基本的责、权、利说明白，尤其是股权、利益分配一定要说清楚，包括增资、扩股、融资等。这样的协议允许合伙人占有的公司股份各不相同，但要说明各合伙人在公司管理中的地位和职务，是否允许合伙人从事公司以外的其他业务等。最后，还要有明确的"退出机制"，即合伙双方以什么样的方式结束合伙关系，一开始就先小人后君子，免得日后谁也说不明白。

当然，任何事情都不可能在最初计划周全，事情是随时都有可能变化的，合作运营过程中，遇到新问题、新矛盾一定先说清楚再行动，千万不要先干再说，因为事情发生后大家都是朝着对自己有利的一方考虑。先干再说，看似快了，其实埋下了祸患的种子，将来就不是速度快慢的问题，而是风起云涌、企业组织颠覆性运动的根源。

四、团队建设的要领

出色的团队领导者、共同的愿景、良好的团队氛围等是优秀创业团队的必备条件，创业领导者在进行团队建设的过程中应重点关注以下几个方面：

1. 共同的利益和目标

孙子曰："上下同欲者，胜。"只有真正目标一致、齐心协力的创业团队才会得到最终的胜利与成功。公司目标必须成为全体成员共同关心的事物，而不能仅仅是领导者的目的。所有的团队成员处在一个命运共同体中，共享收益，共担风险。

2. 稳定的规章和制度

俗话说，没有规矩，不成方圆。团队创业管理规则的制定，要得到公司成员的理解与认同，要有前瞻性和可操作性，要遵循先粗后细、由近及远、逐步细化、逐次到位的原则。这样有利于维持管理规则的相对稳定，而规则的稳定有利于团队的稳定。

3. 坚强的领导核心

创业团队的领导者不是单单靠资金、技术、专利来决定的，也不是谁提出什么好的点子谁就当头。这种领导者必须有无私奉献精神和包容他人的胸怀，是团队成员在多年同窗、共事过程中发自内心认可的，这样的领导者在创业团队中往往具有巨大的、无形的影响力，能够有一呼百应的气势和号召力。

4. 拥有良好的沟通渠道和竞争机制

一个优秀的创业团队必须具有一定的向心力和凝聚力，团队成员之间应该相互熟悉，知根知底。良好的沟通渠道可以避免团队成员之间因为相互不熟悉而造成的各种矛盾、纠纷，提高团队的战斗力。而良好的竞争机制则有利于激发团队成员的工作潜力，最大限度地发挥各自的优势。

第二节　成员招募与股权分配

一、团队成员招募

1. 别浪费时间找寻"资深人士"

对于一只创业团队而言，千万不可把时间浪费在寻找资深人士这种貌似有效其实低效的事情上面。首先，不大会有真正的资深人士愿意加入到创业团队；其次，真有资深人士来了，由于文化、利益归属等问题，他也未必能有效融入团队。对于创业公司来说，在快速变化的环境当中千方百计地活下来，需要的是打破既有行规，而非依靠现成经验。资深人士更乐于复制成功经验，未必能承担打破常规而产生的失败。

2. 真正的人才，可遇不可求

常规思维定式让我们觉得很多事情如同做数学题，有一个标准的正确答案，然而创业是打破常规的过程，当我们有这种心态时注定创业失败。拿着一个所谓的标准去比对，去满世界找人未必找得到，更多的时候是非正常途径的，如有时是在微信朋友圈找到的，有时是在论坛找到的，有时是朋友介绍的，有时是同事曾经的同事，有时是在咖啡店找到的，等等。

寻找创业伙伴这件事情和寻找另一半是非常类似的，缘分很重要。

3. 重视积累你看不上的人

人脉很重要，但大多数可能只重视了“高端”人脉，却忽视了身边的普通人，这是非常得不偿失的。要知道，你去结交高端人士，他会真的重视你吗？你的价值有大？辛辛苦苦攒下一叠叠名片、一张张合影，真正需要帮助的时候，你打了两天电话发现……

任何一个团队成功，既需要上面有人拉你，更加需要下面有人推你。所以，重视那些低端人脉，多花点时间找能帮衬你的人。你的某个“小粉丝”，也许就是未来助你成就大业的那员大将。如同热闹非凡的粉丝经济，不用专业团队，粉丝们全部搞定。

4. 是合作而非雇佣

作为一个创业公司，千万不要高估了你对优秀人才的吸引力。扁平化的社会中有一种人生感受是创业团队可以给予的，那就是成就感和个人成长。创业公司当中，个人对整个公司的影响是可以被充分感知的，给一个年轻人带来的成就感非常强烈。创业公司往往要求员工三头六臂、啥都能干，年轻人的成长速度飞快。

最大程度的激发出一个员工的工作积极性，就一定不要让他感觉他只是在为公司出卖自己的体力和时间，是在浪费青春，而要让他感觉他是在利用公司的资源为自己干活，在这个舞台上能够尽情发挥自己的聪明才智，肆意挥洒自己的青春和能量。所以，公司和员工之间的关系不是雇佣关系，而是相互成就的全天候战略合作伙伴关系。

5. 有价值观的企业更有吸引力

价值观到底是什么？一般来说，公司的价值观就是创始人、一把手的价值观。兵熊熊一个，将熊熊一窝，价值观是个人的也是团队的，更是产品和品牌的。价值观是可以传递的，是互相影响的，招聘环节、平时接触中会时时刻刻体现出来。

员工之所以能够卖力工作，获取成就感，很大程度上得益于他非常认同创始人的价值理念——像匠人一样打磨产品，坚信社会化管理是一个大趋势，在社会分工中能够将利益最大化、成本最低化。

这个世界上可以赚钱的事情很多，但并非所有赚钱的事情都可以给你带来心理上的满足感和成长路上的陪伴。做一个价值观强大的企业，那些和你气场相投的人自然会被吸引过来。

6. 强扭的瓜不甜

每一个创业团队都希望把业务骨干一直留在公司里，但理智告诉你，这是不可能的。如果想留住他们，唯一的方式就是不要试图留住他们。

越是优秀的员工，越难留住他，因为他的优秀使得他的选择是全方位的。既然留不住，索性就不要去想那没有意义的事情，成就别人也是你成功的一部分。至少当你这样做的时候，你可以把他在你公司工作这段时间的积极性彻底激发出来，这对你来说就足够了。大家不会心存芥蒂地在一起，能够将在一起的时间充分利用，让你的产品、你的公司、你的团队飞速发展。

唯一能够留住员工的条件，就是公司的成长速度高于员工个人的成长速度，只要你的成长足够快，薪水、期权、合同都不重要，一点也不重要。

二、股权结构设计

1. 最大责任者一股独大

国外几个创始人平均股权，公司也能做起来。但中国正相反，能够做起来的公司，更多是一股独大，在关键时刻需要一锤定音。相对容易成功的模式是，有一个大家都信服的大股东作为牵头人，对公司承担最大的责任；另外搭配 1~2 个占股权 10%~20%、与大股东形成资源与能力互补的合伙股东，能发出跟大股东不同的声音，避免决策失误。基于这样的一个模式，既保持有不同的意见，又能保证决策的确定。

股权分配在根本上是要让所有人在分配和讨论的过程中保证绝对的公平、公正、公开，从而能够集中精力做事，这是最核心的，但往往碍于各种原因模糊了，或者被忽略了。复杂、全面的股权分配结构显然有助于各方达成共识，并且需要成为书面文件被留存。

投资人在早期投资项目的时候，通常会认为比较好的股权结构是：创始人 50%~60%+ 联合创始人 20%~30% + 期权池 10%~20%。

2. 杜绝平均和拖延

创业团队的股权分配绝对不能搞平均主义。很多时候，创始人不愿意谈论股权分配问题，这个话题不易启齿，所以他们要么完全回避这个问题，要么只是说一些模棱两可的约定，比如“我们是平等的”，“先做事，其他好商量”，或者拖延这个问题的讨论，说“我们之间还有什么不好说的，以后再说吧”。平时的讨论变为无效沟通，无形中增加了沟通成本。

创业团队普遍会犯的错误是：没有在第一天就把股份的分配问题谈清楚并写下来。股权的分配等得越久，就越难谈。随着时间的推移，每个人都会觉得自己是项目成功必不可少的功臣，关于股权分配的讨论就会变得越来越难以进行。

3. 股份绑定，分期兑现

仅仅达成股份比例的共识还不够，如果一个创始人拿了很多股份，但后来做事不给力怎么办？如果有人中途离开公司怎么办？股份如何处置？

在美国，初创公司一般对创始股东的股票都有关于股权绑定（vesting）的机制设置，公司股权按照创始人在公司工作的年数或月数逐步兑现。任何创始股东都必须在公司做够起码1年才可持有股份（包括创始人）。好的股份绑定计划一般按4~5年期执行，例如4年期股份绑定，第一年给25%，接下来每年兑现25%。这个事容易忽略。如果股权已经分配好，忘了谈这个事情，大家必须坐到一块，加上股权兑现的约定。

中国的创业公司没有执行“股权绑定”是极其普遍的现象，后果可能十分严重，甚至直接导致项目失败或公司倒闭。你看到有些公司的几个创始人没日没夜地工作了好几年，然后你发现有些混蛋加入后两个星期就离开，然后他还以为他仍然拥有公司25%的股份，就因为他工作过的那两个星期。没有“股权绑定”条款，你派股份给任何人都是不靠谱的！

4. 遵守契约精神

股权分配最核心的原则是“契约精神”。股权一旦定下来，也就意味着利益分配机制定好了，除去后期的调整机制不说，接下来干活的时候，每个人的努力和贡献其实和这个比例没啥关系，尽自己的最大努力是最基本的要求。对于所有的早期创业者来说，一定要明白一个道理：创业成功了，即使只拿1%也很多；创业不成功，就算占有100%也分文不值。

第三节　创业团队管理

一、优秀领导者特质

星巴克首席执行官霍华德·舒尔茨所著的《来自高层领导

者的经验：寻找美国最佳商业领袖》一书中指出："我认为在如今这个人们并未真正参与决策的时代，做领导者是非常困难的。如果公司的人才们觉得他们并不是战略制订中的一分子，你就没法吸引和留住他们。如果你不给人们真正参与的机会，他们是不会留下的。"作为一名创业企业的领导者，与员工相处，你的主要任务之一就是尽可能地吸引和持续激励员工。作为一名优秀的领导者，通常应具备以下五项特质。

1. 愿景

我们都听说过这句话："你必须有信念，否则一事无成。"作为一名领导者，你得学会与那些你想留住的人不断交流你的愿景或是公司的愿景。

（1）学会用言语来描绘愿景。以叙述、书写、绘画、触摸等多种方法作为手段，多用直观形象的方式来表达，会达到事半功倍的效果。

（2）团队成员用自己的话讲述公司的愿景，有助于凝聚共识。

（3）工作时，公司的愿景应当每天都在每个人心中，适时的评估修正愿景，好让它能够跟上时代的变化。员工要参与到整个愿景规划、分享的过程中。

2. 激情

构建一支卓越的团队，创业者得燃起"他们内心的火焰"，让他们感到自己与公司的激情、愿景息息相关。激情是成为一名优秀领导者必须具备的品质，没有激情你就根本不能成为优秀领导者。让激情感染每个员工，使每个人发挥出自己最大的能量。

3. 有效决策

凭感觉行事是领导者的大忌。下面是一个有效的决策程序，"Q-CAT"体系：Q＝Quick，迅速，即速度要快，但不能草率；

C = Committed，坚定，即坚持自己的决策，但不要太刻板。A = Analytical，分析，即要善于分析，但不要过度分析（太多的分析反而无效）；T = Thoughtful，周详，即考虑有关的事要周到仔细。

4. 成为团队建设者

要成为优秀的领导者，你可以从向团队移交职责开始做起，让你的团队带着责任开始运作。不要紧跟在他们后面或是大包大揽，而是要在有问题或麻烦出现的时候再站出来干预。当计划偏离或是团队超出了最后期限时，如果你仅仅大加指责，那对谁都没好处。这正是需要你挺身而出鼓舞员工信心的时候，让他们知道你支持他们，愿意帮助他们。做好改变计划或是制订新计划的准备。别忘了在危机时刻用幽默来让团队士气高涨。当突发事件出现时，团队会指望你成为力量和耐力的靠山。

5. 鲜明的性格

没有性格，所有其他的“关键特质”都是零。性格在领导风格中起到了决定作用。

优秀的领导者是有着清晰的愿景，并能把这种愿景变成可视化形象的人。当我们谈论愿景时，一定是发自内心的激情，一种能创造出无限可能的激情，最大化的影响你的员工。需要做出重要决策时，应当鼓励大家使用“Q-CAT”体系，对他自身的行为负责。让每个员工在公司都能成为有价值、有成长、有共同价值观的人。

二、有效沟通

1. 沟通的唯一原则就是工作目标

彼得・德鲁克在《卓有成效的管理者》一书中就指出过，工作沟通的根本就是目标沟通。在公司内部很容易出现基于工作本身的自我意识，如高管的目标是通过产品上市快速积累用户；而项目主管的目标是，要让产品成为商品，迅速见到利润。一个公司一定存在不同利益诉求、不同知识结构、不同社会认知、不同工作能力、不同性情品质、不同工作方式的人，甚至存在特立独行的人。首先要做的是目标统一，因此，目标沟通就是要让大家迅速对工作目标达成一致，对共同的利益诉求达成一致。在初始阶段，每个员工要迅速达成目标一致，在实施中对过程要不断修正，少走弯路。

管理沟通中，矛盾往往是由于大家对方法的认识不同而产生的。纠结于方法的对错对于工作的完成其实毫无意义，工作沟通最根本的是我们要达到什么结果，而不是我们要采取什么样的方法，具体的工作方法需要具体实施者去采取，领导者尽量少去干涉。

2. 沟通方式——态度、方法

沟通的基础就是双方对工作的互相认可，离开这种双方互相认可的态度，所有沟通都无从谈起，因此态度是沟通的前提。

所有沟通凭借的是语言，但是沟通的根本是传递一种体验，而体验是语言难以表达的，因此在沟通中就需要一定的方法。这种方法就是我们常讲的，设身处地换位思考，用对方可以理解的场景去传递信息，例如打比方、讲故事等。

3. 沟通原则——可执行

工作中我们会遇到员工工作与预期差距巨大的问题，这未必是属下的理解、态度、能力导致的。抛开其他因素，我们聚焦在信息本身。传递信息是需要技巧的，需要遵循两个前提，第一个前提是分配任务对工作任务的分解能力，第二个前提是传递命令者对被命令者能力与背景的具体了解。信息传达的唯一原则——最小化可执行，其意思就是“你究竟有什么样的能力、能做到什么样的工作、能够达到什么样的目标”，要确保你下发命令的每一个细节都是其力所能及的。当工作任务发布后，有部分细节无法达到要求时，我们要学会将这个环节进行细节再分解，一直分解到实施人力所能及。当他能力提升的时候，布置任务不必再分解到如此细节。例如 APP 运营，当你新招聘一名编辑时，他上岗的第一天，你要教会他如何发布一条资讯，必须细化到资讯的题目是什么，图片应该如何处理，标点符号的规范是什么。当这位编辑工作一到两年以后，他的能力已经足以策划一些专业内容，这时只需要传达工作目标即可。利用好最小化可执行原则去发布工作任务的时候，你将能够切实保障指令的完整执行。

4. 开会——一切围绕中心展开

每天每个地方有许多会议的形式大于实质，仪式感大于解决问题，工作陷入低效率中。首先我们要明白，会议就是用来协调工作、解决问题的！例如在互联网网站领域，销售工作会议就是要切实解决客户服务的问题，编辑工作会议就是要解决如何做内容的问题，离开了这些应有目标，会议将成为浪费团队时间的巨大黑洞。因此，学会开会，就是首先要问自己“我要通过会议解决什么问题？达到什么结果？”需要有一套适合自己团队的会议流程，通过会议解决团队的协调问题，解决团队的摩擦问题，解决团队的利益分配问题，最终，做到团队的目标统一，细节到位，责任到人。

5. 不同岗位间的沟通原则——找准接口

在互联网公司中我们经常看到这样的沟通方式，一位美工会问提出需求的产品经理，页面设计将采用何种方案，或者销售员见到客户的时候，反复强调他手上拥有一个如何改变生活的产品，循循善诱地向客户倾注这些新的知识、新的理念，而恰恰没有估计到用户的实际需求。这些问题的解决，需要我们学会换位思考，用对方能听得懂的语言去描述，用对方所关心的利益去诱导，对方很容易理解我们所表达的意思。例如前面所说的例子中，产品经理只需要告诉美工，我们页面中要突出的是什么；销售员只需要告诉客户，我们提供的产品能给您带来便利就行了。

6. 部门间的沟通原则——均衡利益

有人的地方就有江湖，不同的团队拥有自己的实际利益。遗憾的是，我们身处一个利益环境，经常会为了自己的利益突出自己的重要性，甚至将其他部门的不配合上升到道德层面。

一般而言，高层管理者更容易深受其害，当一个部门猛烈抨击另一个部门的时候，管理者一旦立即冲动地采取措施，就会导致两个部门的利益失衡。因此，部门之间的沟通，仍然是目标沟通，说白了就是利益的均衡！正确的做法就是当面说，开会说，不要背后说。高管的方式应当是，对冲突保持沉默，在公开的情况下，对双方进行裁决。

7. 合伙人间的沟通原则——相互理解、相互约束、相互帮助

你的合伙人会不会对你充满热情的一项提议不闻不问，或者保持沉默，更甚者无原因的强烈反对？这种隔阂来自于什么？——知识层面、体验层面、责任层面、分工层面。可是，现实中合伙人往往拥有类似的知识背景，在每一项决策面前都高度保持一致，你必须承担公司的另一个风险，也就是有马达无刹车，在这种情况下公司会非常危险！另一种情况更令合伙人痛苦，就是明明看着其他合伙人的决策出现巨大缺陷，你却无能为力。因此，我们必须正确认识合伙人制度——合伙人须是性格互补、知识互补、能力互补的人。同时，合伙人必须学会对对方的工作予以关注与体验，当你没有对对方工作的体验感时，你

就无法理解对方提议的重要性，就会出现“鸡同鸭讲”的局面。

第四节　创业团队的利益与责任

一、贝尔宾团队角色理论

创业团队由很多成员组成，那么这些成员在团队中究竟扮演什么角色，对团队完成既定的任务起什么作用？创业者在招募新成员时，一定要考虑清楚，目前团队还需要什么样的角色，什么样的人与团队现有成员的个人能力和经验是互补的。剑桥产业培训研究部前主任贝尔宾博士和他的同事们经过多年的研究与实践，提出了著名的贝尔宾团队角色理论，即一支结构合理的团队应该由八种人组成，这八种团队角色分别为：实干者 IM（Implementor）、协调员 CO（Coordinator）、推进者 SH（Shaper）、智多星 PL（Planter）、外交家 RI（Resource Investigator）、监督员 ME（Monitor Evaluator）、凝聚者 TW（Team Worker）、完美主义者 FI（Finisher）。这八种人的特点如下表所示：

类型	典型特征	积极特性	能容忍的弱点
实干者（IM）	保守；顺从；务实可靠；计划性强	有组织能力、实践经验；工作勤奋；有自我约束力；相信一分耕耘一分收获；立足于本职	缺乏灵活；对没有把握的主意不感兴趣；当变革产生时最易感到紧张
协调者（CO）	沉着；自信；有抑制力；属于众星捧“月”；可以称得上民间领导人	对各种有价值的意见不带偏见地兼容并蓄，甚为客观；个人魅力极强；有时可以解决公司内解决不了的问题	在智能及创造力方面并非超常；不依靠权力压制别人；有时会认为团队中自己贡献最大

续表

类型	典型特征	积极特性	能容忍的弱点
推进者（SH）	思维敏捷；开朗；主动探索；新事物的倡导者	有干劲，随时准备向传统和低效率、向自满自足挑战；说干就干；受领导赏识；说到做到	好激起争端，爱冲动，易急躁；反对拖拉；有争议的角色；注意准确性
创新者（PL）	有个性（内向）；思想深刻；不拘一格；点子型人才	才华横溢；富有想象力；智慧；知识渊博；亚洲经理人最缺乏的角色；企业创建初期和需要变革时最需要	高高在上；不重细节；不拘礼仪；与群体距离远；不喜欢条条框框
信息者（RI）	性格外倾；热情；好奇；联系广泛；消息灵通，做规划时需要信息者帮助	有广泛联系人的能力，不断探索新的事物；勇于迎接新的挑战、电话随时响，下班通常不直接回家	事过境迁，兴趣马上转移；喜新厌旧
监督者（ME）	清醒；理智；谨慎；最高决策团队中的一员	判断力强；分辨力强；讲求实际；站在很远处观察；善于权衡利弊	缺乏鼓动力和激发他人的能力；对任何事顶多说还行；挑剔别人
凝聚者（TW）	擅长人际交往；温和；敏感；牺牲自己照亮别人；不过分强调自己	有适应周围环境及人的能力；能促进团队的合作；团队中的润滑剂	在危急时刻优柔寡断；考虑人际关系过多；太在意“合”为贵
完善者（FI）	勤奋有序；认真；有紧迫感；追求卓越；精益求精；注意细节	持之以恒；理想主义追求完美；不会做没把握的事；120%成功；专家型人物；要求别人和他一样好	常拘泥于细节，不洒脱；自己累，手下人更累；但成长快，可以学到很多技巧；过于注重小事，多授权

在实际工作中，团队成员的角色分配需要根据实际情况来确定，有时可能会是一人身兼多个角色。需要补充一点的是，在一个创业团队中，尽量避免两个人的角色和主要能力完全一样，比如，两个人都是出点子的，两个人都是做市场的，等等。因为只要优势重复、职位重复，今后必然少不了有各种矛盾出现，甚至最终导致整个创业团队散伙。

二、团队角色搭配

团队中有不同的角色，角色和角色之间的配合也会存在若干问题，需要合理搭配。比如两个完美者碰到一起，作为上司的完美者也许并不欣赏作为下属的完美者，因为完美者永远觉得自己的标准是最高的，很难接受别人的标准；但完美者如果碰到实干者同事，往往彼此间很欣赏；如果碰到一个信息者上司，下属与他就会有一些冲突，因为信息者对外界的新鲜事物接受很快，而完美者主张只有120%的把握才去做，他们围绕着要不要采取新的方式和方法会存在一些疑问。

如果上级是创新者，碰到一个实干者下属会很高兴，因为有人会把他具体的工作细化并往前推进，这正好是一种互补；但是如果碰到一个推进者下属，他们之间的矛盾就有可能激化。作为同事的创新者和凝聚者之间也不会有问题，因为凝聚者擅长协调人际关系。但如果一个创新者碰到另一个创新者同事，这时两人会围绕着各自的立场和观点展开争议，内耗就可能出现。

在了解不同的角色对团队的贡献以及各种角色的配合关系后，就可以有针对性地选择合适的人才，完成团队组合。通常团队中每个角色的优点和缺点都是相伴相生，作为企业领导者要学会用人之长、容人之短；充分尊重角色差异，发挥成员的个性特征，找到与角色特征相契合的工作，使整个团队和谐，并实现优势互补；也只有优势互补的团队才能充分发挥其组合潜能，实现团队创业的优势。

三、成员利益分配

获利分配，如果没有进行过资本运作，可以设计“股息分配的优先权”，把投票权和股息分配权分开。没有投票权的股东可以优先获得分红，至于按比例还是按优先额度，需要看股东对公司决策的重要程度，规则的设计需要所有股东认可并形成文字文件。这个设计并非百分之百能实施，因为这一切都是维系在个人身上，并非所有股东都能了解条款的设计、实施、风险；如果创始人自己设计一套看似公平（逐步获得股权、退出后股权分配机制、分红权……）的合同，那么文字游戏或者合同陷阱也很容易引发后期矛盾。“先小人后君子”，涉及权利义务与利益分配问题，还是要把事情一件件、一桩桩讲清楚说明白，切不可仅凭单纯的信任或简单理解签订股权协议。

在初始阶段，尤其要将利益分配设计好，否则后患无穷。强调人的因素再多也不过分，但只有分清责权利，才能分清个人在利益分配中的关系与比例。随着公司运作，每个人都会考虑自己的贡献，本能地放大自己的贡献与付出，突出自己的作用。创业初始阶段，未来不可知，股票、期权等相当于废纸一张。但随着公司走向正轨，逐步实现收益，股票的可变现价值增加，股权的作用也越大，期权的作用对于核心员工的意义也越大。可操作的分配方案这时变得愈加重要，即只要在绩效考核中有数据化的业绩，就有收获，否则什么也没有。这个收获，可能是股权、期权、分红、优先购买权……

所有的事情说起来简单做起来很难，举例：早期至少拿出

20%~30%股权作为期权池，未来发展中才会对新的人才加入起到激励作用，用正确的利益取向引导每名员工，才能使企业在瓶颈期顺利渡过难关。但光靠制度也不完全管用。期权池一直有未分配的股票期权时，大家心中都还保留着一丝期待，每个人在工作时都会有强大的动力，但如果一直不分配，公司业绩弹性遇到问题，这时的问题就非常突出，所以需要领导者对未来有预见，时机成熟时及时再分配。

每个人的付出都是种选择，都该被感谢、重视、关怀。哀莫大于心死，我们的社会是不患寡而患不均的，平均主义被证明是效率最低的分配方式，注定是失败的源头。一个团队的存在，每个成员都一定有牺牲、透明的特质。穷伙伴在一起的时候可以探寻梦想，实现理想，一定可以共苦，但创业过程中实现利益的阶段“同甘”往往比“共苦”更体现人性，因为在创业初期，一起打拼的伙伴很容易共患难，等到要“同甘”的时候，例如利益分配时，出现问题的情况很多。这时候，团队中每个人的退让都有极大意义，甘愿牺牲自己的利益，为了团队与公司能够实现他人也是成就自己。既然创业团队中的创始成员或者核心成员拥有较多的股权比例，那就必须牺牲薪资等。尤其创业初期资源较贫乏，创业成员必然要牺牲福利、红利等，减小资金负担，增加现金流厚度。

任何利益分配都是为了预期的价值，但有时见不到利益公司就消失了。为了不可预期的未来，明确责权利的分配是必要的。

【案例链接】

俞敏洪《中国合伙人》自述

我从这部电影引申出一个概念，就是合伙的概念。就是大家在一起合伙到底怎么才能合成功。在现实当中，我和徐小平、王强，大学同学合伙在一起是相当成功的，确实在发展当中也有一些冲突，因为做事情不能什么都是你一个人做，一定要有合伙人，但是我总结了几个要素。

首先，所有的事情，如果要做，最好是你一个人开头先做，哪怕你先做一个月。比如要做一件事情，成立一家公司，干一件事情，你先自己做一个月、两 个月，做的时间越长越好，这奠定了创立公司的基础。

其次，他们也发现在现实中间，碰到比如和政府打交道和地方打交道的时候，他们完全无能为力，但我这个“土鳖”爬得非常自如，这是不同能力的结合。如果未来创业的话，最好的方法真的是先干一段时间，再把周围的朋友拉进来，如果要一起干的话，有一个前提条件，这个前提条件就是你在这些人心目中已经奠定了一个非常良好的位置。合伙可以合，但是一定要有一个人掌控局面，这样才能把合伙机制往前带动。如果没有一个掌控局面的人，刚开始可能好说，一旦大家赚钱了，谁付出力量多、谁付出力量少就会出问题。合伙人在一起，很容易出现不符合现代企业管理规范的情况，大家互相抢的是面子，而不是抢着做事情。我们合伙的时候通常想得比较简单，我们三个人一起合伙，一个人拿33%的股份，合起来变成100%，我们一起发财。一年以后，你会发现有的人干的活多，有的人干的活少，这个时候怎么办？这个时候你一定要有一个机制，必须要有一整套考评机制，说明这些合伙人和合伙之外的人怎么确认他们的业绩。这就是把松散合伙制度变成真正股份制度的原因。真正股份制度也出现了很多问题。比如，分完股份以后，后面到底谁应该干什么就有问题。新东方的人比较感性，当时出现这样的问题，到底谁是第一副总裁。大家认为我当第一总裁都没有问题，因为我就是这个学校的创始人，但是谁当第一副总裁、谁当第二副总裁就打了半天。徐小平说凭什么让我当第二副总裁，王强说为什么让我当第二副总裁，凭什么要受你的领导？所以就出现了这种结构性的问题。这些种种问题，到最后大概花了4年的时间才解决掉。当然，解决到最后的结果是好的，我们变成了一个确确实实的股份制公司。

第一个启示：用10%的代持股份，吸引来了新东方的第二代管理者。“在分股份的时候，我被分到55%。我当时多了一个心眼，比较大度拿出10%作为我代持股份，为什么？因为我知道新东方必须要有后来人，要有新的管理者进来才行，这个股份就是为新的股份留的。”这10%留下相当于1000万股，新东方是按照1亿股上市的，这1000万股出来以后，真的吸引到了新东方第二代管理者。

第二个启示：合理的股份增发机制，让干得多的人权利不断增加。“如果大家在一起合伙的话，一定要有一个机制，首先分好股份，紧接着设置一个对干得最多的人增发的机制。”在上市的时候，我们分50万股、100万股，甚至10万股就可以招到非常好的管理者，现在整个新东方第二个管理梯队，几乎都是那1000万股招进来的。后来我们设计了一整套对再后来上市的管理者的发展制度，再上市就比较好办了，为什么？每年都有期权，我每年申请期权，发给能干的人，谁干的多，就发给谁，这些人就不断地能拿到新东方的股权。有这样一套机制，既可以合伙不散，也可以让内部的人在公司的权利不断增加，这样就有一个比较稳定的机构。

第三个启示：企业发展不同阶段，用不同的人 。一定是要根据不同时期、不同发展阶段运用不同的人。

新东方在不断地转型，从家族式，到合伙人，到中国国内股份公司，到国际股份公司，再到国际上市公司。现在新东方又开始结构调整了，如果以一个大公司去干，效率非常低，无法应付外面的变革和创新，所以现在新东方又打散了，就是独立创新公司机制。凡是新项目，都独立出去做，新东方控股，对创新的人给予股份，然后出去做。

【能力训练】

感受团队——蒙眼排队

活动目标：理解团队和团队精神的内涵，学会沟通和团队协作。

活动过程：

小组成员到一个空场地围成一个圆圈站好；

指导老师宣布：开始两分钟的小组沟通（没有任何明确的任务）；

沟通时间到了以后，提醒戴眼镜的人可摘下眼镜，然后给每个成员分发眼罩；

要求每个成员戴上眼罩，原地转两圈；

指导老师分别给小组成员发号码牌（事先准备好），并让成员确认自己的号码，然后检查眼罩佩戴情况，防止作弊。

宣传任务：请小组成员在3分钟的时间内，按号码牌的大小，依次排成一队，在排队过程中，不允许发出任何声音；其他学员观察排队结果；换另外一个小组，重复以上步骤，对比两组的过程和结果；参与活动与观察者代表做总结发言。

【课后练习】

组建自己的创业团队

结合自己的创业项目，思考并完成以下任务：

1. 确定团队合作形式。

2. 寻求合作伙伴：创业者可以通过模拟媒体广告、亲戚朋友介绍、各种招商洽谈会、互联网等形式寻找能与自己志同道合、优势互补的创业合作伙伴。

3. 沟通交流达成创业协议：创业者和合作伙伴就创业计划、股权分配等具体事宜进行深层次、多方位的全面沟通，达成一致意见后，形成正式合作条款。

4. 以团队的名义撰写《创业团队组建报告》。

模块B

创业准备

第四课 创业机会 LESSON 04

【创业故事】

90后女孩创业卖"触不到的恋人"年赚50万

28岁的张薇是一位性格活泼开朗的安徽黄山女孩。2012年大学毕业后，本来学美术专业的她，凭借自学的计算机技术，应聘到一家IT公司做网站编辑。后来辞职做一名自由"插画师"，有大把的时间支配。怎样打发这些"无聊时光"又能多赚点钞票呢？

早起闹钟叫你起床、睡觉前道晚安以及聆听生活中的抱怨和工作烦恼，给予打气鼓励等。如果有这样一位善解人意的女友，是不是很令人羡慕？更有趣的是，她甚至可以指导宅男怎样"泡妞"，帮失恋者很快振作起来寻找梦中的"另一半"。其实这种"触不到的手机恋人"是可以"定制"的，如根据不同买家的需要，将"手机女友"细分为萝莉、御姐、病娇、邻家、女王等类型，客户可以"定制女友性格"。2014年5月，"触不到的恋人"的虚拟女友服务在网上走红，张薇手下的员工已达到30多人。安徽女孩张薇琢磨出的这个创业新点子，不仅使自己华丽转身为小富姐，还让处在"水深火热"中的宅男们得到了意外的惊喜和幸福。

【导师问答】

1. 问： 如何才能找到好的创业项目？

答： 成功创业者的思维多是“问题导向”。马云说：“只要有抱怨的地方，有投诉、仇恨、不合理的地方，就有创业机会。”“只要你解决问题，满足消费者需求，就能获得成功。”刘强东看法一致，“在满足需求的过程中产生了很多新的问题，比如环境问题、医疗问题、教育问题，给创业者提供了新的机会”。可见，创业不知道“创”什么，就去发现问题、满足需求。“只要你能够解决一个问题，那么你的项目就一定会成功。”

2. 问： 检验好项目最简单的标准是什么？

答： 奇虎360董事长兼CEO周鸿祎认为一款好的产品必须满足三个条件：刚需、痛点、高频。在开发任何产品之前，你需要进行严格的假设和调研，找到刚需，找到痛点。在兼顾了刚需、痛点和高频之后，再尽力在产品中做到细节和交互体验的提升。超出用户的预期，让用户尖叫，让用户觉得惊讶，让用户疯狂，让用户变成你的粉丝。

学习要点

1. 创业机会的定义和创业机会的识别。
2. 创意的产生及筛选。
3. 创业项目的评估与完善。
4. 绘制从创意产生到建立企业的路线图。

【知识导航】

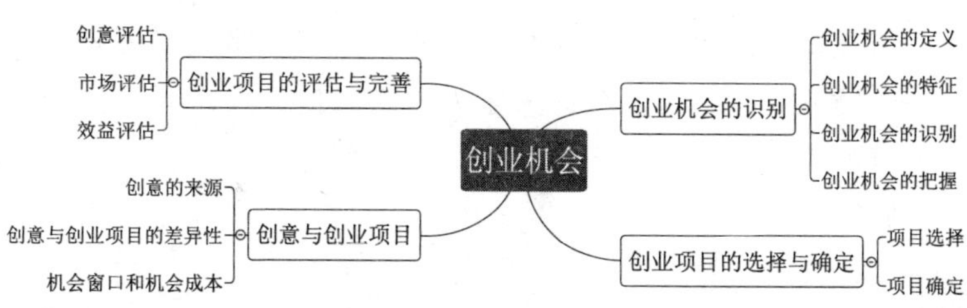

第一节　创业机会的识别

一、创业机会的定义

创业机会是创业行为的开端，也是创业的核心。关于什么是创业机会，学者们从不同角度给予了以下不同的定义：

第一，可以为购买者或使用者创造或增加价值的产品或服务，它具有吸引力、持久性和适时性。

第二，可以引入新产品、新服务、新原材料和新组织方式，并能以高于成本价出售的情况。

第三，是一种新的“目的-手段”关系，它能为经济活动引入新产品、新服务、新原材料、新市场或新组织方式。

第四，主要是指具有较强吸引力的、较为持久的有利于创业的商业机会，创业者据此可以为客户提供有价值的产品或服务，并同时使创业者自身获益。

综合上述，我们可以得出较为全面的概念：创业机会，是指在市场经济条件下，社会的经济活动过程中形成和产生的一种有利于企业经营成功的因素，是一种带有偶然性并能被经营者认识和利用的契机。

二、创业机会的特征

创业机会是具有商业价值的创意，潜伏在市场环境中，由市场环境变化所创造。纽约大学柯兹纳教授认为创业机会就是未明确的市场需求或未充分使用的资源或能力。创业机会具有以下特征：

1. 普遍性

一种需求得到满足，另一种需求又会产生；一类机会消失了，另一类机会又会产生。凡是有市场、有经营的地方，客观上就存在着创业机会。创业机会普遍存在于各种经营活动过程之中。

2. 偶然性

大多数机会都不是显而易见的，需要去发现和挖掘。如果显而易见，总会有人开发，有利因素很快就不存在了。对一个企业来说，创业机会的发现和捕捉带有很大的不确定性，任何创业机会的产生都有“意外”因素。

3. 时效性

创业机会存在于一定的时空范围之内，随着产生创业机会客观条件的变化，创业机会就会相应的消逝和流失。

三、创业机会的识别

创业机会无处不在，因此可能有人会将创业想法的产生归结于机会的垂青，但是研究创业的专家认为创意只是冰山一角，如果没有平日的积累，机会不会如此凑巧。你要知道如何去寻找创业机会，当它来到你身边的时候，你要“碰巧”发现它。如何识别创业机会是创业者首先要解决的问题。好的创业机会，必然具有特定的市场定位，专注于满足顾客需求，同时能为顾客带来增值的效果，创业需要机会，机会要靠发现。事实上，机会并非很快就被完全发现与利用；创业机会一般只被特定的创业者发现。学者柯兹纳指出，尽管创业机会有时是偶然发现的，但并不是依靠运气，之所以一些创业者比另外一些创业者对创业机会更加敏感，是因为创业者自身具备不同的知识和个性特质。众多学者在研究中提到了一些创业者与机会识别相关的特性，包括：创业洞察力、自信创造力、个人特质、已有的知识、社会关系网络。

要想寻找到合适的创业机会，创业者应识别以下创业机会：

1. 现有市场机会和潜在市场机会

现有市场机会是市场机会中那些明显未被满足的市场需求，往往发现者多，进入者也多，竞争势必激烈。潜在市场机会是那些隐藏在现有需求背后的、未被满足的市场需求，不易被发现，识别难度大，往往蕴藏着极大的商机。

2. 行业市场机会与边缘市场机会

行业市场机会是指在某一个行业内的市场机会，发现和识别的难度系数较小，但竞争激烈，成功的概率低。边缘市场机会是在不同行业之间的交叉结合部分出现的市场机会，处于行业与行业之间出现“夹缝”的真空地带，难以发现，需要有丰富的想象力和大胆的开拓精神，一旦开发，成功的概率也较高。

3. 目前市场机会与未来市场机会

目前市场机会是那些在目前环境变化中出现的机会，未来市场机会是通过市场研究和预测分析将在未来某一时期内实现的市场机会。若创业者提前预测到某种机会会出现，就可以在这种市场机会到来前早做准备，从而获得领先优势。

4. 全面市场机会与局部市场机会

全面市场机会是指在大范围市场出现的未满足的需求，在大市场中寻找和发掘局部或细分市场机会，见缝插针，拾遗补阙，创业者就可以集中优势资源投入目标市场，有利于增强主动性、减少盲目性、增加成功的可能。局部市场机会则是在一个局部范围或细分市场出现的未满足的需求。

四、创业机会的把握

1. 关注政策变化

有变化就有机会。环境的变化往往可以带来商机。在当前众多的环境要素中，各地发展政策的优化是比较频繁的。这就要求有创业动机的人在日常生活中积极收集这些方面的信息，很可能在某个时间就会出现适合自己的机会。现在相当一部分成功的民营企业家就是在我国改革开放初期借助国家政策的变化，找到了创业机会，顺利起步。随着近几年改革开放不断深化，涌现出的商机将会越来越多。

2. 搜索市场空白

搜索市场空白可能是最简单、最直接的选项方法了。有空白就存在着巨大的消费需求。但问题是创业者本人看到的市场空白别人往往也能看到，即便你先看到，以后也容易被后来者模仿甚至超越。因此，使用这种方法适合于寻找那些“短平快”项目，等到别人回过神来，你已经赚得盆满钵满。

3. 发挥技能专长

创业者自身具备的技能是成功创业的有力武器，也是选择创业项目的重要依据。由于技能是创业者在以前工作过程中长期积累形成的，如果创业项目的运作与此项技能的运用密切相关，就比较容易形成自己的经营特色，他人难以模仿，而且也有助于实现项目的永续经营，同时经营中的技术问题也便于解决。基于这些优点，创业者应尽可能挑选与自身技能密切相关的项目。需要说明的是，这里所说的技能涵盖项目运作过程中使用到的所有技术和能力，既包括生产技术，也包括经营管理技能，甚至创意能力等。

4. 利用资源

俗话说，“靠山吃山，靠水吃水”，这种选项的途径应该说是最方便的了。自然资源是指创业所在地具备的在现代经济技术条件下能为人类利用的自然条件，例如自然风景、气候、水土、地理位置、能源等。从创业选项的角度讲，这些自然资源应该具有独特性。社会资源内涵更为丰富，包含了除自然资源之外的所有物质，例如民族风俗、传统工艺、人际关系等。由于当地独特的自然和社会资源不可复制，使得借助这种方式选择的创业项目具有独占性，客观上提高了他人进入和竞争的门槛。

5. 改变经营模式

长期以来，人们总是习惯于一种固有的企业经营模式。这种模式由于屡见不鲜，便使得人们觉得这是最合理、最科学的选择。实际上，只要我们转换一个角度去观察和思考，在我们面前就会出现一个全新的世界。同样道理，如果我们把这种思想移植到企业经营领域，对某个产业的经营全过程进行全部或局部的重新整合，就可能产生商业机会。管理学将此称为“价值链重构”。美国的戴尔就是将计算机产业的价值链进行了重新设计，以直销代替现在普遍运用的代理制销售模式，使戴尔公司一跃成为世界最著名的公司之一。戴尔本人也可以说是最成功的创业者之一。

6. 理性“跟风”

这种项目选择的思路看上去有些矛盾，因为人们一般把“跟风”和“盲目”联系在一起。其实，“跟风”本身也不是完全不好，关键在于把什么情况下跟、怎么跟的问题处理好，在模仿中谋求突破和创新。创业者首先要分析一下“拟跟项目”，它是否具备发展潜力，项目的生命周期是否长久，是否具备特色经营的可能性；其次，创业者要评估自身的状况，是否具备长期与竞争者抗衡的资金实力，是否拥有将“拟跟项目”做成具有自主特色的品牌的能力等。当这些问题搞清楚以后，决定“跟风”就不再盲目，而是理性的了。

7. 关注外围

任何一项具体的产业都是生产某种物质产品和提供某种劳务活动的集合体，其中包括众多的相互关联，相互影响的经营项目，这些经营项目有核心和外围之分。例如，运输行业的核心经营项目是交通工具运输，外围经营项目则是零配件供应、燃料供应、交通工具修理等。人们往往看重的是核心经营项目，而对外围经营项目则漠不关心。殊不知，这些不显山不露水的项目一旦借助一荣俱荣的便利，也能获取放大效益的效果。

第二节　创意与创业项目

一、创意的来源

创意是创造意识或创新意识的简称，它是指对现实存在事物的理解以及认知所衍生出的一种新的抽象思维和行为潜能。

创意需要灵感但又有别于灵感，因为灵感是特定时间和环境下碰撞出的火花，可能会瞬间消失，而创意则是对某一事物的整体构想，是系统化的整体思路体现。创意也不同于狭义的点子，可以说它具有一种能量释放的散发力。创意是一种突破，是产品、营销、管理、体制、机制等方面主张的突破。创意是逻辑思维、形象思维、逆向思维、发散思维、系统思维、模糊思维和直觉、灵感等多种认知方式综合运用的结果。要重视直觉和灵感，许多创意都来源于直觉和灵感。

创意需要知识积累、经验积累、时间积累、资源积累等。有的创意往往需要很长的时间才能实现，因为只有量的积累才能达到质的飞跃。一个好的创意需要智慧和睿智，需要对创意事物本质的把握，更需要具有相当的综合知识和专业水平能力，当你面对某种事物或特定环境时才能产生联想，思考得到升华，不断迸发出灵感的火花，获取创意能量的释放。以北京奥运会开幕式时用火药在北京上空绽放“焰火脚印”的新颖创意为例，29 个焰火脚印象征着 29 届奥运会的历史足迹，也意味着中国追寻奥运梦的百年梦想，当 29 个巨大“焰火脚印”沿着北京中轴线，穿跃天安门，飞进鸟巢时，可谓令国人乃至全世界一片惊叹。无论在视觉上还是立意上都具有非凡的气势，绝非是靠一个点子、一次灵感或一个专业所能体现出来的大手笔。

“创意”是一门关于“引起好奇、惊叹和关注的科学”，很多创意是遵循规则的产物，是大量学习的结果，而不是漫无方向的发散思维。产生创意的途径很多，以下是几种常用的联想方法。

第一，自由联想法：参与团体，开展脑力激荡，发挥想象。

第二，经验联想法：结合个人经验和他人经验，通过回忆、聊天、翻书、看录像带等方式，借鉴任何可用的资料。

第三，为什么联想法：追根究底，解剖每个产品细节，找出产品特有的卖点反复问，没有答案也要有答案。

第四，如果联想法：联想这个产品如果不是它本身，如果是个人、是部车、是个动物、是首歌、是地方……

第五，角色扮演联想法：发展分裂人格的能力，像演员一样能够进行角色扮演，想象看见一位读者，为他而写，直到完成。

第六，不想它联想法：看看别人是怎么做的，一个字——抄，抄 100 个，至少能创出一个来。

第七，真的不想它联想法：有时候，概念的产生是种沉默、孤独的守望，伟大的想法常不期然地出现，究竟由何而来却几乎总是秘密，可能这就是所谓灵感的产生了。

第八，强迫联想法：试着与你眼前、手边的任何一种事物发生关系。有时你身边的一些东西，比如笑话、游戏等，本身也是一种创意，或许会使你联想许多而从中找出创意来。

第九，配合客户联想法：直到最后无计可施时，只能看客户究竟想要什么，明确他们的意图之后，我们就照着做。

二、创意与创业项目的差异性

创意可被视为创业项目的重要源泉，现实当中的创业成果就有很多来自于一个不错的创意。但是，创意并不等于创业项目。有价值的创意一定要有现实意义，具有实用价值，能够开发出可以把握机会的产品或服务，而且市场上存在对产品或服务的真实需求，或可以找到让潜在消费者接受产品或服务的方法。

有潜力的创意还必须具备对用户的价值与对创业者的价值。创意的价值特征是根本，好的创意要能给消费者带来真正的价值。创意的价值要靠市场检验。好的创意需要进行市场测试。同时，好的创意必须给创业者带来价值，这是创业动机产生的前提。

马克·佩恩研究了一系列高潜力创意的失败原因，即一味追求创意性，而不花时间研究可行性。这纯粹就属于“自嗨型”创新了。为了避免出现这种情况，我们有必要了解什么是可行性。研究可行性需要思考以下问题：

- ◆ 它真的能够解决预设的问题吗？
- ◆ 如何把它制造出来？
- ◆ 它的成本是多少？
- ◆ 如何将它推向市场？
- ◆ 可能遇到的管控或销售问题有哪些？
- ◆ 它会让公司变得更具有竞争力吗？

……

若我们一味地追求所谓颠覆性，完全忽略现实，而不是以现实为基础，哪怕最光辉的创意，也可能遭受失败。一个创新项目想要成功，很大程度上取决于可行性问题在创新流程中的优先等级。为了提高成功率，可以先讨论一个问题的可行性，然后再朝着创意性前进，力争颠覆整个市场，创造出新的需求，将“为用户而设计”转变为“为结果而设计”。

三、机会窗口和机会成本

机会是有生命周期的，机会窗口就是用来刻画这种生命周期的，就像窗户可以打开和关闭一样，当窗户打开时（时机敏感性），机会所带来的利润就会产生（持续性）。因此，机会窗口就是在一个既定商业概念下追求机会的最佳时期。创业机会具有时效性，机会的大小、机会存在的时间跨度、机会窗口的长度和宽度决定着创业者进入的时机，随着时间推移，机会成长的速度加快，机会窗口关闭时，市场竞争激烈，一般不要进入该领域。

对创业机会的衡量、判断与评价重点在于：此机会是否有强劲的市场需求，能否满足顾客的某些需求，能否根植于为顾客或用户创造或增加价值的产品或服务之中，是否具有市场价值，值得去把握的创业机会需要使人们相信其创业期望获利足以弥补其机会成本，包括休闲、时间与金钱的投入和对未来不确定性的投入。

好的创业机会至少具备以下一个或多个特征：需求很大、边际利润很高、技术处于发展初期、市场竞争程度不太强也不太弱、获得资本的成本不太高、进入门槛不太高。如果创业机会具有这些条件，就会使得创业者获得的平均利润高于社会平均利润。当机会成本很低的时候，创业者往往会选择把握住这个创业机会，同时也会考虑把握这个机会所需要的资本。

第三节　创业项目的评估与完善

所有的创业行为都来自于绝佳的创业机会，创业团队与投资者均对创业前景充满期待，创业家更是对创业机会在未来所能带来的丰厚利润满怀信心。从现实来说，创业项目可行与不可行、好与不好的判断直接决定了这个项目能否得到财力、物力的支持以进入下一阶段的机会开发，创业者才有可能实施接下来的创业活动。正确的评估创业项目也可以提高新成立企业的存活率。为了避免悲剧的发生，创业者应该先以比较客观的方式进行评估。

在判断创业机会时要注意三大方面：一是创业机会的核心特征，即产品和市场。这一层次的特征属于创业机会的自然属性，不依赖于创业者或者创业机会的其他特征而存在，相反，创业机会的其他特征却往往需要与其核心特征相匹配，才能创造出最大价值。二是创业机会的支持要素：团队、资源和商业模式。这是创业机会评价指标的第二个层次，也是创业者或者创业团队能够有效开发创业机会的支持条件。三是创业机会的成长预期：财务指标和收获条件。这是创业机会评价指标的第三个层次，成长预期是创业者对创业机会的潜在价值的最终判断。只有符合创业者心中的标准，创业机会才能真正付诸行动。对创意、市场和效益的具体评估可参考下列标准进行。

一、创意评估

评估一个项目是否具有创意，可参考下表所示的 innosight 风投评估工具，从以下 10 个方面进行评测。

方面	差	中等	优
瞄准客户关心的问题	客户不在乎这一问题——并未花时间或金钱尝试解决这一问题	这一问题是令人持续烦恼的痛点	这一问题属于“生活层面”的需要（即便客户没有明确指出来）
客户解决这一问题存在的障碍	在目前的条件下解决这一问题不存在明显的障碍	那些具备经济或技术条件的客户能够解决这一问题	那些具备经济或技术条件的客户也不能够解决这一问题
该创意可提供简单、可靠或优惠的解决方案来打破现状	创意方案比现有方案功能更丰富	创意方案使用了更好的商业模式，因此能够提供比现有方案更优惠的解决方案	创意方案简单、方便，并足够便宜，可适用于更多的场合或市场
可以精确描述初始客户	不能定义初始客户	可以指出并详细描述初始客户	已经发生初次销售

续表

方面	差	中等	优
项目拓展战略具备不限于初始立足点、实现“跳跃式”发展的潜力	拓展战略为全面渗透目标客户群体	拓展战略涉及向新客户群体和新消费场景的拓展	拓展战略涉及向新问题的拓展
能“吃到大蛋糕”的胜算足够大	所有方面都必须顺利进行才有可能成功	很多方面进展良好就有可能成功	“大蛋糕”很明显已经摆在那里，很多途径都可以通向成功
拥有充足的竞争空间、发展竞争优势	目标市场（和目标问题）挤满了大型、饥渴的竞争对手	竞争对手发现这一领域不是那么有利可图而不做反应	早期的活动完全可以避开竞争对手的雷达监视
商业模式已经思考成熟并切实可行	不能明确描述出商业模式	对商业模式有清楚的假设	已初步验证了商业模式的可行性(至少在单位层面上)
现金流的特点让早期盈利成为可能	需要大量资金和时间才能拓展	拓展需要较长时间，但是对投资的要求不是很高	能够在短期内实现拓展，有可能实现早期盈利
技术不确定性相对较低	需要“奇迹”才能成功	仅有少数容易解决的技术问题	没有技术风险

二、市场评估

1. 市场定位

评估创业机会的时候，可通过市场定位是否明确、顾客需求分析是否清晰、顾客接触通道是否流畅、产品是否持续衍生等来判断创业机会可能创造的市场价值，创业带给顾客的价值越高，创业成功的机会也越大。

2. 市场结构

对创业机会的市场结构进行五项分析：进入障碍、供货商、顾客、经销商的谈判力量、替代性产品的威胁和市场内部竞争的激烈程度，由此可知该企业在未来市场中的地位，及可能遭遇竞争对手反击的程度。

3. 市场规模

市场规模大者，进入障碍相对较低，市场竞争激烈程度也会略为下降。若要进入的是一个十分成熟的市场，那么利润空间会很小，不值得再进入；若是一个成长中的市场，只要时机正确，必然会有获利的空间。

4. 市场渗透力

对于一个具有巨大市场潜力的创业机会，市场渗透力评估将会是非常重要的。应该知道选择在最佳的时机进入市场，也就是市场需求正要大幅增长之际。

5. 市场占有率

一般而言，成为市场的领导者，最少需要拥有20%以上的市场占有率，若低于5%的市场占有率，则这个新企业的市场竞争力不高，自然也会影响未来企业上市的价值。尤其是处在具有赢家通吃特点的高科技产业，新企业必须拥有成为市场前几个的能力，才比较有投资价值。

6. 产品的成本结构

从物料与人工成本所占比重之高低、变动成本与固定成本的比重，以及经济规模产量大小，可以判断企业创造附加价值的幅度以及未来可能的获利空间。

三、效益评估

1. 合理的税后净利

一般而言，具有吸引力的创业机会至少需要能够创造15%以上税后净利。如果创业预期的税后净利是在5%之下，那么这就不是个很好的投资机会。

2. 达到损益平衡所需的时间

合理的损益平衡应该在两年之内达到，如果三年还达不到，恐怕就不是个值得投入的创业机会了。当然，有的创业机会确实需要经过比较长的耕耘时间，通过前期投入，创造进入障碍，保证后期的持续获利，这样的情况可将前期投入视为投资，才能容忍较长时间的损益平衡时间。

3. 投资回报率

考虑到创业面临的各种风险，合理的投资回报率应该在25%以上，而15%以下的投资回报率是不值得考虑的创业机会。

4. 资本需求

资本需求量较低的创业机会，一般比较受投资者的欢迎。资本额过高其实并不利于创业成功，甚至还会带来稀释投资回报率的负面效果。通常，知识越密集的创业机会，对资金的需求量越低，投资回报反而会越高。因此在创业开始的时候，不要募集太多资金，最好通过盈余积累的方式来创造资金，而比较低的资本额将有利于提高每股盈余，并且还可以进一步提高未来上市的价格。

第四节　创业项目的选择与确定

一、创业项目的选择

创业机会的表现形式丰富多样，选择适合自己的创业项目，将其背后的创业机会发挥到实处，才是创业成功的基础保障。当前如此多的创业项目归于失败，不但造成创业者个人财富的巨大损失，而且也浪费了一定的社会资源。究其原因，除了创业过程本身客观具有的高风险以外，创业者选择创业项目方法失当也是一个重要原因。

如果一个人确实具备创业者素质并有创业打算，那么他在创业准备期，不应该急于考察和选择具体项目，也不必考虑资金筹集、人员组织等常规性经营问题，而是要认真思考并接受一些重要的理念和行为准则，这些理念和行为准则可以帮助创业者在选择项目时不犯或少犯错误，最大程度上减少投资风险。

1. 知己知彼原则

所谓知己，就是创业者在选择项目之前，应该首先对自己的状况有一个清楚的认识和判断。例如自己可以提供多少创业资金、有哪些从业经验和技能专长、自己的兴趣和爱好是什么、社会关系状况如何、自己在性格上有哪些优势和弱点、家庭成员是否支持等等。所谓知彼，就是要了解创业所在地的社会经济环境。要认真分析当地的发展政策，包括产业结构政策、金融政策、税收政策、就业政策等；当地的消费环境，例如居民的购买力水平、购买力投向、购买习惯等；当地的自然和人文资源，包括具有市场开发价值的工业原料和农林渔牧产品、传统的生产加工技术、独特的自然和人文景观等；当地市场的竞争强度，包括拟选择项目所在行业的竞争者数量、规模、实力水平等。

2. 自有资源优先原则

创业者在审视了创业环境之后，应该从中筛选出重点利用和开发的资源。筛选应贯彻自有资源优先原则。所谓自有资源，就是创业者本人拥有的或自己可以直接控制的资源，包括专有技术、行业从业经验、经营管理能力、个人社会关系、私有物质资产等。相对于其他非自有资源，自有资源的取得和使用成本往往较低，同时这些资源在利用过程中也容易使项目获得特殊优势，在将来的市场竞争中占据主动地位。我国许多老字号品牌如“北京烤鸭”“山西老陈醋”等，能够历经百年而长盛不衰，与这些品牌商家在最初创业时开发并有效利用自己的专有技术有密切关系。

3. 量入为出原则

在创业行动开始之前，必须考虑财务问题。量入为出是创业者必须切实遵循的一个原则。首先，创业者要考虑项目启动需要的资金量是否可以承受。在当今国内银行信用和商业信用不很发达的情况下，有些项目即便市场前景非常看好，庞大的启动资金投入也足以让创业者望而却步。其次，后续资金投入规模也必须考虑。后续资金投入不足很可能造成创业者中途退出，成为他人创业路上的“垫脚石”。最后，要考虑项目投入中固定部分和流动部分的合理比例，不能顾此失彼。

二、创业项目的确定

从一个良好的创意到实际的创业活动，需要经过许多的步骤。我们都碰到过这种情况：正当我们喝着茶，读着网络新闻，在床上刚刚醒来的时候，一个划时代的创意想法如流星划破天际般闪进你的脑海。现在不要着急，想一想你的这个“好主意”

是否能真正转变为一场适合创业的生意。你需要考虑的第一个问题是：你的价值主张是否具有吸引力？有一点是亘古不变的，只有当你能够说服人们以高于成本的价格为你的产品或服务付钱的时候，好的想法才能成就一番大事业。你认为这个世界需要新的狗用香水并不意味着其他所有人都这么想。即便他们认同你的想法，那也需要他们愿意以高于你所需成本的价格购买才行。

事实上，你应该能够用简短的几句话来诠释你的价值主张。如果连你自己都说不出你的产品好在哪里，那就更不要说你的消费者了。

哈佛商学院企业管理学教授托比·斯图尔特（Toby Stuart）说，刚起步的企业家的一个通病在于“高估他们的创意”。换言之：如果你想到了这点，那么其他人可能也已经想到了。

下一个问题是：你的新产品或服务有足够大的市场吗？专业的投资者不希望在发展潜力有限的公司身上投资，即便这样的公司有可能盈利。此外，永远不要寄希望于创造一个全新的市场，因为这个市场之所以还不存在，肯定有它自己的道理。

在你能够支配市场之前，你必须拥有足够的发展资金。这里的关键是诚实：无论你认为你需要多少资金才能将你的产品推向市场，都应留有一个缓冲余地。对于可能需要更长时间调整的技术含量高的产品，则留有的余地应更大。

如果你无法获得充分的产品开发和推广资金——这在如今的经济环境下绝非易事——市场或许会给你“上一课”。斯坦福大学商学院创业研究中心主任查尔斯·霍洛韦（Charles Holloway）表示：“在你努力获得资金之前，你无法真正知道你是否拥有创业机会。”

但千万不要在雏形阶段停止分析。经久不衰的企业需要可持续的竞争优势。你的企业有什么竞争优势呢？如果是技术，你能够获得专利吗？如果是一种商品，你能够为它打响名号吗？当然，你可以将你初具雏形的技术出售或者对其进行授权，把如何从中获利的难题丢给其他人，但你愿意下这个赌注吗？

如果你仍然对你掌握着真正的创业机会深信不疑，那么问自己最后一个问题：你愿意为此付出多少努力？美国劳动统计局的最新数据显示，仅 2/3 的新企业的维持时间达到了 2 年，而只有 44%持续了 4 年——这仅仅是维持生存而已，并非获得成功。〔1〕

看到机会、产生创意并发展成清晰的商业概念意味着创业者识别到机会，至于发展出的商业概念是否值得投入资源开发，是否能成为有价值的创业机会，还需要认真的论证。进行创业的人在产生创意后，会很快甚至同时就会把创意发展为可以在市场上进行检验的商业概念。商业概念既体现了顾客正在经历的也是创业者试图解决的种种问题，还体现了解决问题所带来的顾客利益和获取利益所采取的手段。例如，帮助球手把打丢的球找回来是一个创意，容易把球打丢是实际存在的问题。而有人试图要解决这个问题，在高尔夫球内安置一个电子小标签，开发手持装置搜索打丢的球是解决问题的手段。

创业者对机会的评价来自于他们的初始判断，而初始判断通常就是假设加简单计算。牛根生在谈到牛奶的市场潜力时说：民以食为天，食以奶为先，而我国人均喝奶的水平只是美国的几十分之一。也许这就是他对乳制品机会价值的直观判断。这样的判断看起来绝对不可信，甚至会觉得有些幼稚，但却是有效的。机会瞬间即逝，如果都要进行周密的市场调查，经常会

---

〔1〕 改编自 Melanie Lindner：“有好创意就等于能创业吗?”，载 http://www.ceconline.com/mycareer/ma/8800050920/01/? pa_ art_ 8。

难以把握机会。假设加上简单计算只是创业者对机会的初始判断，进一步的创业行动还需依靠调查研究，对机会价值做进一步的评价。

创业者经常容易犯的错误是，自己认为好的，则一厢情愿地断定顾客也应该认为好。“己所不欲勿施于人”，然而“己所欲施于人”也不一定能奏效。如何确定顾客的偏好，通常可以采用市场测试的方法，将产品或服务拿到真实的市场中进行检验。市场测试可以说是一种比较特殊的市场调查，是创业者的必修课程。市场测试与市场调查不完全相同，询问一个消费者是否想购买和这位消费者实际是否购买很多时候是两回事。此外，商业模式设计也是机会识别和论证工作的一部分，尽管创业者在机会识别阶段难以设计出完整的商业模式。商业模式是产品、服务和信息流的一个体系架构，包括说明各种不同的参与者以及他们的角色、各种参与者的潜在利益以及企业收入的来源。

需要注意的是，不能把盈利模式简单等同于商业模式。例如：将福建的茶叶贩到俄罗斯再高价卖出是盈利模式，报纸通过低价和好的新闻扩大读者群吸引企业在报纸上做广告进而赚取企业的广告费也是盈利模式。这样的盈利模式显然容易被模仿。盈利模式仅仅是商业模式的一部分，商业模式往往包含了更长链条的赚钱逻辑。只有开发出有效的商业模式，才会激发足够多的顾客、供应商等参与合作，创建成功的新企业才更具有可行性。

创业是不拘泥于当前资源条件的限制下对机会的追寻，将不同的资源组合以利用和开发机会并创造价值的过程。简单地说，创业是在识别机会和开发机会，经历了产生创意、开发商业概念、市场测试、设计商业模式等环节后，创业者就可以确定创业机会并开始着手撰写创业计划书了。

【案例链接】

1. 90 后小伙陪跑：月入 3000

“陪跑族”你听说过吗？一个月陪人跑步就可赚近 3000 元，听起来是不是有些不可思议？浙江台州市椒江区 90 后小伙子林楠却将这门创业好点子生意经营得有声有色。小伙林楠是一位淘宝店主，平时喜欢运动健身，最初的生意来自于微信朋友圈。

由于他经常在朋友圈里发一些自己骑车、跑步的照片，一位女士发现后就询问是否可以抽空陪她跑步，并表示愿意付钱。林楠接受了这位女士的要求，在首单生意成功后，林楠还开动脑筋，积极拓展业务，把陪跑对象扩大到学生一族，付费者则是那些没有时间陪孩子锻炼或者自身没有条件陪孩子锻炼的家长了。自此，小伙的陪跑生意走上正轨，有了相对固定的客户，每月有几千元的固定收入。

2. 找“碴儿” 赢来 2 万月薪

对于记性好、眼也尖的冯露来说，爱找碴儿原本是一个惹麻烦的特点，没曾想却做成一门赚钱的生意。由于看过的电视剧情冯露都能复述出来，她把创业的目光放到了为电视剧纠错上。为了发挥自己的找碴儿专长，她租屋子，买电脑，打招聘广告，组建了一个专为电视电影剧集穿帮镜头进行纠错的“纠错工作室”。2010 年 10 月，冯露和她的工作室瞄准当下最火电视剧，—下供给了 36 张穿帮截图，每张截图还创意性地添加了搞笑对白。36 张穿帮截图在网上公布后，冯露和她的“纠错工作室”一下火了。不久，百度市场部司理找到冯露，说有部国产军事片刚刚杀青，电影的导演想找人给这部电影挑刺，防止正式公映的时候出现差错，冯露也准确无误地找到了四五处 碴儿。如今，冯露月收入可达2万，更有100多名导演及多个影视建造工作室与冯露洽谈签订合约，礼聘她为本人的新作品把关。

【能力训练】

1. 创意思维训练

约翰·恩格迪沃（John Ingledew）是一位摄影师，也是英国西伦敦大学（University of West London）电影和设计学院的客座教授，最近他出了一本书，叫作《创意思维指南》（*How to Have Great Ideas*：*A Guide to Creative Thinking*），在这本书里，他介绍了50多种提升创意思维的思路。以下是Fastcodesign网站选出的其中10种，供大家学习时参考。

（1）习惯性地问："我还能做些什么"？

我们习惯了生活中见到的一切，习惯了建筑物、材料、技术、系统甚至是沙发垫和水杯。我们习惯地认为一切都理所当然。如果你想要与众不同，就要时常问自己："我还能够做些什么？"这种质疑会帮助你发现新的想法。

例如：试着把垃圾转化成金子吧。去翻翻你的垃圾桶，看看哪些东西是有用的。假如给你一张旧报纸，你能拿它做些什么？

（2）成为一个职业的"观察家"

创意人才都是观察家。他们通常能发现、收集和利用其他人忽视的东西。要时刻保持对周围世界的好奇心，成为爱管闲事的人。

例如：在日常生活里要注意搜集不同的面孔、字体，哪怕是小动物。观察事物的侧面和背面。留心光影、磨损、衰变、更新、修复、时间、雨雪、数字等信息。

(3) 学会简化

信息过载也是一件危险的事。要学会定义和区分不同事物的属性。当你想到一件事物，能用10个词甚至是5个词、3个词来简化它吗?

例如：作家欧内斯特·海明威曾训练自己用6个词写一个故事。试一试，你能在140个字以内讲一个有情节有卖点的故事吗?

(4) 拥抱荒谬

许多最有趣的想法都是从荒谬中诞生的。例如音乐界的弗兰克·扎帕（Frank Zappa），时尚设计界的伊尔莎·斯奇培尔莉(Elsa Schiaparelli)，美术界的达达主义、超现实主义等等。

例如：学会用荒谬的内容来迷惑观众，促使他们思考或发笑。

(5) 借鉴其他领域的成功经验

产品设计师欧文·玛格罗兰（Owen Maclaren）设计了世界上第一款可折叠的婴儿车，灵感源于二战中折叠式的起落架战斗机。他借鉴了其他领域的经验，改变了婴儿车领域根深蒂固的设计。如果你发现眼前的系统有很多不足，不妨借鉴一下其他领域的经验。

(6) 改变位置

改变一些东西的位置，你会对它产生新的看法。

每一个人的厨房里都有洗洁剂和碗碟，每一个人的卧室里都有被子和床单，每一家熟食店里都能找到牛肉或猪肉——如果你把它们移动个位置，或许就能制造个“大新闻”。

100年前，艺术家马塞尔·杜尚就意识到了这一点。他把一些东西移动了位置，进而产生了惊人的力量。1917年，他把男式小便池命名为“喷泉”，把它提交给了一场艺术展。这件作品，以及提交这件作品的行为，被认为是20世纪艺术的一个重要里程碑。

你可以试着把家里的摆件都移动个位置，也可以去建材厂买很便宜的东西回来，把它置于家中一个意想不到的地方。

(7) 试着翻译

俄罗斯画家康定斯基曾试着将古典音乐“翻译”成抽象画，他选择不同的颜色表示音乐引起的不同情绪。他还发明了一种机器，试图将音乐的声音转化为绘画。

例如，请试着为以下词语排版：懒惰的、快乐的、响亮、软。

(8) 即兴创作

试着在极端情绪下进行创作。想象自己被囚禁、被抛弃时的情绪。幻想自己迷失在大海里，船只倾覆，被滞留在一只救生艇上，你会做出怎样的作品？

(9) 了解你自己

俄罗斯作曲家柴可夫斯基说：“如果我们只是等待着创作情绪的到来，我们很容易变得懒惰和冷漠。”你要了解自己，清楚地知道自己在何种情况下是最有创作力的。举个不恰当的例子，德国诗人席勒（Friedrich Schiller）发现他自己偏爱烂苹果的气味，在那种气味下他最文思泉涌。

(10) 私人化

充分利用你现有的资源和经历吧。挖掘你自己、你的家庭、你的个人史。将创作私人化，只有你真正经历过的东西才是真实的，也是最棒的创作源泉。

2. 利用创意表格产生创业想法

一家洗车店生意萧条，为了生存下去，店主需要发展新的创意，开辟新的市场。通过分析，他发现，和“清洗”密切相关的有四个关键因素，即清洗方法、可洗物品、清洗物品和其他可售产品。于是，他采用了创意表格的方式来构建新的商业计划。以下是他的创意来源：

序号	清洗方法	可洗物品	清洗设备	售出产品
1	全套服务	汽车	喷雾器	相关产品
2	自助服务	卡车	传送带	饰品
3	手工操作	房子	清洗间	打折图书
	清洗方法	可洗物品	清洗设备	售出产品
4	机动性	衣服	吹风机	食品
5	组合	宠物狗	刷子	香烟

对照上表，他将“自助服务”“宠物狗”“刷子”“喷雾器”“干燥器”和“相关产品”等项目进行了组合，由此产生了一种宠物狗自助洗澡的创意。在车被清洗的同时，主人可以在那里给宠物狗喷水，再用刷子（免费提供）和香波清洗，最后用吹风机把狗吹干。另外，他还出售一些跟狗相关的产品，如香波和洗发水。宠物的主人可以在享受全套洗车服务时给自己的狗洗澡。

请同学们借鉴店主的做法，看看能否借助以上创意表格产生其他的创业想法，并用文字记录下来。

在上述创业想法中选出你最想尝试的1个创业项目，在班内进行展示，其他同学可以对该项目进行评估。

【课后练习】

1. 描述一个给人们带来（美丽、 健康……）的创业机会

要求：①产品项目；②顾客需求；③经营特色。

2. 分析虚拟现实技术带来的创业机会

德勤2016年《科技、传媒和电信行业预测》：虚拟现实（VR）将成为2016年最为重要的产业趋势，2016年将成为VR产业化元年。众多机构预测，未来VR产业市场规模有望在10到15年内突破万亿大关，硬件设备、娱乐内容、跨界服务三大投资机会将不断显现。近两年，从Facebook的Oculus Rift和谷歌Cardboard的VR设备（虚拟现实），再到微软的AR（增强现实）设备Hololens，虚拟现实正从科幻领域走进人们的现实生活。近期，多家科技巨头都密集推出了自家的虚拟现实终端产品，从而引发了关于2016年将成为“虚拟现实元年”的讨论。那么，作为新一代的创业者们，是否有机会抓住这一重要的趋势呢？

（1）VR将会给未来的生活带来哪些改变？

（2）VR将给产业带来怎样的变革？

（3）作为一名创业者，你会如何从虚拟现实带来的变化中寻找创业机会？

第五课 市场分析 LESSON 05

【创业故事】

明明的眼镜店还能复活吗?

明明是一位刚毕业的大学生，考虑到眼镜利润大、学校里戴眼镜的学生多，他决定创业开办“校内眼镜店”。

为了迅速打开市场，明明开展了一系列促销活动，第一个月配镜六折，并推出凭学生证购买的低价套餐，清洗、简单维修不收费。小明还雇人前往各宿舍楼发放宣传单，并延长营业时间从早上 8 点到晚上 11 点。

开业第一个月，顾客不少，低价套餐销量还可以，也有几位同学配了中档眼镜，但高档眼镜无人问津。由于促销，低价套餐几乎无利可图，其他眼镜利润也很微薄。营业额虽还可以，但算上支出，仍然亏本。

一个月后，促销结束，恢复原价，生意一落千丈。为吸引顾客，明明又推出八折优惠，但还是顾客寥寥。由于营业时间长，配镜师傅提出加薪。内忧外患，明明陷入困境。

半年后，明明无力承担房租，眼镜店关门，创业失败。

【导师问答】

问：明明为什么创业失败？市场分析最重要的是什么？

答：明明创业失败一个很重要的原因就是产品的定位和用户需求没有把握好。索尼的创始人盛田昭夫说："仔细观察人们是如何生活的，获得一种他们可能想要什么的直觉，然后再去做。"所以，市场分析最重要的是敏锐地捕捉到用户真实的需求。或许，这个需求连用户本身都没有察觉或者表达不清楚，但是作为创业者的你一定要感知到。同时，还要根据用户背景判断他们所能承受的消费水平。事实证明，对于在校大学生而言，高档眼镜是很难接受的。

学习要点

1. 市场调研的目标、流程与报告撰写。
2. 分析并制定利基市场的切入策略，获得目标市场的途径。
3. 市场竞争分析，构建竞争壁垒的方式；利用 SWOT 分析法提升产品竞争力。
4. 营销战略的制定，创新对营销模式的意义。
5. 市场调研的实施，市场调研分析报告的撰写。

【知识导航】

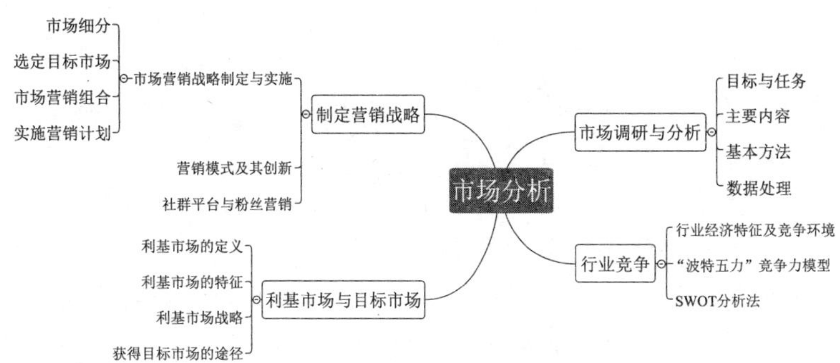

第一节 市场调研与分析

一、市场调研的目标和任务

市场调研是运用科学的方法有目的地、系统地生成市场信息，分析所得结果，传达研究发现及其暗含信息，为市场预测和管理决策提供科学依据。通过市场调研可以实现描述、诊断和预测。其中，描述是指收集和描述事实；诊断是指解释信息和活动；预测是指在市场调查基础上进行科学分析，将调查中取得的资料、数据用于对未来变动趋势的预测，为更好地利用市场机会发挥作用。

市场调研的根本任务在于通过调研获得明确的资料，降低决策时的不确定性，来帮助创业者做出战略方面的正确决策。市场调研包括定价、广告、销售及产品本身等方面和企业市场营销活动的全过程，以减少决策的不确定因素，由此降低做出错误决策的风险。

二、市场调研的主要内容

1. 经营环境调查

（1）政策、法律环境调查。调查你所经营的业务、开展的服务项目的有关政策法律信息，了解国家是鼓励还是限制你所开展的业务，有什么管理措施和手段。当地政府是如何执行有关国家法律法规和政策，对你的业务有何有利和不利的影响。

（2）行业环境调查。调查你所经营的业务，开展的服务项目所属行业的发展状况、发展趋势、行业规则及行业管理措施。俗话说，家有家法，行有行规。进入一个新行当，应充分了解和掌握该行业信息，这样才能有助于你尽快实现从“门外汉”

到内行的转变。

（3）宏观经济状况调查。宏观经济状况是否景气，直接影响老百姓的购买力。如果经济不景气，企业效益普遍不好，你的生意就难做，反之你的生意就好做，这就叫作大气候影响小气候。因此，掌握大气候的信息，是做好小生意的重要参数。经济景气宜采取积极进取型经营方针，经济不景气也有挣钱的行业，也孕育着潜在的市场机遇，关键在于你如何把握和判断。

2. 市场需求调查

如果你要生产或经销某一种或某一系列产品，应对这一产品的市场需求量进行调查。也就是说，通过市场调查，对产品进行市场定位。比如你提供一项专业的家庭服务项目，你应调查一下居民对这种项目的了解和需求程度，需求量有多大，有无其他人或公司提供相同的服务项目，市场占有率是多少。另外，市场需求调查还包括市场需求趋势调查。了解市场对某种产品或服务项目的长期需求态势，了解该产品和服务项目是逐渐被人们认同和接受、需求前景广阔，还是逐渐被人们淘汰、需求萎缩。了解该种产品和服务项目从技术和经营两方面的发展趋势如何等。

3. 顾客情况调查

这些顾客可以是你原有的客户，也可能是你潜在的顾客。顾客情况调查包括两个方面的内容：一是顾客需求调查，例如购买某种产品（或服务项目）的顾客大都是什么人（或社会团体、企业），他们希望从中得到哪方面的满足和需求（如效用、心理满足、技术、价格、交货期、安全感等）。二是顾客的分类调查，重点了解目标顾客的数量、特点及分布等。

4. 竞争对手调查

通常，调查竞争对手，需要了解以下内容：客户资源、产品系列、绩效管理手段、定价、销售渠道、核心技术、营销战略战术、财务数据、品牌价值、核心人才资源（核心团队）。调研竞争对手的主要渠道包括：对手网站、媒体的报道、对手的员工（特别是辞职的）、做顾客去对手处体验、对手的顾客、对手的上下游供应商、行业协会、市场调研公司、律师事务所、对手熟人或亲属、厂家博览会或展会。

5. 市场销售策略调查

重点调查了解目前市场上经营某种产品或开展某种服务项目的促销手段、营销策略和销售方式主要有哪些，如销售渠道、销售环节、最短进货距离和最小批发环节、广告宣传方式和重点、价格策略，有哪些促销手段，有奖销售还是折扣销售，销售方式有哪些，批发还是零售、代销还是传销、专卖还是特许经营等，调查一下这些经营策略是否有效，有哪些缺点和不足，从而为你决策采取什么经营策略、经营手段提供依据。

三、市场调研的基本方法

市场调研方法中常用的有观察调查法、访问法、实验法、网上调查等。

观察调查法是指调查者利用自身的感官或借助仪器设备观察被调查者的行为活动，从而获取市场信息资料的调查方法。常用的访问法分为电话访问和邮寄访问两种。实验调查法是一种特殊的市场调查方法，它是根据市场调查的目的，把调查对象置于一定的条件下，进行实验对比来收集市场信息资料，分为实验室实践和现场实践。网上调查是指利用互联网直接进行问卷调查等方式收集一手资料，主要采用站点法辅助以电子邮件法通过网络直接进行。下面重点介绍如何通过现场访谈调研的方式发现客户需求：根据主题或需要解决的问题，设计调研问卷，事先将问题发给相关人员，让他们知道调研的目的、内容和形式，以便事前准备。可以采用面对面访谈，也可以通过电话会议或者视频会议进行访谈，形式可以是一对一，也可以是一对多，还可以是多对多。

1. 选择形式

单个访谈：主要不是问，而是让客户多讲，了解他们对相关主题的意见、问题、助力、难点、痛点等；让客户从他们的角度出发，谈谈他们的日常活动、亲身体验等，从而发现自己应该如何做才能满足客户的需求；发现客户的需求与调查者提供的服务之间的差距，从而发现矛盾的根源。

群体访问：在访谈过程中，首先和客户互换角色，让调查者以他们的客户角色出现，了解其客户的需求；相对于自己的生态系统，了解最终客户的感受，了解供应商的感受。如果是企业内部的问题，可以考虑该主题涉及的最终用户，比如财务部，可以了解财务部所支持的客户是谁，客户的感受和体验；对于例外的问题，寻找有什么变通的方式来解决问题。

2. 混合提问

开放式问题：通过开放式问题，比如现在的现状如何、客户的不满是什么、客户经常投诉的问题有哪些，来获得讨论主题的整体视图。对于有疑问的问题，通过问问题，澄清某些问题，理解背景、状态、难点和痛点。了解客户的痛点，以及客户服务的模式、流程、部门划分、职责等，发现差异，找出机会。

封闭式问题：在澄清一个问题时，多采用封闭式问题，比如客户有无退货，客户喜欢黑颜色还是白颜色等，确认调查者理解的是否正确。

直接问题：在了解客户需求时，很多情况下，可以提出直接的问题，比如“你们对产品设计有何建议”，用来探索问题的根源、客户的想法，评估问题对现实的影响。

3. 访谈指导

从具体问题入手：告诉我关于……比如关于公司销售如何获得销售机会的？告诉我们销售合同签订后，你们是如何交付的？告诉我们公司的成本分布情况等？

进一步拓展：问题的关键是……比如根据刚才的沟通，我们发现销售是通过市场活动和专门拜访客户获得销售机会的，那么问题的关键是如果客户没有参加我们的市场活动，并且销售没有接触到这个客户，那么如何获得销售机会呢？

探索问题：为什么？例如是如何感受的？何时……如果……就会……

确认事实：所以如果……则……比如，如果我们和第三方咨询公司做了战略联盟，他们愿意将他们咨询客户的需求提交给我们，或者直接在有需求的客户中推广我们的解决方案或者产品，则你认为给我们带来多大的销售机会和销售收入？

4. 了解差异

传统的探索：了解客户的问题、痛点，了解客户的需求，找到客户的机会，发现潜在的影响。

深层次聚焦：从客户的角度出发，研究客户的动机和渴望；研究客户的行为，从而发现客户如何做，才能满足客户的需求；将情感移到最终客户的感受，而不是客户的感受。

结果：揭示新的探索，对于未知的、不熟悉的、新的问题，需要新的、创新的解决方案来解决。挖掘深层次的需求，和客户变成合作伙伴，来帮助客户实现他们的未来和愿景。深层次探索和传统调研最大的区别是站在最终客户的角度考虑问题，而不是站在我们自己的角度考虑问题。比如为商场设计手推车，不是站在商场的角度，而是站在商场的客户——消费者的角度来设计手推车，所以这时调研是针对消费者的行为、不满和期望来完成的。在做深层次调研时，一定要将自己扮演成最终客户的角色，这里强调的移情，就是将自己的感情、感受、体验等全部移到用户的角色，而不是之前所说的换位思考，或者以客户为中心，这些远远高于换位思考。

四、市场调研的数据处理

通过市场调研，我们收集了不少的数据，这些数据都是用户最直接的对产品的某种需求的体现。我们视这些数据为宝贝，我们需要对这些数据进行整理，将其变为珍宝。那我们该如何整理呢?

第一，将规范的数据按照维度整理、录入，然后进行建模；对不规范的数据，必须先通过一些定性的处理，让它变得规范，然后再用工具进行分析。

第二，封闭性的问题，设置选项归类即可。开放性的问题，建议还是先录下来，然后再头脑风暴整理出有用的东西。

第三，定性的，焦点访谈和深层次访问，都可以录音，在事后可以形成访谈记录；焦点访谈的过程中，可以以卡片的形式或者其他的形式让用户做选择题，可以获取少量的有数据性的东西，其他的更多的是观点、方向性的东西，这个需要在整理访谈记录的时候根据问题来归纳整理。

第四，深度访谈的数据整理，进行头脑风暴，建立很多个用户模型，强行量化这些数据。这个方法比较有效，特别是在做人群研究的时候。

对整理后的数据，我们最终需要形成书面的市场调研文档报告。撰写一份高质量的市场调研报告，需要把握以下几点：

对市场调研的数据分析后进行的说明总结，用图表或图形的形式最直观呈现；分析用户当前现状，用户对产品的需求点；报告的组成有研究背景、研究目的、研究方法、研究结论等相关内容；根据调研时的思路，将报告逐一完善，将数据分析的结论图表化，得出自己的结论，总结出趋势和规律。

第二节　利基市场与目标市场

一、利基市场的定义

菲利普·科特勒在《营销管理》中给利基下的定义为：利基是更窄地确定某些群体，这是一个小市场并且它的需要没有被服务好，或者说“有获取利益的基础”。利基市场是指高度专门化的细分市场，这个市场不大，但通常被大企业忽视，而且该市场常常没有得到令人满意的服务。通过开发利基市场，企业可以集中力量于某个特定的目标市场，或者严格针对某个细分市场，或重新经营一个产品或者服务，进而创造出独特的产品和服务优势。

二、利基市场的特征

理想的利基市场大概具有以下六个特征：

第一，狭小的产品市场，宽广的地域市场。利基战略的起点是选准一个比较小的产品（或服务），这是利基战略的第一要素；集中全部资源攻击很小的一点，在局部形成必胜力量，这是利基战略的核心思想。同时，以一个较小的利基产品，占领宽广的地域市场，是利基战略的第二个要素。产品有非常大的市场容量，才能实现规模经济。

第二，具有持续发展的潜力。一是要保证企业进入市场以后，能够建立起强大的壁垒，使其他企业无法轻易模仿或替代，或是可以通过有针对性的技术研发和专利，引导目标顾客的需求方向，引领市场潮流，以加强企业在市场上的领导地位；二是这个市场的目标顾客将有持续增多的趋势，利基市场可以进一步细分，企业便有可能在这个市场上持续发展。

第三，市场过小、差异性较大，以致强大的竞争者对该市场不屑一顾。既然被其忽视，则一定是其弱点，反过来想，我们也可以在强大的竞争对手的弱点部位寻找可以发展的空间。所谓弱点，就是指竞争者在满足该领域消费者需求时所采取的手段和方法与消费者最高满意度之间存在的差异，消费者的需求没有很好地得到满足，这正是可取而代之的市场机会。

第四，企业所具备的能力和资源与对这个市场提供优质的产品或服务相称。这就要求企业审时度势，不仅要随时测试市场、了解市场的需求，还要清楚自身的能力和资源状况，量力而行。

第五，企业已在客户中建立了良好的品牌声誉，能够以此抵挡强大竞争者的入侵。

第六，这个行业最好还没有统治者。

三、利基市场战略

利基战略是指企业为了避免在市场上与强大的竞争对手发生正面冲突而受其攻击，选取被大企业忽略的、需求尚未得到满足、力量薄弱的、有获利基础的小市场作为其目标市场的营销战略。

利基战略是适用于弱者/中小企业的成功战略，凝聚了以下战略思想与原则：

避实击虚——不与大企业/强者展开硬碰硬的直接竞争，而是选择其忽视、不愿做或不会全力去做的业务范围为“战场”。

局部优势——坚持“单位空间内高兵力比”原则，集中全力于某个狭窄的业务范围内，在这个局部形成相对于强大者的优势，努力成为第一。

集中原则——分散是战略的大忌，利基战略要求集中于利基业务、战略目标、建造壁垒。

根据地原则——在某地域市场获取第一并巩固之后，再向其他地域市场扩展，集中全力成为第一之后再扩展，如此持续下去，最终由各地的根据地组成一个大的根据地。

四、获得目标市场的途径

起点：选择某个狭窄的业务范围——利基业务。某类业务，如果符合以下标准，就可界定为利基业务：产品范围狭窄，在某个四位数行业内；市场规模不大，大企业不感兴趣；市场竞争程度一般，无垄断者；技术变革速度一般，研发投入不大；客户需求稳定且有一定的增长；产品在全球范围内具有通用性。

目标：以全球单项冠军为最高目标，以某地域市场占有率第一为战略目标。弱小企业必须选择狭小的业务范围，因为在较大的业务范围中，存在许多强大的竞争对手，弱小者希望通过硬碰硬的方式取胜几乎是不可能的。在利基业务范围内，以不同地域市场冠军为阶段性目标，最终实现全球冠军目标，是利基战略的目标要求。冠军目标本身拥有较多的优势，弱小企业在一个狭小业务范围内成为冠军的可能性是很大的，其原因在于：由于业务狭小，市场规模不大，强大企业不会涉及或者不会全力投入。而弱小企业如果全力投入，即可在局部形成绝对优势，在与强大企业竞争中取胜。

主要战略行动：地域市场的不断扩张和多种途径建造竞争

壁垒。利基战略专注于某个狭小的利基业务，其市场变化的风险较大。因此，利基战略实施者都把地域市场的开拓作为规避市场风险和企业追求成长的主要战略行动。通常的地域市场拓展顺序是：本地市场、全国市场、周边国家市场、多国市场，最后是全球市场，其中海外市场的开拓是难度最大的战略行动。

专注与创新：长期、执着地集中全力于利基业务，并把创新作为日常工作的中心。选择了利基业务，确立了冠军目标，在采取有效的战略行动时，必须专注，必须有所创新。利基战略的专注主要包括专注于利基业务和专注于冠军目标，这对中国企业，尤其是民营企业，是一个严峻的挑战和考验。在这方面，中国企业应以德国的隐形冠军为榜样，几十年如一日地专注于某个利基业务，毫不动摇，坚持不懈。

第三节　行业竞争

一、行业经济特征及竞争环境

无论你的公司经营什么，都必须了解行业及其竞争状况。行业及竞争分析是对公司商业生态环境的重要层面做战略性的评估。行业之间在以下几个方面有着重大的区别：经济特点、竞争环境、未来的利润前景。行业经济特性的变化取决于下列各个因素：行业总需求量和市场成长率、技术变革的速度、该市场的地理边界（区域性的？全国范围的?）、买方和卖方的数量及规模、卖方的产品或服务是统一的还是具有高度差别化的、规模经济对成本的影响程度、到达购买者的分销渠道类型。行业之间的差别还体现在对下列各因素的竞争重视程度：价格、产品质量、性能特色、服务、广告和促销、新产品的革新，在某些行业中，价格竞争占统治地位；而在其他行业中，竞争的核心却可能集中在质量上，或集中在产品的性能上，或集中在品牌形象与声誉上。一个行业的经济特性和竞争环境以及它们的变化趋势往往决定了该行业未来的利润前景，对于那些毫无吸引力的行业，最好的公司也难获得满意的利润；相反，在颇有吸引力的行业中，弱小的公司也可以取得良好的经营业绩。

二、“波特五力”竞争力模型分析

五力分析法是由哈佛商学院的迈克尔·波特教授提出的，他认为行业中存在着决定竞争规模和程度的五种力量，这五种力量综合起来影响着产业的吸引力。它是用来分析企业所在行业竞争特征的一种有效的工具，如下图所示：

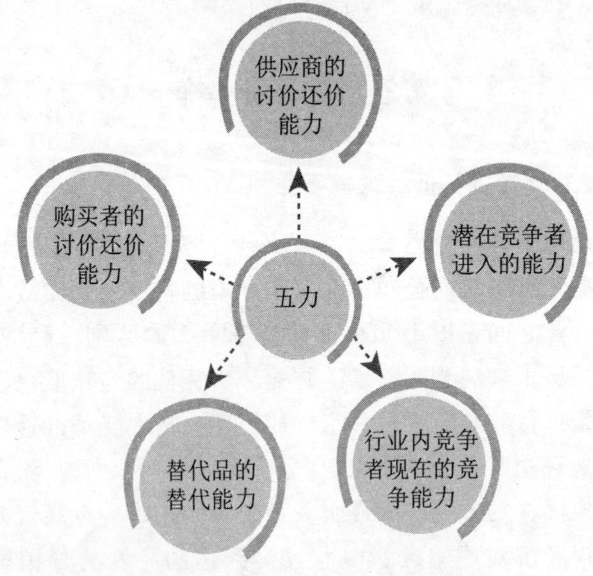

1. 供应商的议价能力

供方主要提高投入要素来影响行业中现有企业的盈利能力

与产品竞争力。一般来说，满足如下条件的供方会具有比较强大的讨价还价力量：

（1）供方有比较稳固的市场地位，不受被市场激烈竞争困扰的企业所控制。产品的买主很多，但每一单个买主都不可能成为供方的重要客户。

（2）供方的产品具有特色，买主难以转换或转换成本太高，或者很难找到可与供方企业产品相竞争的替代品。

2. 购买者的议价能力

购买者通过压价与要求提供较高的产品或服务质量的能力，来影响行业中现有企业的盈利能力。一般来说，满足如下条件的购买者具有讨价还价的力量：

（1）购买者的总数较少，而每个购买者的购买量较大，占了卖方销售量的很大比例。

（2）卖方规模较小。

（3）购买者所购买的基本上是一种标准化产品，同时向多个卖主购买产品。

3. 新进入者的威胁

新进入者在给行业带来新生产能力、新资源的同时，希望在已被现有企业瓜分完毕的市场中赢得一席之地，这就有可能与现有企业发生原材料与市场份额的竞争，最终导致行业中现有企业盈利水平降低，严重的话还有可能危及这些企业的生存。

4. 替代品的威胁

处于同行业或不同行业中的企业，可能会生产新一代的产品（替代品），从而产生相互竞争的行为。替代品的竞争会以以下形式影响行业中现有企业的竞争：

（1）现有企业产品售价以及获利潜力的提高，可能因为存在着能被用户方便接受的替代品而受到限制。

（2）由于替代品生产者的侵入，使得现有企业必须提高产品质量，或者通过降低成本来降低售价，或者使其产品具有特色。

（3）源自替代品生产者的竞争强度，受产品买主转换成本高低的影响。

5. 同业竞争者的竞争程度

多数行业中的企业相互之间的利益都是紧密联系在一起的，作为企业整体战略一部分的各企业竞争战略，其目标都在于使得自己的企业获得相对于竞争对手的优势。所以，在实施中就必然会产生冲突与对抗现象，这些冲突与对抗就构成了现有企业之间的竞争。现有企业之间的竞争常常表现在价格、广告、产品介绍、售后服务等方面。

根据上面对五种竞争力量的讨论，企业可以通过尽可能地将自身的经营与竞争力量隔绝开来、努力从自身利益需要出发影响行业竞争规则、先占领有利的市场地位再发起进攻性竞争行动等手段来对付这五种竞争力量，以增强自己的市场地位与竞争实力。

三、SWOT 分析法

1. 什么是 SWOT 分析法

SWOT 是一种战略分析方法。通过对被分析对象的优势、劣势、机会和威胁等加以综合评估与分析得出结论；通过内部资源，外部环境有机结合来清晰地确定本公司的资源优势和缺陷，了解本公司所面临的机会和挑战，从而在战略与战术两个层面调整方法、资源以保障被分析对象的实行，达到所要实现的目标。SWOT 分析法又称为态势分析法，是一种能够较客观而准确地分析和研究一个单位现实情况的方法。SWOT 分别代表：strengths（优势）、weaknesses（劣势）、opportunities（机遇）、

threats（威胁）。

2. 基本规则

进行 SWOT 分析的时候必须对公司的优势与劣势有客观的认识；

进行 SWOT 分析的时候必须区分公司的现状与前景；

进行 SWOT 分析的时候必须考虑全面；

进行 SWOT 分析的时候必须与竞争对手进行比较，比如优于或是劣于你的竞争对手；

保持 SWOT 分析法的简洁化，避免复杂化与过度分析；

SWOT 分析法因人而异。

3. 基本步骤

（1）分析环境因素。运用各种调查研究方法，分析出公司所处的各种环境因素，即外部环境因素和内部能力因素。外部环境因素包括机会因素和威胁因素，它们是外部环境对项目的发展有直接影响的有利和不利因素，属于客观因素，内部环境因素包括优势因素和弱点因素，它们是公司在其发展中自身存在的积极和消极因素，属主动因素，在调查分析这些因素时，不仅要考虑到历史与现状，而且更要考虑未来发展问题。

（2）构造 SWOT 矩阵。将调查得出的各种因素根据轻重缓急或影响程度等排序方式，构造 SWOT 矩阵。在此过程中，将那些对公司发展有直接的、重要的、大量的、迫切的、久远影响的因素优先排列出来，而将那些间接的、次要的、少许的、不急的、短暂的影响因素排列在后面。

（3）制订行动计划。在完成环境因素分析和 SWOT 矩阵的构造后，便可以制订出相应的行动计划。制订计划的基本思路是：发挥优势因素、克服弱点因素、利用机会因素、化解威胁因素；考虑过去、立足当前、着眼未来。运用系统分析的综合分析方法，将排列与考虑的各种环境因素相互匹配起来加以组合，得出一系列公司未来发展的可选择对策。

第四节 制定营销战略

企业战略实际上就是一个企业对自身发展的长期、全面的考虑和想法。有位企业家曾说过，成功的企业和失败的企业都曾做过一千件小事，它们的区别在于，成功的企业所做的一千件小事是有联系的，而失败企业所做的一千件小事却是杂乱无章的。这位企业家所说的小事就是企业战略。当然，仅有一个好的战略目标还不能叫作战略，还得有一个使战略得以实现的保证体系，其中，营销战略是企业战略的重要组成部分。

一、市场营销战略的制定和实施

市场营销战略的制定包括市场细分、选定目标市场、市场营销组合、实施计划、组织实施和检测评估等环节。

1. 市场细分

市场不是单一、拥有同质需求的顾客，而是多样、异质的团体，所以市场细分能发现新的市场机会，也能更好地满足市场需求；既能更充分地发挥企业优势、又能为企业选定目标市场提供条件，奠定基础。

市场细分要按照一定的标准（人口、地理、心理、购买行为等因素）进行，细分后的市场还要按一定的原则（如可测定性、可接近性、可盈利性等）来检测是否有效。市场细分的好坏将决定市场营销战略的命运。

2. 目标市场的选定

目标市场的选定和市场营销的组合是市场营销战略的两个

相互联系的核心部分。选定目标市场就是在上述细分的市场中决定企业要进入的市场，回答顾客是谁、产品向谁诉求的问题。即使是一个规模巨大的企业也难以满足所有的市场。

3. 市场营销组合

目标市场一旦明确，就要考虑如何进入该市场，并满足其市场需求的问题，那就是有机地组合产品、价格、渠道、促销等组合因素，这四种主要的组合因素中到底哪种最重要，这会因行业、业态不同而异，但一般来说，其中受到高度重视的是产品。企业提供的产品是否是市场所需产品，是否能满足消费者需求，解决消费者所要解决的问题，提供消费者希望获取的利益，这些才是产品的关键所在。只有让消费者满意，消费者才会认可你的产品，接受你的产品。

一个企业的销售额下降，市场占有率下跌，其原因不是推销人员的努力不够，而是产品本身的条件问题。要解决销售问题，还是应该首先解决产品问题，做到产品计划先行。

4. 实施营销计划

实施营销计划是为实施市场营销战略而制订的计划。战略制定好后要有组织、有计划、有步骤地实施。具体内容包括：组织及人员配置；运作方式；步骤及日程；费用预算等。

二、营销模式及其创新

营销模式是一个营销型的组织为了持续保持与开发客户并持续盈利而采取的，将产品、服务和运作融为一体的宏观体系。当今形势下，企业营销的总体思路是要以创新的思维来发现市场，并树立品牌及成本优势。具体途径为：对内通过营销创新，努力开拓国内市场；对外则以提高产品及营销手段的知识及技术含量，迎头赶上国际知识经济和绿色经济浪潮，积极参与国际营销竞争。这不仅要求企业掌握了解市场营销和社会营销等一级观念，还要求其积极导入整合营销、关系营销、信息营销和文化营销等一些次级的营销概念和竞争新观念。可持续发展观念的产生和兴起，使得企业不再也不可能单纯地以目标市场上的顾客满意为中心，而是更需注重顾客价值的实现。

如果你的产品特别受欢迎的话，新的竞争对手就会很快进入市场，并迅速把价格压低，除非你能够持续创新，否则你就会陷入同质化的竞争。在市场营销中，面对同质化竞争产品，一定不能进行价格竞争。那如何才能够抵御产品的同质化竞争呢？下面介绍 7 个方法：

1. 持续创新

你可以像苹果 3、苹果 4、苹果 5、苹果 6 那样，持续创新。

2. 慎重选择客户

要确保我们的客户在他自己的行业也不是在进行纯粹的价格竞争，尤其当你是一个 B2B 公司的时候。

3. 盈利能力管理

对每个客户的盈利能力有清楚的了解，知道在哪个客户身上你是赚钱的，在哪些客户身上你是亏钱的。

4. 推出一个战斗品牌

战斗品牌是一个不需要占用广告预算的低价品牌。如果竞争对手和你展开了低价竞争，而你不希望把自己的高端品牌降价，你可以说服零售商在自己的高端品牌旁边摆出自己的战斗品牌。当消费者想买更加便宜的产品时，我们也为他提供更便宜的选择。它的唯一目的就是要和你的竞争对手进行价格竞争。

5. 非透明性定价

通过在产品上捆绑各种各样的增值服务，使得你的产品定价看起来很复杂，使你的客户没有办法直接比价。

6. 混合式分销

在主分销渠道之外，推出一个战斗渠道。就像战斗品牌一样，用这个渠道来分销一个更加同质化的产品。

7. 清晰的战略目标

是不计一切代价的用低价追求市场份额，还是成为一个长期创新的高端公司？苹果就是后者。

三、社群平台与粉丝营销

社群新经济时代已经来临！微信、微博、QQ 等社群媒体平台在近年迅速走红，它们不只是聊天、玩乐、打发时间的工具，事实上，社群媒体已经彻底颠覆商业与消费者行为。即时通讯功能让成千上万的人彼此相连，不仅影响人们的社交生活，也促成了庞大的社会经济转变，彻底改变消费者与企业之间的沟通与互动模式。粉丝营销（Fans marketing）是指企业利用优秀的产品或企业知名度拉拢庞大的消费者群体作为粉丝，利用粉丝相互传导的方式，达到营销目的。粉丝营销现在也被用于电影营销方面，指利用明星的知名度吸引观众观看影片，利用粉丝相互传导的方式，达到营销目的。社群媒体的威力强大，它可以在一夕之间，迅速强化或摧毁品牌。

产品的市场效应：在利用社群平台之前，创业者必须做好充分的市场调查，收集市场反馈，以便控制投资风险，利用好社群平台，提高收益率。

内容的传播效应：社群平台的特点是该平台的活动大多都是由用户参与而形成的，用户的参与度代表该平台的活跃指数。因此，社群平台的推广内容须具备互联网内容的特性，即趣味性和互动性，要吸引用户的眼球，用户才会主动分享企业的内容。

过程的至善至美：社群营销所推出的是从产品到最后的售后服务这样完整的链条，只有将每一个环节做到至善至美，才能让用户体验愉快的购买过程，从而促进品牌形象的传播。

用户的极致检验：在社群营销中，商家通过虚拟平台来完成与用户之间的沟通，而通过有限的沟通来挖掘出用户的需求是成功的关键之处。针对用户的需求和习惯来不断完善自己的服务，提高产品的质量，给用户极致的体验过程，才能促使营销成功。

宣传热点讨论："热点"往往代表了当下人们的关注点，而这些热点基本上是集时事和观点于一体的，从营销角度来说，这就是极具营销价值的内容。以这些热点为噱头来顺势引出行业产品，既能吸引顾客的注意力，也能使产品时刻与时代结合。

情感的交汇共鸣：借助网络阅读之便，打"情感牌"引起用户共鸣是一种较为有效的手段，赋予商品丰富的"情感价值"。

【案例链接】

1. 斯科特——草坪管理产品市场的领跑者

O. M. 科斯特公司是草坪护理产品销售的领航者，销售种子、肥料、杀虫剂等。它起初只是一家小型种子销售商，和它们竞争的还有西尔斯—巴罗克公司和陶氏化学公司等大型企业。它们的产品很好，但是并不具备超出其他竞争者的优势。

于是，斯科特公司开始问自己："我们用什么方式增加市场占有率？"同时，"我们用什么方式才能让我们的产品跟其他公司区分开来？"通过调研，公司发现：所有的草坪护理产品基本上都差不多，所有公司都宣称"科学性"，并详细介绍种子所需要的土壤肥力和温度条件。所有的公司都向顾客宣传，草坪管理是一个精确的、可控的科学程序。顾客也似乎不太注意不同品牌之间的区别。于是，斯科特公司的营销人员咨询顾客如何把公司的产品和其他公司的产品区分开。顾客反映了按照精确可控程序种植草坪的问题。斯科特公司不仅关注到这个问题，还集思广益地提出了解决方法。

通过追问“还能怎样”和“还有什么”的问题，斯科特公司拿出了不少创意，设计更人性化的说明书，甚至对顾客进行园艺培训，最后拿出了一个获利颇丰的创意——一种简便的手推车，就是所谓的“斯科特播撒车”。这种简便轻巧的手推车上有小洞，能够把斯科特的产品均匀地播撒在草地上。在斯科特播撒车发明之前，没有任何一家草坪护理播撒车为顾客提供一种有效控制各种程序的工具。斯科特公司以播撒车为中心设计他们的生产线。几乎在一夜之间，这家小型的种子供应商成为草坪管理产品市场的领跑者。

2. 五大典型营销创新模式

(1) 病毒营销：创造关系营销新形态

目标问题：后发企业如何迅速博取市场眼球，迅速上位？

代表企业：凡客诚品。

核心创新：利用独创的“凡客体”进行战略性病毒营销。

解决方案：凡客诚品的病毒营销体现企业的战略，在契合当今潮流文化中，抓住目标消费群。在“病源”对象设定上，针对的是80后、90后。新兴消费群个性上虽然具有出位倾向，但消费选择上，属于绝对的“低免疫力”。在“病源”制造上，采用网络“酷语”，以第一人称广告语，使80后、90后“主动对位”；启用同年龄段的明星代言人，进行平民化形象改造，以游戏般的调侃，形成有效“病毒”。在传播渠道上，通过80后、90后流动性最广的虚实区域，如地铁、户外和互联网等，进行立体式布局。在整个散播过程中，一方面升级“病毒”，一方面提供低价诱惑产品：从早期个人声明式的“酷语”，演变成“私话”。如明星黄晓明的新广告语：“七岁，立志当科学家，长大后……人生即是如此，哪有胜利可言。挺住，意味着一切。”另外，凡客以低价策略博取眼球，如29元T恤、49元帆布鞋等。凡客的病毒营销被同行广泛借鉴，如“聚美优品”复制这一营销策略，绕过了凡客体臃肿的描述，直接打出“我为自己代言”口号。

借鉴要点：病毒的制造本身不是目的，而是紧紧围绕制造病毒目的展开营销。

风险提示：当手法被对手复制、消费者产生“抗毒”能力的时候，病毒营销将面临难题。

(2) 汽车电子商务：争夺新兴消费群

目标问题：如何用最便捷的方法，推动新生品牌销售?

代表企业：吉利汽车。

核心创新：将传统线下汽车零售转变为网络销售模式。

解决方案：吉利在业内首开汽车电子商务先河，补充传统零售渠道的同时，争夺新兴消费群。在最新的吉利营销体系上，除了帝豪、英伦等传统的门店营销渠道之外，全球鹰进入到新的营销渠道——淘宝旗舰店。全球鹰是5万元级的汽车，消费对象是收入并不宽裕的新兴消费群，这部分人最敏感的就是价格，如果和竞争对手一起出现在零售市场，来自各地渠道商的利润、门店的经营成本要求、实际售卖的价格在各地市场就会不一，影响到销售。吉利抓住消费心理，通过免费的淘宝网店，首先突出的就是价格不变、价格透明、价格统一。其次，吉利在淘宝上承诺与线下销售的同等待遇。比如，一旦出现维修、零配件更换，网上消费者可到线下的实体经销店进行维修与保养。由此，消费者可以安全、放心地通过淘宝购买全球鹰。从企业角度，吉利针对的是新型的80后消费者，以期培育吉利的新兴用户。

借鉴要点：通过零成本的淘宝B2C，为未来自身发展寻得试验田。

风险提示：对客户价值理解不透，直接影响到营销模式的创新成功与否。

（3）双免式体验营销：经营风险换市场

目标问题：如何让已体验过产品的消费者转变为真实的购买者？

代表企业：创维电子。

核心创新：让消费者购物风险趋向于零。

解决方案：将顾客选中的产品免费送货上门，让顾客尽情试用，甚至可免费调换或退货，直到满意付费为止。创维的这种“双免营销”，彻底打破了传统“体验式营销”的桎梏。“双免营销”虽降低了消费者风险，却增加了企业经营风险，创维如何保障“双免营销”的有效经营？

首先，“双免营销”体现的是一种将经营风险转换为市场的策略，让消费者感受到企业在作“牺牲”，让他们无后顾之忧，增加他们对品牌的忠诚度，有利于扩大市场占有率。

其次，对“双免营销”进行风险控制。与消费者约定最长不超过一个月的体验期，且规定试用期间必须保证产品的外观完好。

最后，创维对“双免营销”进行有效的营销管理。比如建立消费者的电子档案库，将每一位曾经购买或试用过创维产品的消费者的资料存入档案库，如果消费者有更换产品或购买其他产品意向，创维销售人员会以最快的速度上门，根据档案资料为消费者提供最优的可行性试用和购买方案。另外，不仅开通24小时服务热线，而且定期对免费使用产品的消费者进行电话沟通。这样，一方面取得大量的顾客信息，一方面有效监督免费体验产品在消费者手上的整个过程。通过这一营销模式，创维业绩连续增长。

借鉴要点：免费经济对消费者心理、行为具有强大的吸引力。

风险提示：先试用后付款的营销服务，考验的是企业产品的实力和风险控制能力。

(4)“新”怀旧营销：创造品牌第二春

目标问题：老品牌如何唤醒消费者记忆，进而争取年轻一代的认同?

代表企业：上海家化。

核心创新：利用消费者的情感共鸣，创造“价值收藏”。

解决方案：怀旧营销并非简单的“坟墓复活”，而是借助老品牌，实施高端品牌战略。上海家化将1898年诞生于该厂的老品牌“双妹”化妆品进行复活。该案的核心在于如何对老品牌重新定概念、定战略、定策略、定战术。概念上，主要突出品牌历史，并给予其应有的战略地位，就是中国式奢华化妆品。战略制定，不仅仅限于化妆品领域，而是使用“高端跨界”的概念，之后还会衍生至鞋包、音乐人产品领域，整个产品线的基调为20世纪30年代整体上海风情的“文艺复兴”。策略上，走高端路线，做奢侈品营销，直接与国际大牌竞争。战术上，借助企业早已成名的“佰草集”现有资源，采取完全独立的品牌运作模式。此外，借鉴“佰草集”海外运作时取得的“部分欧洲消费者抵触中国制造，但对上海制造、上海设计有较高认同度”的反馈意见，以“上海制造”为市场切入点，打造“属于中国上海的高端时尚化妆品”的品牌形象。双妹品牌目前属于“战略性培养”阶段，但根据过去在“佰草集”上的经验（直至第7年才出现盈利，每年增速超过60%），双妹可成为上海家化又一个获利来源。

借鉴要点：恢复一个老品牌同样需要现代战略包装。

风险提示：由于新兴的消费者对老品牌的陌生感，仍然需要投入市场教育成本。

（5）微博营销：让市场成为营销决策者

目标问题：如何挖掘微博营销深度市场潜力？

代表企业：去哪儿、春秋航空。

核心创新：通过微博，让关联企业、消费者影响营销决策。

解决方案：去哪儿和春秋航空，通过微博，与消费者共同讨论“石家庄—香港的￥199往返机票方案”，进行有效的营销联手，为消费者提供了优惠出行机会。该案例中，如何做话题、如何推广话题，是进行有效营销的核心。话题营销，首先抓消费者最敏感的内容进行布局。去哪儿和春秋航空讨论的是如何在廉价基础上再优惠，这就触发了消费者的兴趣。接下来就是做局。两家企业开始彼此转发“评论”，吸引消费者加入。最后就是破局。两家企业给出一个“再优惠”，就是“如果北京消费者愿意去石家庄，接受199元的航空飞行，那么就可以免费巴士接送”。整个过程就是针对消费者的“优惠”需求心理，进行“满足—不满足—再满足”心理测试。双方企业发挥微博的话题功能，吸引网友们关注与讨论，使得企业信息通过转发、评论，实现传播效果的最大化。消费者在其中，一方面成为营销方案的最终决策者，另一方面又成为受益者。两家企业在其中，一方面满足了消费需求，另一方面找到了新的营销创新渠道。微博营销远不止此，包括针对如今热门的“秒杀”也可以进行传播。比如企业在微博上挂上“秒杀”网络链接，让众多网友直接通过鼠标点入。

借鉴要点：通过开放的微博互动，挖掘到消费者未知需求。

风险提示：微博的开放性特点，让企业经营行为暴露于公众的监督之下。

3. 小米两次引爆 QQ 空间

2014 年 3 月 26 日中午 12 点的那一瞬间，有超 500 万用户涌入了 QQ 空间的红米首发页面，最高峰值一度达 80 万人/秒。此前，已经有约 1500 万用户参与了签到预约，小米由此创造了国内手机品牌社交网络预售的全新纪录。

小米去年第一次选择首发 QQ 空间时，多少有些出人意料，但第二次合作完全是一次事先预告的“阳谋”，对手们磨刀霍霍抢先截胡，却依然未能阻止小米再次引爆 QQ 空间。在去年首发红米时，小米的 QQ 认证空间粉丝数从 100 万骤增至 1000 万，时隔半年后再次引爆，小米的 QQ 认证空间已接近 2700 万粉丝，也是目前企业 QQ 认证空间中最大的粉丝社区。

半年之中，两次引爆，小米究竟有哪些不传之秘？

(1) 从媒介渠道化到媒介产品化，企业的社会化营销与社群运营要“走心”。

“一切产业皆媒体”，“产品即媒介”，这两句话再火热不过，很多企业为此开始进驻各个碎片化的社会化媒介渠道，管理者也纷纷上阵经营起自媒体。这是好事，但很多人误将媒介作为简单的发布渠道，却未深思“媒介也须产品化”——冰冷的类广告灌输、自我夸夸其谈已不再有效，将媒介传播本身视为一个需耐心打磨的产品，激发社群参与感才是获得口碑引爆的关键。

小米与 QQ 空间的合作并不是简单做预售公告，而是加入了激发族群社交的引爆因子。红米 note 的首发设定了三个环节，即“预热（猜价格）—预约（签到、集 Zan）—抢购”，三者环环相扣。仅以集 Zan 为例，用户在 QQ 空间发布一条说说，向好友集齐 32 个 Zan，便能抽取三次预约机会。这种熟人圈子营销很“接地气”，波纹传导效应惊人，最终约有超过 1 亿人次用户参与点赞。

要做好“媒介产品化”并没有捷径，关键还是看企业运营当中是否“走心”，是否具有产品思维，以吸引用户主动参与。在小米创立初期，雷军就曾在微博上发起过“我是手机控”的活动，参与的用户能够收到一份属于自己的“手机编年史”，内含用过几部手机、话费多少大洋等信息，这击中很多人心里的怀旧情结，引发了海量的用户主动分享。

（2）追逐流量迁移红利，精准匹配目标用户群，企业的社会化营销与社群经营要“瞄准”。

小米 2014 年在 QQ 空间的销售神话——90 秒卖出 10 万台，惊爆了很多人的眼球。大多数人只是看到了结果，并未意识到这是一场经过提前预测与精准匹配的社群引爆事件。QQ 空间以及腾讯效果广告平台广点通从 5 个方面评估了引爆的可能性：一是根据 QQ 相册的来源分析手机的品牌活跃度，连续 3 年基本都是苹果与三星领衔，直到 2012 年，发自小米手机的图片量级快速攀升到第三位，活跃度远超其他国内手机品牌；二是广点通发现 QQ 用户大规模讨论替换功能机的话题，上亿的用户正处在换机前夜，潜在需求旺盛；三是广点通发现用户在讨论小米手机时，品牌认知多为“经济实用的 iPhone”，一旦强化该认知，对中等收入用户以及三四线城市用户会具有较强引爆力；四是广点通在微博和 QQ 空间做了一次 AB 测试，通过小规模的投放测试，发现新浪微博的用户已经完成智能机换机，而 QQ 空间用户正处在换机边缘；五是小米敢于以“价格锚点”激活用户购买欲望，当时双方商定QQ空间售卖的小米手机价位要是千元机，在临近活动的最后一天，小米给出了799元的尖叫价格。

与此同时，QQ空间与广点通对两次合作中的目标用户群做了精准匹配。除了将首发消息送达“米粉”，双方将目光聚焦到对小米感兴趣的潜在用户，重点推送包括关注IT科技类认证空间的发烧友、曾经在QQ空间提及小米品牌的人群等。

顺便分析一下为何小米会两次选择跟QQ空间合作：除了社群的高匹配度与高用户活跃度，还有小米对流量迁移红利的敏锐嗅觉。

具体来说，用户习惯的迁移正带来社交红利的勃兴。仅以QQ空间的分享量级为例，它的月活跃用户已经达到6.2亿，2014年元旦当天的24小时内，QQ空间内容发表量就超过10亿次，平均每秒1.15万次。除此之外，最为关键的一点是企业将越发依赖社交传播中的口碑效应，一旦你无法在社交口碑中存在，也就无法有效触达用户。为此，企业要追逐社交红利，通过分享、签到、点赞等互动方式引爆社群商业。

不过，要完成不断地引爆，除了上述提及的精准匹配能力，场景化能力也变得关键。比如，小米与QQ空间的新合作在移动社交上有两大创新，一是签到红包，二是信息流广告（Feeds广告）。“签到红包”是鼓励用户在QQ空间的APP上点击“签到”按钮，选择“签到有码咯”，发表一个签到，即可收到来自QQ空间的私密消息，获得红米note的预约码，这是一种基于移动端用户行为的场景化尝试；所谓“信息流广告（Feeds广告）”，主要基于用户行为和偏好的分析，向用户推荐可能感兴趣的广告，融入用户社交移动的场景当中，使得广告成为有用的信息，而不是骚扰。Feeds广告在Facebook上已是标配，小米也算是国内较早尝鲜体验该模式的品牌。

总结来说，在“移动+社交”的新红利时代，企业的社会化营销与社群经营要“瞄准”，布局不能再散乱无章，而要去精准触达并经营好目标族群。

【能力训练】

1.全局分析地图应用

目标：利用简单的工具，理解客户、客户的生态环境以及他们之间的关系，充分理解客户的相关背景信息、行业分析、竞争优势、供应商状况、内部管理等，从而对客户做充分的理解。

持续时长：40~60 分钟

参加人数：每组 2~10 人

道具：每个小组 2 张大白纸，6 种颜色的便签贴每人最少 10 张，每人一支黑色小双头记号笔，大胶带纸一卷。

步骤：利用全景分析地图，充分地了解客户的生态系统，包括从六个方面对客户及其相关的行业做深入的了解。

全局分析地图：

（1）每组墙上贴上 2 张大白纸，横向、上下各两张，按照上图画出六个方面的分布。

（2）每个人拿一支黑色小双头记号笔，6 种颜色的便签贴每人各 10 张。

（3）将要研究的客户名称写在最中间的圆圈内。

（4）所有人使用同一颜色的便签贴，写上对客户的客户群体以及客户内部的利益相关者的理解，并贴到客户、利益相关者栏目中。

（5）用另一种颜色的便签贴，分别写上客户内部状况，包括客户的愿景、绩效和人员、IT 的状况和价值使命等，写完后，贴到最下面的栏目中。

(6) 用另一种颜色的便签贴，写上行业的趋势和威胁，贴到对应的栏目。

(7) 用不同颜色的便签贴，写下竞争状况、经济的趋势和社会趋势，最后是技术趋势，并且贴到相应的栏目中。

注：不同的栏目用不同的颜色来区分，就像地图涂色一样显示不同的维度。

结果：建立可以和客户对话的直观文档。讨论不同的观点，或者了解不熟悉的客户背景和阻力，从而产生新的想法和思想，为未来的想法和路径做铺垫。

2. 用“波特五力法”做市场分析

目标：通过波特五力分析法，充分理解企业的战略，研究企业发展的机会与挑战；确定企业的战略目标或者中长期规划，利用波特五力分析法全面了解企业在社会上所占的位置。

道具：每个小组 1 张大白纸，5 种颜色的便签贴每人若干，每人 1 支黑色小双头记号笔，大胶带 1 卷。

步骤：在大白纸上画出 5 个区域，对应“客户”“供应商”“行业内部”“替代品”和“潜在介入者”五个方面，参与者从以上 5 个方面对企业所在的行业、发展趋势等做充分研究。每个人拿出一支记号笔，在 5 种不同颜色的便签纸上写出自己的观点和看法，并粘贴到对应的区域内。

(1) 首先做行业之间的竞争分析。可以列出竞争对手，然后找出行业间现在的经营状况，比如“打价格战”“相互之间控股”“上市融资”“收购战”“O2O 线上线下经营”“生产转服务”等。

(2) 然后探讨客户的议价能力。首先找出该行业的客户群体，比如“大型企业”“零售客户”等，再探讨这个行业现在客户的现状，如产品差异化小，客户忠诚度不高；客户采购“大宗商品”使得价格缩水；客户开始介入到这个行业的上下游生产等。

(3) 对供应商的讨价还价能力进行讨论，比如供应商的相对垄断，导致没有讨价的资格；供应商的产品没有替代品，使产品的价格居高不下。

(4) 讨论潜在进入者，比如由于行业进入的门槛不高，资金需求不多，而且行业利润率高，很容易有“潜在进入者”“政府的支持”，有可能使得一些大型企业或者介入到这个行业，加剧这个行业的竞争。

(5) 讨论替代品。这是对一个行业可能产生毁灭性打击的主要要素，比如“数码相机”对柯达、富士的打击；“苹果智能”对诺基亚、摩托罗拉的冲击；O2O对实体店的影响；将来特斯拉汽车的出现对石油石化行业的冲击；网上银行的出现对实体银行的挑战等。

结果分析：对照图中便签纸上的意见，可以从5个方面一目了然地了解到行业的竞争情况，围绕讨论的主题，进行进一步的研究，发现瓶颈、找到机会，实现创新的想法和解决方案。

【课后练习】

1. 书店开办前的调研和分析

开办一家有特色的书店是很多创业者的梦想，但是在做决策之前需要谨慎地做好市场调研和分析，请分别对以下人员开展调研并收集意见：①不买书但阅读的人；②送书的人；③编书的人；④采购的人；⑤设计的人；⑥需要出版书籍的人；⑦不阅读的人；⑧出版的人；⑨生产的人；⑩发行的人；⑪物流的人。

2. 对拟创办企业做市场调研和分析

第六课
产品与服务 LESSON 06

【创业故事】

“家政公司”变身中国“沃尔玛”

张松江，1978年出生，土生土长的北京人。1999年，刚从北京联合大学毕业的张松江发觉自己的一纸大专文凭根本找不到对口的工作，他与其他3个朋友商量，决定一起创业。他们在报纸上看到了一个美国品牌的保洁公司招加盟商的广告，在对方“专业”的讲解后，他们相信了“保洁市场利润空间无与伦比”。于是，4个人立即凑了3.9万元加盟金，交给了那家公司，随后接受了为期两天的保洁清洗培训。

几个小伙子创业热情高涨，租了一间十多平方米的破旧办公室，招聘了7名员工准备大干一场。可是等他们跑去谈生意时，却到处吃闭门羹，整整两个月他们没有做成一笔生意。

碰壁次数多了，张松江渐渐明白了保洁行业到底是怎么一回事。做培训的时候，那家“美国品牌”的公司告诉他们，做保洁清洗，市场的价格绝不低于每平方米10元钱。但在现实中，市场行情是每平方米1元钱。不仅如此，假如没有人脉关系，就算1元钱的价钱你也休想拿下。发现受骗上当的几名学生想找加盟的公司讨个说法，谁知道那根本就是一个皮包公司，早已经人去楼空。

艰难的处境让张松江的几位合伙人打了退堂鼓，但是张松江坚持看好保洁行业，他不停地思考怎样才能独辟门路把生意做活。失望的张松江被报纸上一则广告吸引——现代城推出了可移动墙壁的房屋。广告说，北京的 SOHO 现代城推出了可移动墙壁的房屋。可移动的墙壁——所有开发商都把墙壁做成死的，他们却做成活的，他们生意不就活了吗？别人的生意这样，我呢？要想有利润，就得有别人没有的东西，就得把大家都认为不能改变的固定思维模式打破。思维的闸门一打开，张松江再也抑制不住自己。他想到了由户外转向户内。虽然户内保洁也有人做，但是现在的户内保洁太没有特点了。像 SOHO 现代城这样的高档社区，肯定需要一种更高档次的服务。

于是张松江创建了第一个家政服务业标准化的品牌运作模式。这一模式首先表现在服务的标准化上：员工整理卧室必须在半个小时内完成；清洁卫生间必须在 45 分钟之内完成——其中马桶 12 分钟、手盆 10 分钟、浴盆 10 分钟等。这些都是以每平方厘米为标准来检查的。张松江要求员工进入客户家中，自带全套清洁剂、便携式吸尘器、消毒后塑封的防止掉毛木浆毛巾，这些设备的使用，全部包含在每小时 15 元的收费里。这些标准最后使他和传统的家政服务方式区别开来。

为小区客户做好“管家”，建立起标准化的家政服务模式之后，张松江的家政公司很快在 SOHO 现代城树立了口碑，第一个月就赚到了 3 万元钱。创业有了一个良好的开局，但是张松江并不满足，他脑海中构想的新型家政服务应该还有更广阔的内容。

张松江发现，经常会有小区住户打来电话，除了要求保洁服务，还有请人做饭、看护、购物等要求。张松江立即抽调擅长这些工作的员工上门进行服务，并对他们进行专门培训，强化他们的技能，那些传统住家保姆忙碌一天的工作，他的员工在2至3个小时内即可完成。

根据客户的要求，张松江的家政公司还不断添加新项目，例如干洗衣物、皮革保养、换桶装水和插花，甚至预订机票等，远远超出了传统家政服务的范畴。这些服务满足了客户，还成了新的利润增长点。

这种以前无人尝试的新型家政服务取得了惊人的成效。在SOHO现代城这个1000多户的社区，不到一年的时间，570人先后办理了服务卡，成为忠实客户。服务收入超过170万元。张松江正式把自己的家政公司注册了“小管家”的品牌商标。

在SOHO现代城创立成功样本之后，张松江不再满足仅服务于这一个小区，他以加盟连锁的方式把这种成功模式不断复制。很快“小管家”就在北京遍地开花，开了近百家门店，甚至开到了山东、江苏等地。同时他还提出了“家政工厂”的概念，这意味着“小管家”可以将直营店从市区搬到郊区，在五环以外设立基地，将所有的人、物的配送集中在基地里，“小管家”的服务单位也从直营店变为活动车。这样可以让资源的配置更加灵活，成本也相对更好控制，按照张松江的话说，就是更适合做“整个城市的生意”，而不是局限在某个小区。

张松江说，他的目标是成为第一家上市的家政公司，要做就做行业中最好的那一个。

一位了解了“小管家”飞速成长与未来计划的专家不无感叹地惊呼：“这个‘小管家’哪里是在做家政，明明是在做一个中国特色的沃尔玛。”

【导师问答】

问：什么样的产品和服务才能真正黏住客户？

答：如果我们设计的产品和服务关注的仅仅是用户的问题和如何解决问题，而忽略了产品自身的人性化需求，就没法达到黏住用户的目的。产品能够解决问题只是产品具备了自身的功能属性，这属于产品的硬实力；而产品还需要有服务属性，让它具备人性化的特点，也就是产品的软实力。只有软实力和硬实力同时具备，才能产生较好的用户黏性。

学习要点

1. 产品/服务的盈利模式、客户需求分析。
2. 产品/服务的核心技术保护。
3. 产品推广方案的制订。
4. 商业模式及其开发与创新。

【知识导航】

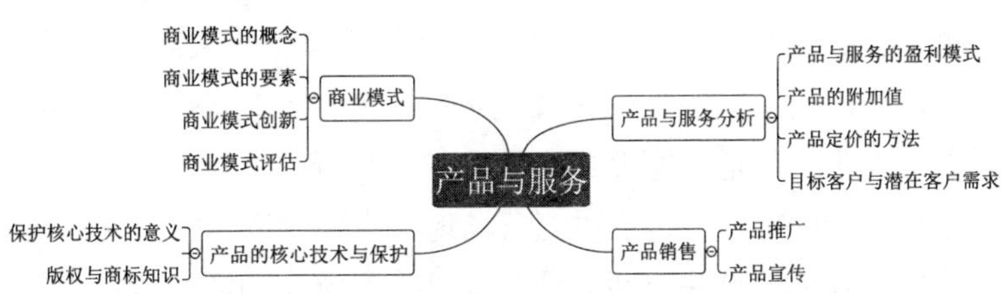

第一节 产品与服务分析

一、产品与服务的盈利模式

盈利模式是指在战略指导下，企业整合资源、创造价值和获得利益回报的模式。它是企业营销能力、获取现金能力、降低成本能力及规避风险能力等的综合体现，简而言之，就是企业赚钱的方式。

盈利模式分为三大类：一是价值平台类，二是价值创造类，三是价值附加类。

1. 价值平台类盈利模式

所谓价值平台类盈利模式，就是指企业是通过构建一个载体或平台的方式，通过增加顾客价值的手段，获得消费者的认可和赞同，从而获利的一种企业盈利模式。

在某些市场，许多供应商与众多客户发生交易，双方的交易成本很高。这就导致出现一种高价值的中介业务，其功能是在不同的供应商与客户之间建立一个沟通渠道，从而降低买卖双方的交易成本。这种模式的重要价值体现在平台本身，加入系统的供应商与客户越多，其价值就越大。

比如，中国红星家具集团从 1997 年起，采取了一种“虚拟商业模式”，这种模式实际上就是价值平台模式。首先，它果断地砍掉了大多数不盈利的商城，集中资金将剩下的家具城每家改扩建到 2 万平方米以上，引入“家居”概念，从而形成了家具、装饰、建材、家电等多位一体的综合性大卖场。在盈利模式上，变租赁场地为买断或自建商城，变获取产品价差（批发与零售之间的价差）为提供经营场地和服务收取租金和管理费；在管理方式上，红星不再负责经营中的物流进出货，各卖点由入驻厂家自主管理经营。该模式的重要功能体现在价值平台本身。

2. 价值附加类盈利模式

所谓价值附加类盈利模式，就是指除企业与顾客交换之外，在顾客获得足够价值之后，企业占有溢出部分从而获利的一种企业盈利模式。利用价值附加模式首先是找到具有巨大潜能的价值提供方式，然后是具备获得价值溢出的吸收剂；为防止其他企业“顺手摘桃”，最好将顾客价值和价值附加的接口特殊化。

3. 价值创造类盈利模式

所谓价值创造类盈利模式，就是指企业通过直接向顾客创造产品和服务，与同类产品和服务相比，就有“人无我有、人有我新、人新我精、人精我廉”的比较优势，使顾客获得足够价值的同时，企业获取利润的一种盈利模式。此类盈利模式要获得成功，主要是获得与“其他营销商”不同的运营模式。这里的不同，可以是要素方面的，也可以是观念上的，还可以是操作手法上的。比如，现在风靡国内很多城市的主题公园题材，同样是一个概念、一种产品和大同小异的市场，什么样的模式能盈利或者说更有竞争力，这就需要展现营销商的睿智，通过创新区别于竞争者，同时满足消费者需求。

二、产品的附加值

日本的产品设计家平岛廉久认为，商品提供给消费者的价值有两种：一种是硬性商品价值，是指商品实际能提供给消费者的功能，如化妆品就是保护皮肤，服装就是御寒；另一种是软性商品价值，即能满足消费者感性需求的某种文化，像香水就是品牌的高贵感、魅力感等，服装就是流行性、季节性、式样、设计师声誉等软性的商品价值。在同质商品大量涌现的当代，人们在购买商品时，挑选的不是硬性商品价值，而是能满足人们感性追求的软性商品价值。

中国的营销策划专家认为，构成产品的要素不外乎核心产品、形式产品、附加产品，所谓的附加产品即产品的附加值。由于消费已日益从“物”的消费转向“感受”的消费，日益倾向于感性、品位、心理满意等抽象的标准，产品附加值在市场上的地位就越来越高了，它与产品卖点难以分割，日益融为一体。例如，表的种类很多，价格从几块钱一块到几千元、几万元甚至几十万元一块不等，尤其是一些著名的国外厂商，他们已经不仅仅是在做产品的推广，而更注重品牌的推广，一块精致的、昂贵的手表不仅仅满足人们看时间的需求，更是其佩戴者身份和地位的象征。

随着人们生活水平的提高，人们购买商品不单纯为了满足生活的基本需求，还要求获得精神上的享受。这表现在消费者对产品要求已不仅仅停留在图实惠、功能多、结实耐用上，而是更讲求消费的档次和品位，要求商品能给人以美感和遐想，即“文化味”要浓，能集实用、装饰、艺术、欣赏、情感于一体。在物质贫乏的年代，人们穿衣服的主要目的是为了遮羞、御寒，而现在的服装多种多样，人们选择衣服时，更多的是为了美观、时尚，为了一种纯感性的东西，所以精明的服装商逐渐从产品理念转变为品牌理念，致力于塑造服装品牌。品牌推广不仅仅希望让消费者单纯认知产品，更要让消费者深入了解产品所具有的特征，从潜意识里认同这个产品，喜爱这个产品。

21 世纪是一个产品过剩、服务不足的时代，所以服务在同质化时代是最大差异。如果产品很难做战略，很难做文化，很难溢价，很难创造精神享受，那就只能在服务上下功夫，靠服务的精神享受溢价，让客户产生持续购买力。

服务包括产品本身的服务和产品以外的服务。一些产品，例如电器、电子产品等，提供售前服务，如安装，同时也提供售后服务，如维修等，这些都是产品以外的服务。产品本身的服务贯穿于每个产品和每次销售行为之中，例如喝水要用水杯，水杯的产品功能是装水，杯子有一个把儿，还有一个盖儿，方便消费者使用，这些都是水杯本身的服务。产品需要包装，包装也是服务的一种，而品牌能够给消费者带来心理上的满足感，这也是产品本身的服务。

三、产品定价的方法

产品定价对于任何一个企业来说都是个头疼的问题，因为你需要同时考虑到诸多要素：成本、利润、竞争对手、市场定位、产品系列、货架空间等。

1. 成本定价法

成本定价法是一种以成本为中心的定价方法，也是传统的、运用得较普遍的定价方式。具体做法是按照产品成本加一定的利润定价，如生产企业以生产成本为基础，商业零售企业则以进货成本为基础。由于利润一般按成本或售价的一定比例计算，故将一定的期望利润比率（百分比）加在成本上，因此，常被称为“成本加成定价法”。

成本加成法定价的优点是：产品价格能保证企业的制造成本和期间费用得到补偿后还有一定利润，产品价格水平在一定时期内较为稳定，定价方法简便易行。

成本加成法定价的缺点是：忽视了市场供求和竞争因素的影响，忽略了产品寿命周期的变化，缺乏适应市场变化的灵活性，不利于企业参与竞争，容易掩盖企业经营中非正常费用的支出，不利于企业提高经济效益。

2. 市场定价法

市场定价法，即根据竞争对手的价格参照进行定价。市场竞争地位分为四大类：市场领导者、市场挑战者、市场跟随者、市场补缺者。市场领导者在竞争中处于强势地位，在同类产品的定价上应走高价路线，略高于市场平均价，并与市场跟随者拉开一个档次；市场挑战者是市场领导者最大的对手和威胁，在定价上采取的是不让步、不服输、咬得紧、不松口的策略；

市场跟随者紧跟在领导者和挑战者背后，以模仿著称，其产品价格通常低于领导者和挑战者一个层级，接近于市场平均价。而由于市场补缺者提供的产品或服务是市场所稀缺或不足的，具有很大的差异，专业性很强，目标市场较窄，用户对价格的讨价还价能力较弱，在定价上同样可实施高价策略。

3. 心理定价法

心理定价法即根据顾客能够接受的最高价位进行定价，它抛开成本，赚取它所能够赚取的最高利润，即顾客能接受什么价我就定什么价。比如，有一个非常好的产品，按成本定价只有几十元，但是企业经过消费者调研后发现，客户所能接受的心理价位在 200 元以内，于是最终定价为 188 元，比成本价高出一百元。新产品推出市场后，价格并未成为顾客购买的障碍，顾客反而本着好货当然价高的心理，认为这是一款品质相当好的产品。定价中高出的 100 元实际上成了厂家的纯利润，卖一个产品相当于卖原来定价的 5 个。

根据顾客的购买心理和行为习惯，在零售价格中，常用到以下策略：

（1）尾数定价策略。在确定零售价格时，以零头数结尾，使用户在心理上有一种便宜的感觉，或者是按照风俗习惯的要求，价格尾数取吉利数，也可以促进购买。该策略适用于非名牌和中低档产品。

（2）整数定价策略。与尾数定价策略相反，利用顾客“一分钱一分货”的心理，采用整数定价，该策略适用与高档、名牌产品或者是消费者不太了解的商品。

（3）声望定价策略。主要适用于名牌企业、名牌商店和名牌产品。由于声望和信用高，用户也愿意支付较高的价格购买公司的产品，但是，滥用此法，可能会失去市场。

（4）特价定价策略。这是利用部分顾客追求廉价的心理，企业有意识地将价格定得低一些，达到打开销路或者是扩大销售的目的，如常见的大减价和大拍卖就属于这种策略。该策略主要适用于竞争较为激烈的产品。滥用此法，会损害企业的形象。

四、客户需求

客户的需求是千差万别的，不了解客户的需求，就无法提供有效的服务，更不可能赢得客户忠诚。客户总是有两组需求，能明确说出的是一组，可以称之为“有声的需求”；另一组是没有说出来的，可以称之为“沉默的需求”。通常，“有声的需求”是在任何一个行业中大多数商家试图满足的需求，了解这种需求并不困难。较为困难的是识别客户“沉默的需求”。在完整、清楚地把握客户的需求之前，即使将全球最好的产品和服务推荐给客户也无济于事。谁能帮助客户真正解决问题，向客户提供的是获利的行动，谁才能赢得客户。很多时候，企业能够领先一步之处就在于了解到了客户的更多需求。在实践中，通常可以通过以下方法来了解客户的需求。

1. 利用提问来了解客户的需求

要了解客户的需求，提问题是最直接、最简便有效的方式。通过提问可以准确而有效地了解到客户的真正需求，为客户提供他们所需要的服务。

2. 通过倾听客户谈话来了解客户的需求

在与客户进行沟通时，必须集中精力，认真倾听客户的回答，站在对方的角度尽力去理解对方所说的内容，了解对方在想些什么，对方的需要是什么，要尽可能多地了解对方的情况，以便为客户提供满意的服务。

3. 通过观察来了解客户的需求

要想说服客户，就必须了解他当前的需要，然后着重从这一层次的需要出发，动之以情，晓之以理。在与客户沟通的过程中，你可以通过观察客户的非语言行为了解他的需要、欲望、观点和想法。总而言之，通过适当地问问题、认真倾听以及观察他们的非语言行为，可以了解客户的需求和想法，更好地为他们服务。

第二节　产品的核心技术与保护

一、核心技术保护及重要意义

企业的生存取决于内部技术和产品的不可替代性以及消费者的支持。企业内部技术与知识产权作为企业的重要保护目标，能为企业带来利益，把整个产品的经营过程联系起来。作为产品和技术领域的关键因素，它们可以代表特定行业的技术、创新和营销策略的发展水平。知识产权保护的重点放在企业的核心技术、品牌和产品包装，以及产品的专利和其他企业的工作。对企业而言，知识产权保护应侧重于对权利、时间和具体形式的保护。技术企业的技术人员或领导在发展初期，应将核心技术的最大价值注册为核心技术，从而防止技术风险。技术注册优先，具有成本低、边际价值高的优点，可以保护企业的特定技术或重点发展环节。这种方法广泛应用于技术型企业。

二、版权与商标知识

著作权，又称版权，是指自然人、法人或者其他组织对文学、艺术或科学作品依法享有的财产权利和人身权利的总称。

作品是指文学、艺术和科学领域内，具有独创性并能以某种有形形式复制的智力创作成果。著作权的保护基于作品的独创性（或称原创性）。

我国国内拥有自主知识产权的企业仅有几千家，约占企业总数的万分之三；有 99%的企业没有申请专利；拥有自己商标的企业仅占 40%。很多企业有“制造”无“创造”、有“产权”无“知识”或有“知识”无“产权”。

商标是一种法律用语，是生产经营者在其生产、制造、加工、拣选或者经销的商品或服务上采用的，为了区别商品或服务来源、具有显著特征的标志，一般由文字、图形或者其组合构成。经国家核准注册的商标为“注册商标”，受法律保护。商标权是指商标注册人取得的在指定商品或服务上独占地、排他地使用商标的权利。也就是说，商标是企业打入市场的一张名牌，对企业的发展至关重要。

商标使用中的四大禁忌：一忌盲目乱用、不注册使用。商标确定后、使用前应进行查询，避免侵犯他人在先权利和违反法律相关规定。商标专用权的取得，对企业长远发展意义非凡。二忌“喜新厌旧”“朝三暮四”。商标的知名度是经过长期使用，日积月累逐步在消费者心目中形成的。经常更换商标，会造成消费者对品牌的印象不深刻，甚至不信任，不利于商标知名度的提高。三忌傍名牌。模仿知名商标，借知名商标的影响来推销自己的商品，是投机、不正当竞争行为，使用“擦边球”商标实属下下策。傍名牌能使企业搭乘名牌的便车迅速挣到第一笔钱，但毕竟不是长久之计，如果自己也做成名牌，反而要自食恶果了。四忌“超期服役”。根据《中华人民共和国商标法》及其实施条例的规定，注册商标使用的有效期为 10 年，商标注册人应在商标有效期满前 6 个月内申请续展注册，或者在商标有效期满后6个月内即宽展期内申请续展注册。商标是一个企业生存发展的支柱和灵魂，如不及时续展，10年发展起来的老品牌很可能会消失。

第三节 产品销售

一、产品推广

1. 产品推广的目的

让目标消费群在最短的时间内认知新产品的功能、效果，缩短新产品推广期的时间长度，尽快进入成长期，创造效益。

使目标消费群产生试用的欲望，并逐步将其培育成品牌忠诚者。

提高品牌知名度和美誉度。

提高现场售点的产品的销量。

巩固通路经销商的客情关系，抢占通路、终端的高铺货，提升经销商的信心和积极性。

2. 前期市场调查

管理层深度访谈；

营销人员小组座谈或问卷调查；

渠道调查：销售渠道类型及特点，知名品牌的渠道政策；

终端调查：销售终端类型及特点，终端形象、终端陈列、终端导购、终端促销活动等；

经销商调查：经销商基本情况、代理品牌数量及销售情况、对当地市场的认识、是否有经销新品牌的计划等；

消费者调查：对该产品的认识、熟悉的品牌、影响购买的主要因素等。

3. 挖掘消费者内心的需求

影响新产品推广成败的因素很多，企业在新产品推广中的努力是集中在一些表面的、局部的因素。要解决这个问题，需要探究新产品推广中更核心、更关键的要素，使新产品从诞生之日起就具备成功的要素，能够在市场上自然地卖起来。首先，从消费者的生活细节中寻找卖点。描述性的市场调研只能得到大众化的结论，要挖掘出成功的卖点，必须深入探测消费者的内心。新产品的成败完全体现在一切细节中。很多机会都隐藏在众多的细节之中，最根本的就是体现在消费者的生活细节之中。企业在推广新产品时往往看到的只是一些表象，却将这些表象当作根本的因素加以运用，其结果只能导致失败，所谓“差之毫厘，失之千里”。

4. 产品概念的市场定位

产品概念实质就是围绕产品带给消费者的独特利益点，对产品组成结构的系统性描述。产品概念必须体现产品在消费者心目中的认知层级，体现与竞争产品的差异，并要以具体的产品特性来支持。

在这个方面，很多企业都没有真正理解产品概念的内涵，能够清晰表述出产品概念的企业并不多。这说明很多企业对于新产品的市场定位非常模糊，他们并不知道新产品到底能给消费者带来什么不同的利益，是从一个生产商的角度来看待新产品，而不是从消费者的角度。产品市场定位有两个要点：其一，要体现出产品在消费者心目中的认知层级；其二，要体现出产品与竞争品牌之间的差异性。产品概念必须将这两个方面的特征充分体现出来，才能有效吸引消费者的购买行为。另外，需要统筹考虑新产品的品牌结构、产品结构和市场推广，才能确保新产品拓展全程的策略性和系统性，避免盲目地硬性推销。

很多企业在推广新产品时存在随意和想当然的做法，造成新产品从开始就处于错误的轨道，在其后的推广中还要耗费大量资源进行引导和矫正，一些实力较弱的企业则很难再有翻身的机会。

二、产品宣传与广告策划

产品在宣传过程中一方面可以强有力的广告宣传攻势顺利拓展市场，为产品准确定位，突出产品特色，采取差异化营销策略，另一方面，可以产品主要消费群体为产品的营销重点，建立起点广面宽的销售渠道，不断拓宽销售区域等。

在广告策划的过程中要遵循以下原则：

形象化：服从公司整体营销宣传策略，树立产品形象，同时注重树立公司形象。

长期化：广告宣传商品个性不宜变来变去。频繁更改宣传，消费者会不认识商品，反而使老主顾也觉得陌生，所以，在一定时段上应推出一致的广告宣传。

广泛化：选择广告宣传媒体多样化的同时，注重抓宣传效果好的方式。

灵活化：不定期地配合阶段性的促销活动，掌握适当时机，及时、灵活地进行，如重大节假日，公司有纪念意义的活动等。

具体实施可按以下方式进行：策划期内前期推出产品形象广告；销后适时推出诚征代理商广告；节假日、重大活动前推出促销广告；把握时机进行公关活动，接触消费者；积极利用新闻媒介，善于利用新闻事件提高企业产品知名度。

第四节　商业模式

一、商业模式的概念

商业模式是为实现客户价值最大化，把能使企业运行的内外各要素整合起来，形成一个完整的高效率的具有独特核心竞争力的运行系统，并通过最优实现形式满足客户需求、实现客户价值，同时使系统达成持续盈利目标的整体解决方案。

二、商业模式的要素

商业模式包含哪些元素呢？克莱顿·克里斯滕森认为包括四个要素：客户价值主张、盈利模式、关键资源和关键流程。通俗一点来说就是以下四点：第一，你能给客户带来什么价值？第二，给客户带来价值之后你怎么赚钱？第三，你有什么资源和能力能同时带来客户价值和公司盈利？第四，你如何同时带来客户价值和公司盈利？

《商业模式新生代》的作者亚历山大·奥斯特瓦德和伊夫·皮尼厄则把商业模式分成九个要素：价值主张、客户细分、客户关系、关键业务、核心资源、关键合作、分销渠道、成本结构和收入来源（如下图所示）。分析这九个要素，就会发现价值主张和客户细分关系到客户价值主张，成本结构和收入来源关系到盈利模式，其他五个要素则可以分别归结为关键资源和关键流程。

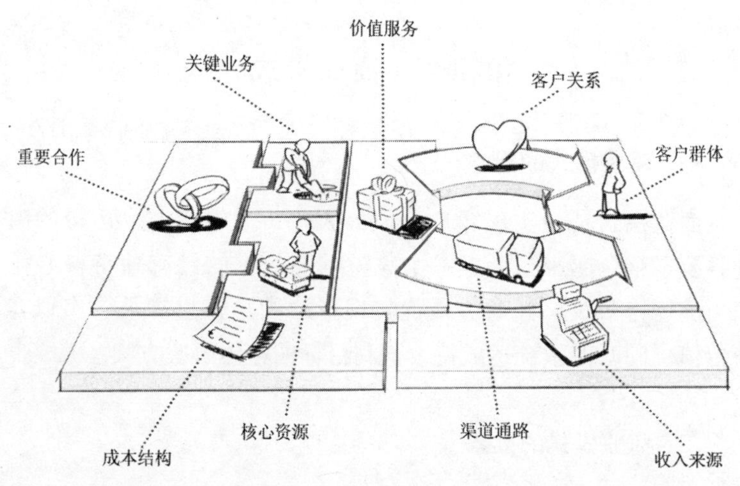

商业模式画布

客户价值主张是商业模式的核心要素，也是其他几个要素的预设前提。这也符合最基本的商业逻辑：你想赚钱？好！请问你能给别人带来什么价值？商业的本质是价值交换，要交换价值就得首先创造价值，因此有两个问题创业者一定要搞清楚：你的目标客户是谁？你能为他们提供什么价值？

这个问题并不复杂，但还是有很多创业公司没搞清楚。技术类创业的公司很容易走入一个认知误区：只要技术足够强，客户自然会乖乖地买单。其实，市场需求和技术领不领先是两回事，很多看上去很炫的技术，其实是没有市场的。大多数科研成果看上去都很炫，但能够转化为市场需求的产品不到10%！这也是大多数技术创新类公司失败的主要原因。

这个方面的成功案例是脑白金。你可能很不喜欢脑白金的广告，其产品也确实没什么技术含量，但是它的客户价值主张定位非常成功。它的目标客户并不是产品消费者，而是那些想要用不多的钱买一份体面礼物的年轻人。它的价值主张也不是睡眠和健康，而是一种情感表达的载体。因此，很多人到超市给父母买礼物，第一反应就是“送礼要送脑白金”。

光有客户价值主张还不够，你还得有好的盈利模式。这是很多互联网公司容易走入的一个误区，他们很喜欢讲这样的故事：只要我们的用户达到1000万，其中有10%的人付费，那么我们就能赚很多很多钱！在大多数时候，这只能是一个故事，有盈利可能和有实际的盈利模式是两回事，因为盈利需要有合理的收入模式和成本结构，但这是很多公司不具备的。

比如说，很多互联网媒体公司的主要收入来源是广告。但熟悉互联网的人都知道，互联网广告是一个“赢家通吃”的市场，1%的公司占据了90%的市场份额。如果你做不到某一个细分市场的前三位，你所能得到的广告收入基本上微不足道。加上大多数互联网公司烧钱都很厉害，成本机构非常不合理，由此导致这些公司的盈利模式基本上“一塌糊涂”。

当然，很多创业者也想得很清楚，他们从消费者手中是赚不到钱的，他们要赚的是投资者的钱。的确，有些创业者成功地从投资者手里拿了很多钱，但就是没有盈利。这样的故事往往结局都不太好，因为投资者的耐心往往是有限的。饼画得再圆，总有一天要兑现的。如果过了一定的时间还是不能盈利，公司的价值基本上就为零，自然也不会赢得投资者的青睐。

如果说客户价值主张与战略相关，盈利模式与销售和运营相关，那么关键资源和关键流程则考验的是一个企业的执行能力。谷歌的“关键资源”就是那些天才的工程师，“关键流程”则是谷歌公司鼓励创新的公司制度、企业文化和日常管理工作，这些流程确保谷歌的创新具有可复制性和扩展性，从而不断开发出一个又一个具有颠覆性创新的产品。

这一点是很多创业者容易忽视的。他们往往把自己或者所谓的关系当作关键资源，却同时高估了自己和所谓的关系的力量，而没有建立其组织的竞争能力。制度和流程建设则是大多数创业公司的软肋，他们往往迷信创业者的个人能力，而忽视了在制度和流程方面的建设。这样的疏忽往往会导致这些企业熬不过初创期，或者熬过去了，也长不大。

三、商业模式创新

商业模式不仅仅是一个解释模型，更是一个指导工具，可以帮助你设计商业模式，或者创新现有的商业模式，以便制定更好的商业策略。就创新而言，商业模式的创新比产品创新和服务创新更为重要，因为它涉及整个公司的价值创造系统。真正的变革绝不局限于伟大的技术发明及其商业化，其成功在于把新技术和恰到好处的强大商业模式相结合。

商业模式创新可以改变整个行业格局，让市场重新洗牌。这种创新由来已久，无论是沃尔玛还是百思买，还是西南航空和亚马逊，都是商业模式创新造就成功的典范案例。从 1998 年到 2007 年，成功晋级《财富》500 强的企业有 27 家，其中有 11 家认为他们的成功关键在于商业模式的创新。由此可见，商业模式创新的力量比技术创新的力量要大得多。

商业模式涉及公司的方方面面——包括战略、运营、人力资源、创新、财务等，因此创新商业模式是一个系统工程，其难度也要比单一功能的创新难得多。在设计或者创新商业模式时，应该以“客户价值主张”的创新为核心，以关键资源和关键流程为依托，以盈利模式为财务安全的基准线，寻求各个方面的协调发展，这样才能获得长期的成功。

首先是定义何谓“客户价值主张”，这个和企业的战略定位有关系：你的核心客户是谁？他们为什么要买你的产品？很多人在这个问题上容易犯想当然的错误，因此在明确“客户价值主张”时，首先要问正确的问题。用户购买 iPhone 5 仅仅是需要一个功能更强大、更轻薄的手机吗？当然不是！大多数购买 iPhone5 的人购买的是那种阶层认同感。

如果要创新“客户价值主张”，蓝海战略的价值创新曲线会是一个很好的工具。通过分解客户价值主张的各个环节，去丰富那些对消费者有差异化和诱惑力的价值主张，而削减那些不是那么重要但却耗费成本的价值主张，就完全有可能创造出一个新的市场，同时兼顾“成本领先”和“差异化”这两个原本在竞争战略理论中并不相容的竞争优势。

以经济型航空公司为例，他们主打性价比的概念，用比同类航空公司低得多的价格，为客户提供准时的交通服务。为了追求“差异化”，他们开辟了很多二三线城市的航线，为了追求“成本领先”，去掉了非核心的餐饮服务。由于它满足了很多价格敏感客户的核心需求，同时又把成本控制在尽可能低的程度，因此开辟了一个全新的“蓝海市场”。

对于一家创业型公司，由于其关键资源有限，关键流程也不完整，在选择目标客户时一定要聚焦，价值主张一定要清晰，争取用有限的资源产生明确的“客户价值主张”。对于创业型公司，专业于某一个细分市场是胜算最大的竞争策略，只有当其在某一个细分领域取得绝对的领先优势之后，它才能在相关领域进行拓展。一家创业公司在设计商业模式时一定要牢牢记住以下 10 个字：专业、聚焦、差异化、强检验。专业的意思是一定要秉承专业化路线，聚焦的意思则是往小里做，做“小而美”的企业。差异化的意思是要做别人不能做的事情，确定你的独特定位。强检验则是指只有为客户创造可以衡量、立竿见影的价值，才有可能给公司带来利润。

四、商业模式评估

通过以下7个问题，可以对创业项目商业模式存在的问题与风险进行分析和评估。

1. 客户的“转移成本”有多高

转移成本是指客户从一个产品（或服务）转移到另一个产品（或服务）所需的时间、精力或者金钱。“转移成本”越高，客户就越忠实于某项产品（或服务），不会轻易离开去选择竞争对手的服务。

2. 商业模式的扩展性怎样

扩展性是指在没有增加基本成本的情况下，能很容易地拓展商业模式，赢得利润。商业模式的扩展性越强，企业就越具有竞争力，能赢得更多利润。

3. 能否产生可循环的经济价值

通过一个例子可以很好地解释循环价值。报纸在报摊销售赚取销售费用，另外的价值可以通过订阅和广告进行循环。循环价值有两个主要的优势：第一，对于重复销售，成本只产生一次；第二，你可以有更多更好的想法来构想未来怎样赚钱。

还有另外一种循环价值形式：从之前的销售中获取增值收入。比如，你买一个打印机，你需要持续购买墨盒，或买一个苹果手机，它从硬件销售中赚得利润的同时，来自内容和APP的经济价值依然稳定增长。

4. 是否可以在你投入之前就赚钱

毫无疑问，每个商人都希望在投入之前就获得收入。如戴尔就把这种模式运用到电脑硬件设备制造的市场上，通过直销建立装配订单，避免硬件市场可怕的库存积压成本。戴尔取得的商业业绩就显示了其在投入之前就赚钱的力量。

5. 怎么让用户为你工作

这可能是商业模式设计上最具有杀伤力的武器。在传统的市场上，宜家（IKEA）就让我们自己组装在它那里购买的家具，我们干活儿，他们赚钱。在互联网领域，脸书（Facebook）让我们上传照片，参加对话和“喜欢”某样东西。这正是脸书的真正价值，只提供平台，内容全部由用户创造，而公司却挣得天文数字般的利润。

6. 是否具有高壁垒，以防止竞争对手模仿

一个优秀的商业模式可以使你保持长时间的竞争优势，而不仅仅是提供一个优秀的产品。

7. 是否建立在改变成本结构的基础上

降低成本是商业实践中的长期追求，有的商业模式不仅能降低成本，还创造了一个与以往完全不同的成本结构。

当然，没有一个商业模式设计能一一对应以上七个问题并且得到完美的10分，不过有的却可能会在市场上成功。对创业者而言，时刻用这七个问题提醒自己，有助于让你保持长久的竞争力。

【案例链接】

1. 腾讯的盈利模式分析

腾讯公司是一家民营IT企业，成立于1998年11月29日，曾经提供一个免费即时通信软件，现已成为中国最大的互联网综合服务提供商之一，也是中国服务用户最多的互联网企业之一，目前拥有注册用户10亿人，其中活跃用户7亿人。它是一个集B2B、B2C、C2C等多种类型于一体的电子商务网站公司，通过即时通信QQ、腾讯网、腾讯游戏、QQ空间、无线门户、搜搜、拍拍、财付通等中国领先的网络平台，打造出了中国最

大的网络社区。2014 年第四季度营收 209.78 亿元，净利润 58.60 亿元。通过分析，可以看出腾讯盈利模式主要包括以下几种：

（1）互联网增值业务。互联网增值服务包括了 QQ 会员收费、QQ 秀、QQ 游戏、大型网络游戏等全线互联网服务。其服务部分一直占到公司营收总额的 55%~75%。

（2）移动及电信增值服务。移动及通信增值服务内容具体包括移动聊天、移动游戏、移动语音聊天、手机图片及铃声下载等。当年依靠这个移动及电信增值服务，腾讯迈出了真正盈利的第一步。

（3）电子商务交易拍拍网运营满百天即已进入“全球网站流量排名”前 500 强。腾讯的财付通主要是为拍拍网提供支付服务，做其强有力的后盾。2014 年 3 月，腾讯与京东进行了战略合作，易迅业务由自营重新定位为交易平台。

（4）网络广告。网络广告主要是通过在即时通信的客户端软件及在 QQ.com 的门户网站的广告栏内提供网络广告。

（5）品牌收益。QQ 卡通品牌的外包成为腾讯的一个特殊收入来源，这已成为我国互联网文化在线下的一种创新发展模式。

2. 北冰洋重回市场的制胜策略[1]

下面通过 4C 模型，即 Corporation，Customer，Collaborator，Competitor，来分析北冰洋“重新上市”这一市场营销事件和定价策略。

Corporation 企业层面：

（1）优势：企业品牌信誉好，用户怀旧心理，产品重归市场呼声较高。

---

[1] 案例来源于 http://www.zhihu.com/question/20242289/answer/14456666。

（2）弱势：新拿回的“北冰洋”商标权，尚未试验市场反应，企业经营规模较小。

Customer 用户层面：

（1）对“北冰洋汽水”的记忆已经深深植根于 70 后、80 后和更老的人群中，而这些人已经成为社会主流的消费群体。“北冰洋”代表的是一种怀旧心理，而不是简单的饮料。

（2）70 后、80 后属于中高收入的人群占比较高，有自己的消费观念，品牌观念很强。

（3）消费者为一瓶饮料支出的金额处于 2~5 元之间，高于 5 元的饮料明显销量偏小（所以王老吉和九龙斋这些“高档”饮料，极限定价都是 5 元）。

（4）“玻璃瓶”“果汁感”“气儿特足”“杀口”“金黄色”“金属瓶盖”这些概念，都仅属于北冰洋。目前市场无代替产品。

Collaborator 合作伙伴：

北冰洋作为重回市场的旧品牌，有与生俱来的合作伙伴：老北京情节+北京老字号。与“老北京”概念相关的一切商业活动、景点、文化、论坛，都可以成为“北冰洋”品牌快速拓展的渠道。

Competitor 竞争者：

“北冰洋汽水”将面临三层竞争者的挑战：

（1）碳酸饮料内部竞争：可口可乐，百事可乐。

（2）软饮料竞争：茶，凉茶，矿泉水，功能饮料，奶类饮料。

（3）假冒产品竞争。

有了一个清晰的 4C 框架之后，接下来可以把这些思考点连成逻辑线：

（1）发挥优势，回避劣势：极大地宣传“怀旧”心理，利用“老北京情结”，使“新北冰洋”和“老北冰洋”在客户心目中完全等同起来。同时，尽量避免刺激可乐和百事，不去侵蚀他们的既有市场。

（2）百事和可乐的既有市场主要在：①500ml 塑料瓶饮料；②1.5L 及以上的家庭装；③335ml 的听装。而为了回避这一点，且高质量地利用开业初期有限的产能，北冰洋必须寻求火力集中击破一点的战术，只用一种产品来创造出稳定盈利。

（3）饮料定价不可超出 5 元，否则曲高和寡；同时也不可低于 2 元，以免让人产生廉价的感觉。

（4）重拾一切“老北冰洋”的概念。

（5）为了应对碳酸饮料内部竞争，需要寻找独特点（Uniqueness）：有果汁的碳酸饮料。所以北冰洋中要加入真正的果汁，而且为了“证明”这一点，要融入“果屑”。

（6）应对软饮竞争，贯彻“气儿特足”的理念，用“杀口”的清爽感完全区别于其他一切软饮。

（7）为防止假货，一律使用高成本的“玻璃瓶”，选择相对可靠的北京城区市场进入，并且挑选零售渠道。

于是我们就看到了这个“与童年的老北冰洋一模一样的”“气儿特足”“只有玻璃瓶装的”“还有沉淀的果屑”的新北冰洋。

3. 水果商贩的销售技巧

一个老太太去市场买菜，买完菜路过卖水果的摊位边上，看到有两个摊位上都有苹果在卖，就走到一个商贩面前问道：“苹果怎么样啊？”商贩回答说：“你看我的苹果不但个大而且还很甜，特别好吃”。

老太太摇了摇头，向第二个摊位走去，又向这个商贩问道：

“你的苹果怎么样?”

第二个商贩答:“我这里有两种苹果,请问您要什么样的苹果啊?”

“我要买酸一点儿的。”老太太说。

“这边的这些苹果又大又酸,咬一口就能酸得流口水,请问您要多少斤?”

“来一斤吧。”老太太买完苹果又继续在市场中逛,好像还要再买一些东西。

这时她又看到一个商贩的摊上有苹果,又大又圆,非常抢眼,便问水果摊后的商贩:“你的苹果怎么样?”

这个商贩说:“我的苹果当然好了,请问您想要什么样的苹果啊?”

老太太说:“我想要酸一点儿的。”

商贩说:“一般人买苹果都想要又大又甜的,您为什么会想要酸的呢?”

老太太说:“我儿媳妇怀孕了,想要吃酸苹果。”

商贩说:“老太太您对儿媳妇可是真体贴啊,您儿媳妇将来一定能给你生个大胖孙子。前几个月,这附近也有两家要生孩子,总来我这买苹果吃,您猜怎么着?结果都生个儿子。您要多少?”

“我再来二斤吧。”老太太被商贩说得高兴得合不拢嘴了,便又买了二斤苹果。

商贩一边称苹果,一边向老太太介绍其他水果:“橘子不但酸而且还有多种维生素,特别有营养,尤其适合孕妇。您要给您媳妇买点橘子,她一准儿很高兴。”

“是吗?好,那我就再来二斤橘子吧。”

“您人真好,您儿媳妇摊上了您这样的婆婆,真是有福气,”

商贩开始给老太太称橘子，嘴里也不闲着，“我每天都在这摆摊，水果都是当天从水果批发市场批发回来的，保证新鲜，您媳妇要是吃好了，您再来。”

“行。”老太太被商贩夸得高兴，提了水果，一边付账一边应承着。

三个商贩都在贩卖水果，但结果却不同。

当老太太走近并询问苹果怎么样时，第一个商贩直接向老太太介绍自己的苹果又大又甜，老太太摇摇头离开了。这个商贩没有卖出苹果的原因是他没有探询老太太的需求，便试图向老太太推销苹果，结果老太太并不想买甜苹果，就离开了。

第二个商贩询问老太太要买什么样的苹果，并根据老太太的需求卖出了一斤苹果，但是并没有卖出其他的水果，原因在于他虽然探询了老太太的需求，但没有挖掘到需求背后的需求。

第三个商贩充分挖掘了老太太的需求和需求背后的需求，并据此向老太太介绍自己的水果，不但卖出了苹果，还卖出了橘子。这个商贩还非常善于称赞老太太，使得老太太十分开心。这时这个商贩趁机告诉老太太自己每天都在这里卖水果，这个商贩不仅卖出了水果，还为下一步的销售做出了准备。第三个商贩的成功之处在于通过对话和问询了解了客户需求，实现了水果的销售。

4. 奇点兄弟的“新西少”

2012 年底，宋鑫在一次校友会上认识西少爷的另一位创始人孟兵，交流了创业想法。当时讨论做个金融领域的搜索产品，双方都很感兴趣，于是孟兵给宋鑫引荐了做搜索的罗高景。三人一起注册了奇点兄弟计算机科技（北京）有限公司（以下简称“奇点兄弟”），注册资金 53.2 万，孟兵、宋鑫、罗高景三人分别占股 40%、30%、30%。

2014年上半年，西少爷正式的投资条款已经下达，却因为内部分歧而迟迟没有签字。于是，孟兵将在西少爷兼职的另一位百度同事袁则陆提升为合伙人，提出以27万收购宋鑫28%的股权，让其保留2%的股权。宋鑫不愿接受这样的条款，提议每年跟孟兵签一份协议，按估值的打折价转让一定的股权，孟兵没有同意。因一直没有进展，宋鑫提出回西安学豆花，孟兵给的期限是3天，宋鑫在一周后回到北京，被微信告知已被公司开除，且要归还公司所有股份，开价是30万。

被迫接受条件的宋鑫消沉了一段时间。“重新创业我又没钱，就跟僵尸一样，搬到一个几平方米的隔板间，在里面躺了一周，有的晚上也在街头流浪。”那段最不堪的时间，有了朋友和家人的帮助，终于让宋鑫有了从头开始的信心。

一年之后重整旗鼓的宋鑫，坐在国贸CBD新西少店，他以过来人的眼光重新审视创业初期缺乏契约意识所带来的黑暗经历：“我们在公司里面没有一个关于商标的合同，就导致任何一个第三方都可以非常低的价格把商标转移到他们个人的分公司，所以那边就跟我没什么关系了。”

在他看来，合伙人私下转移商标是“可鄙下流”的，但是也教会了他建立自我保护的机制。“每个人其实都希望公司好嘛，但每个人都会有自己的一个角度。就像摸大象，每个人可能都认为自己是对的，所以如果在法律条文各方面的基础框架内的话，这种碰撞和探讨是正常的一件事情。”

重新出发的宋鑫更看重“新西少”这个新品牌未来的发展，他解释了这个品牌的含义：“创业者培养自己的公司就像抚养小孩，感觉自己孩子（西少爷）被抢了，就要做新的来代替。”

【能力训练】

1. 通过移情了解客户需求

目标：帮助团队换位思考，分享对客户或者用户的理解；参加的人扮演的是客户或最终用户的角色，理解客户的痛点。

持续时长：5~20分钟。

参加人数：每组8~10人。

道具：每个小组一张大白纸，最少5种颜色的便笺纸每人最少5张，每人一支黑色小双头记号笔

步骤：

(1) 辨识一类人群，他们在设计小组研究的问题中起着非常重要的作用。选择一个特定的人来代表这一群人。

(2) 将大白纸分成两列，第一列顶端画上一个人头，第二列顶端画上一个心。

(3) 在“人头”代表的列，写出该角色的特征，比如姓名、年龄、性别、职务、家庭状况、工作责任等。如果这个客户代表一个部门或者企业，就列出这个部门的职责和业务范围等。

(4) 在“心”代表的列，写上内部人员对角色的感觉，比如目标、渴望、心态等。

(5) 利用角色及相关内容，来讨论你的想法。确保你用他的名字×××来称呼该角色。例如：“×××将会做什么？”“×××会对这个有什么感觉？”

结果分析：

通过移情、聚焦到探讨问题的代表角色，讨论其相关的特征和内容。这里所说的移情，并不是简单的换位思考，也不是站在客户角度看问题，而是指你本人现在就是一个客户，或者

说你现在扮演客户。然后所有的思想和行动都是以一个客户的身份出现，完全忘掉你自己，将情感、行动、言行、思维都变成客户，就像电影演员一样体验生活，完全融入客户的角色。

【课后练习】

1. 设计并完善拟创办企业的商业模式

设计并完善拟创办企业的商业模式，其中包括：价值主张、客户细分、客户关系、关键业务、核心资源、关键合作、分销渠道、成本结构和收入来源，填入下表中。

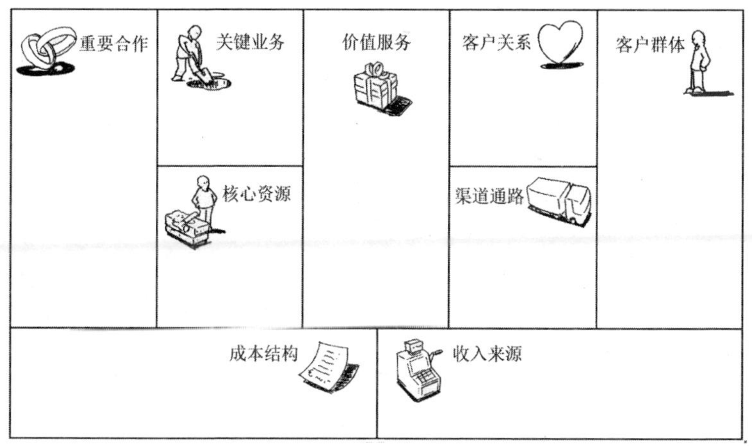

2. 应用同理心为特殊人群而设计

为特殊人群（如盲人）设计一款独特的钱包，寻找产品的利基市场，并从中领会设计思维创新的精髓。

步骤和要求：

（1）确定你所服务的特殊人群，以访谈的方式了解用户的需求，访谈时注重同理心的应用，访谈过程中随时记录用户的痛点和要求。

(2) 组内讨论，汇总新钱包需要解决的主要问题。

(3) 通过头脑风暴，产生6种以上的想法以解决上述问题，列出所有的想法。

(4) 通过草图绘制或模型搭建制作原型。

(5) 进行产品原型测试实验，听取用户的反馈，记录用户的意见。

(6) 制订新产品的市场推广方案，如为你的新产品编写一个引人入胜的故事并进行现场展示，重点描述新产品的特色和对于特殊人群的独特功能等。

第七课
“互联网+”时代与创业
LESSON 07

【创业故事】

一家在农村刷墙的公司如何估值10亿元

胡伟是河南驻马店人，1976年，他出生在一个小村庄的一个普通家庭。大学毕业后，主修计算机专业的他在联想打过工、开发过那个年代还非常高大上的办公自动化系统，倒腾过小礼品、广告、国际贸易生意。2009年，胡伟像往常一样坐在这个待了十多年的办公室，忽然心里冒出来一个想法：Facebook已经诞生5年了，人人网等社交媒体也火了这么多年，但互联网上却很少能搜索到具体的农村信息。“能不能以村为单位建一个乡村版的人人网，农民可以在网上交流讨论，还能在本地区或者和周围的人发生交易?”于是，最初农村论坛版的村村乐就这样诞生了。

但是，创业初始的尝试并不十分顺利。2010年前后，智能手机尚未大规模普及，农村互联网论坛更是凤毛麟角，村民对互联网陌生而抗拒，村村乐的数据很长一段时间增长缓慢。胡伟不得不改变策略，他对网站进行关键词优化，有计划地拉拢学生、外出务工人员等从农村出去的第一批成熟网民熟悉论坛，再通过他们口口相传，吸纳更多农村会员。为了将这群人紧紧凝聚起来，胡伟想到了网络村官的管理模式：每个村的活跃会员都可以申请成为当地的网络村官，同时承接该村拉横幅、贴海报、放电影等委派任务。但一开始，村村乐上并没有盈利的模式。村民在村村乐网站上“秀”自己的同时，开始产生交易需求，也有一些公司找到胡伟，问能不能在村村乐上对接一些在农村的推广，这时，胡伟想到，他有在农村当地生活的“村官”，于是他提出，可以让他们接单刷墙。但新的问题随之而来。“城里的人每个月都有人给他们发工资，我们在村村乐肯定是要赚钱的。”几次交流会上，胡伟都听到了来自网络村官的抱怨。胡伟不是没想过完全向商业化转型。“但那时我们还是个第三方的免费平台，卖东西会不会有人骂我们?”胡伟反复斟酌后，决定把村村乐的商业化转型道路定义为刷墙、为村民对接项目、推荐村官成为品牌农作物代理商、整合营销渠道、帮村民提供创业资金等。2015 年，村村乐一共刷了近千万平方米的农村墙体广告，其中排行前三的是电商、汽车和家电，共占80%。“以前是国家政策、农资等传统内容刷墙，现在手机、耐用消费品、金融产品、电商等新兴品类越来越丰富。现在，刷墙已经是村村乐的一个核心业务。

但是，最初村村乐的收入只有前端刷墙，而刷墙广告获得的收益却常常因为资金到账问题而延迟。与此同时，运营网站又是一件砸钱的事。村村乐真正的转折发生在 2014 年初，电商巨头阿里巴巴上市，马云高喊“未来的行业爆发点在农村”。几乎与此同时，阿里、京东、苏宁都亲赴农村开始了浩浩荡荡的刷墙大战。这场战争给在农村市场玩了多年“潜伏”的村村乐带来了机会。原因很简单，传统电商刷墙的方式是外包，几辆车到不同的村庄刷完就走，第二天广告被覆盖了也没有人知道。甚至，一些外包公司刷了一面墙，各个角度拍完照称刷了 10 面墙的也不在少数。此外，外包刷墙很容易遭到村民阻拦，定期维护的成本也是巨大的。于是，村村乐凭借积淀了很久的网络村官资源，直接向企业提供详细的乡村名单，再将客户选择的意向区域发布到网站，并通知该区域的网络村官。由于农村是熟人经济，十里八乡的人都认识，网络村官又是当地活跃的人，几十块钱甚至两包烟就能说服村民刷墙。同时，村村乐要求，网络村官每刷完一面墙要在 APP 上传包含时间、地点信息的照片，一个月之后还要再拍一张照片，确认广告没有被覆盖。广告主可以在线上看到详细的执行结果。凭借得天独厚的网络村官资源和切实有效的执行方案，村村乐很快和多家厂商达成合作。

接下来，胡伟开始转变运营策略：投资 2 亿元在 1 万个村庄做试点，整合 1 万个农村小卖部，运营规范后在全国 60 多万个农村进行放大。与不少农村电商项目通过乡村小卖部、商超等方式卖货不同，村村乐与小卖部的合作形式是多维的：为小卖部提供免费 WiFi、提供管理系统让村民与互联网连接；小卖部使用村村乐品牌，帮忙发张宣传页、门口放场电影、联合上游厂商做一些免费试用品；门口竖广告牌等等。同时，村村乐开始招募农村合伙人，跟网络村官一个意思，不过他们更有商业价值。农村合伙人一般是在农村做了多年生意，有投资能力的一群人，村村乐会给这些人对接有优越销售政策和价格竞争力的产品、项目，并结合当地的情况为其提供业务培训、金融、技术等方面的支持。

据统计，村村乐现在每年约有上千万的营收，业务能覆盖 64 万个村庄。去年，村村乐甚至被 VC 估值 10 亿元。

【导师问答】

问：在以用户为中心的互联网+时代，怎么获得竞争优势？

答：互联网最核心就是七个字：专注、极致、口碑、快。要想在激烈的市场竞争中获得优势，要做到以下几点：①互联网+是一个比拼速度的行业，作为一家创业公司一定要做到敢为天下先，获得先发优势；②在率先将自己的产品打入市场后，模仿者也会大量出现，这时，要有勇气将自己的产品打造成为本领域的NO.1；③作为互联网创业企业，为了始终保持产品在市场上的优势，还要通过更好地以用户为中心，为用户带来更好的体验，将企业打造成为本行业中的第一品牌。

学习要点

1. “互联网+”时代的特征与表现。
2. 互联网思维对创业产生的影响。
3. 运用互联网创业的几种方式。
4. 互联网+带来的创业机会。

【知识导航】

第一节　“互联网+”时代

一、什么是“互联网+”

“互联网+”是创新2.0下的互联网发展的新业态，是知识社会创新2.0推动下的互联网形态演进及其催生的经济社会发展新形态。通俗来说：“互联网+”就是“互联网+各个传统行业”，但这并不是简单的两者相加，而是利用信息通信技术以及互联网平台，让互联网与传统行业进行深度融合，创造新的发展生态。它代表一种新的社会形态，即充分发挥互联网在社会资源配置中的优化和集成作用，将互联网的创新成果深度融合于经济、社会各领域之中，提升全社会的创新力和生产力，形成更广泛的以互联网为基础设施和实现工具的经济发展新形态。

二、“互联网+”时代的特征

1. 跨界融合

“+”就是跨界，就是变革，就是开放，就是重塑融合。敢于跨界了，创新的基础就更坚实；融合协同了，群体智能才会实现，从研发到产业化的路径才会更垂直。融合本身也指代身份的融合，客户消费转化为投资，伙伴参与创新等等，不一而足。

2. 创新驱动

中国粗放的资源驱动型增长方式早就难以继续发展，必须转变到创新驱动发展这条正确的道路上来。这正是互联网的特质，用所谓的互联网思维来求变、自我革命，也更能发挥创新的力量。

3. 重塑结构

信息革命、全球化、互联网业已打破了原有的社会结构、经济结构、地缘结构、文化结构。权力、议事规则、话语权不断在发生变化。“互联网+”社会治理、虚拟社会治理会有很大的不同。

4. 尊重人性

人性的光辉是推动科技进步、经济增长、社会进步、文化繁荣的最根本的力量，互联网的力量之强大最根本地也来源于对人性的最大限度的尊重、对人体验的敬畏、对人的创造性发挥的重视。例如UGC，例如卷入式营销，例如分享经济。

5. 开放生态

关于“互联网+”，生态是非常重要的特征，而生态的本身就是开放的。我们推进互联网+，其中一个重要的方向就是要把过去制约创新的环节化解掉，把孤岛式创新连接起来，让研发成为由人性决定的市场驱动，让创业并努力者有机会实现价值。

6. 连接一切

连接是有层次的，可连接性是有差异的，连接的价值是相差很大的，但是连接一切是“互联网+”的目标。

三、“互联网+”行动

“互联网+”不是要颠覆，而是要思考跨界和融合，更多是思考互联网时代产业如何与互联网结合创造新的商业价值。互联网与经济社会各领域的融合发展进一步深化，基于互联网的新业态成为新的经济增长动力，互联网支撑大众创业、万众创新的作用进一步增强，互联网成为提供公共服务的重要手段，网络经济与实体经济协同互动的发展格局基本形成。

2015年7月国务院印发《关于积极推进“互联网+”行动的指导意见》(以下简称《指导意见》)，明确未来3年以及10年的发展目标，提出包括创业创新、协同制造、现代农业、智慧能源等在内的11项重点行动，并就做好保障支撑进行了部署。这一顶层设计将加快推进“互联网+”的发展，有利于形成经济发展新动能，催生经济新格局。

1. 企业向“制造+服务”转型升级

炎炎夏日，在北京丰台的一幢公寓楼内，黄先生享受着清凉舒适的室内环境，他新安装的这台云空调，能够根据北京丰台当地实时天气状况自动调节屋内温度和湿度。1000 多公里外的广东佛山，志高空调总部云服务控制中心大屏幕上，跳动着全球各地志高云空调用户的屋内温度、湿度、当地气候等指标数据，黄先生家空调的控制指令就从这里发出。《指导意见》鼓励制造企业利用物联网、云计算、大数据等技术，整合产品全生命周期数据，形成面向生产组织全过程的决策服务信息，为产品优化升级提供数据支撑。鼓励企业基于互联网开展在线增值服务，拓展产品价值空间，实现从制造向“制造+服务”的转型升级。

2. 通过互联网定制个性化产品

“大规模个性化定制”是《指导意见》的一项重要内容。《指导意见》提出，支持企业利用互联网采集并对接用户个性化需求，推进设计研发、生产制造和供应链管理等关键环节的柔性化改造，开展基于个性化产品的服务模式和商业模式创新。鼓励互联网企业整合市场信息，挖掘细分市场需求与发展趋势。长安汽车近日推出新奔奔车型为打造“私人定制”模式试水，消费者可通过互联网平台定制产品，每款车型都将有 1728 种定制方式，以满足用户个性化需求。

3. 传统企业在网上“买”服务

“鼓励制造业骨干企业通过互联网与产业链各环节紧密协同，促进生产、质量控制和运营管理系统全面互联，推行众包设计研发和网络化制造等新模式。”遵循《指导意见》中提出的这一理念，央企航天科工集团眼下正在布局名为“航天云网”的“互联网+智能制造”产业服务平台。几个月前，贵阳南明老干妈食品有限公司需要一套二维码防伪追溯系统，在省内找了一圈儿没有成功。此番通过在“航天云网”发布需求，立即收到很多反馈，目前已得到业内优势企业的积极响应并开展方案对接。

4. 提升公共服务水平

“互联网+”益民服务行动明确提出，充分发挥互联网的高效、便捷优势，提高资源利用效率，降低服务消费成本。这不仅将提升公共服务水平，也给企业带来新的发展机会。在珠海横琴新区，总投资约22亿元、目前国内规模最大的综合管廊正在紧张施工。综合管廊是通过将电力、通信、给水、燃气、垃圾真空管等多种管线集中铺设的城市基础设施，借助互联网技术，这项由央企中国中冶设计并承建的综合管廊项目设置有远程监控、智能监测、自动排水、智能通风、消防等智能化管理设施，确保管廊内安全运行，将是国内智能化控制最高的管廊。

第二节 “互联网+”的创业

创业圈有一句话广为流传：“站在风口，猪都能飞起来。”的确，如今在互联网之风的劲吹下，各行各业都在掀起革命，互联网金融、互联网农业、互联网医疗等遍地开花。青年创业者对互联网技术的敏感度毋庸置疑，但由于缺乏在传统行业深耕的经验，对于“+”号后面的部分的理解以及怎么“+”往往还存在很多问题。而另一方面，深耕传统行业的企业家们也并非都在坐以待毙，等着被互联网来革命，“互联网+”同时也正倒逼着传统行业进行“+互联网”的革命，这种激烈竞争更是为年轻人的互联网创业增加了难度。

一、互联网思维

1. 互联网思维重新定位整个社会

国家行政学院教授周文彰认为，互联网思维是互联网发明、发展和应用实践在人们思想当中的反应。这种反应经过沉淀转化为人们思考和解决问题的认识方式和思维结构。

2007 年，百度公司创始人、董事长兼 CEO 李彦宏率先提出：“以一个互联网人的角度去看传统产业，会发现太多的事情可以做。”他预言，“未来不会再有专门的互联网公司，所有的公司都要用互联网做生意”。2011 年他正式提出“互联网思维”概念，明确其含义为“基于互联网特征来思考问题”。

伴随着网络技术的兴盛，人们越来越发现这种适应“互联网时代特点”的新型思维模式在政治、经济、文化等领域发展中具有巨大的应用价值，从而使这一概念逐步从一种产业思潮演变为自下而上的共识。

互联网思维是指在互联网时代基于互联网的特征，对用户、产品、企业价值链乃至对整个商业生态进行重新审视的思考方式，并由此拓展到对整个社会生产、生活方式的重新思考。

2. “跳跃式的实事求是的思维”是互联网思维的基础

互联网思维如同日常思维、科学思维一样，必须是实事求是的思维，必须是从实际出发的思维。人的思维，一旦离开了思维的止道，就走上了思维的旁门左道。如果我们从自己大脑、主观愿望出发，那就是主观思维，如果根据本本思维，那就是教条主义的思维，如果从自己或者他人的经验出发，那就是经验主义的思维，这些思维都导致很多的失败。原因就在于这些思维都是主观与客观相分离，理论和实际相剥离的，这是世界上一切错误的根源。互联网思维要想获得正确的结果就一刻不能偏离从实际出发的要求。

“跳跃式的实事求是的思维”，就是从历史到现实，从主观到客观，从现在到未来，这中间转折点和连接点就是“跳跃式”，这中间最精华的就是“跳跃式”。“跳跃式”有两个特征：

必须以事实为前提，以可操作为基础。

我们现在看到的从台式计算机到智能可穿戴的电子设备，从2G、3G到4G，从手机短信到彩信再到微信，就是“跳跃式的实事求是的思维”发展的一个佐证。

3. “逆反式的创新思维”是互联网思维的动力

网络技术的变革速度往往超出人们的想象，掌握新的技术平台很可能就赢得了下一轮竞争中致胜的制高点。这需要逆反式的创新思维才能洞悉瞬息万变的商机和适应不断变化的市场。

以餐饮业为例，说明什么是逆反思维。所谓逆反思维，是指将原本按照逻辑思维设计的顺序进行颠倒，颠覆经营者、消费者对传统餐饮业的行为模式，从而诞生稀奇古怪的新的经营思路，让消费者迅速对门店产生强烈的探索欲望，继而产生火爆的口碑传播效应，使饭店快速具备独有的营业特色。

4. “追求效率的质量思维”是互联网思维的本质

“追求效率的质量思维”正在改变中国企业的经营组织模式。它让企业变得鼻子更灵、反应更快，更为主动迅速地捕捉市场动态，并快速做出反应。

海尔集团CEO张瑞敏说：“没有互联网思维，企业就活不了。”自2013年开始，这家传统的家电集团开始进入网络化战略阶段，积极向互联网转型，目标是打造平台型企业，同时推动员工转型，扶持创业者创办小微企业。海尔把这种内部创业的员工称为“创客”。张瑞敏认为，“人人创客”是实现引爆价值、引领发展的前提，“海尔将成为资本投资者，对小微企业进行服务。海尔还会与市场的投资者结合起来，希望未来为‘创客’们付薪的，不是企业，而直接是用户”。

互联网思维的实质是具有鲜明时代特征的思维，是实施国家战略需要的思维，是贯彻创新、协调、开放、绿色、共享发展新理念的思维，是充满创新精神的思维，是与时俱进的思维。可以说“互联网+”是一种标志，是否借助互联网在一定意义上成了传统管理与智慧管理、传统产业与新型产业、传统销售与现代销售、传统金融与当代金融的分水岭。

倡导养成互联网思维最重要、最核心的用意就在于倡导各项工作、各个领域都要学会利用互联网。谁利用了互联网，谁就是追赶时代大潮流；哪个领域利用了互联网，哪个领域就是紧跟时代步伐的领域。

学会运用互联网思维创业创新是每一位企业家必修的课程。只有运用互联网思维创业创新或运营企业，企业才会立于不败之地；反之，就会被淘汰出局。

二、“互联网+”传统行业

目前，“互联网+”已经改造及影响了多个行业，当前大众耳熟能详的电子商务、互联网金融、在线旅游、在线影视、在线房产等行业都是“互联网+”的杰作。“互联网+”不仅已经全面应用到了第三产业，形成了诸如互联网金融、互联网交通、互联网医疗、互联网教育等新业态，而且正在向第一和第二产业渗透。“互联网+”行动计划可以促进传统产业变革。未来“互联网+”行动计划应用将重点促进以云计算、物联网、大数据为代表的新一代信息技术与现代制造业、生产性服务业等的融合创新，发展壮大新兴业态，打造新的产业增长点，为大众创业、万众创新提供环境，为产业智能化提供支撑，增强新的经济发展动力，促进国民经济提质、增效、升级。

工业领域：“互联网+工业”即传统制造业采用移动互联网、云计算、大数据、物联网等信息通信技术，改造原有产品及研发生产方式，与“工业互联网”“工业4.0”的内涵一致。譬如，

“移动互联网+工业”“云计算+工业”“物联网+工业”“网络众包+工业”等新型结合形式。

具体来说，借助移动互联网技术，传统制造厂商可以在工业产品上增加网络软硬件模块，实现用户远程操控、数据自动采集分析等功能，极大地改善了工业产品的使用体验。基于云计算技术，一些互联网企业打造了统一的智能产品软件服务平台，为不同厂商生产的智能硬件设备提供统一的软件服务和技术支持，优化用户的使用体验，并实现各产品的互联互通，产生协同价值。根据中为咨询网观察，物联网技术有助于加快生产制造实时数据信息的感知、传送和分析，加快生产资源的优化配置。在互联网的帮助下，企业通过自建或借助现有的“众包”平台，可以发布研发创意需求，广泛收集客户和外部人员的想法与智慧，大大扩展了创意来源。

金融领域：“互联网+金融”从组织形式上看，至少有三种方式。第一种是互联网公司做金融。如果这种现象大范围发生，并且取代原有的金融企业，那就是互联网金融颠覆论。第二种是金融机构的互联网化。第三种是互联网公司和金融机构合作。从2013年以在线理财、支付、电商小贷、P2P、众筹等为代表的细分互联网嫁接金融的模式进入大众视野以来，互联网金融俨然成了一个新金融行业，并为普通大众提供了更多元化的投资理财选择。譬如，互联网供应链金融、P2P网络信贷、众筹、互联网银行等形式。

商贸领域：过去这几年，我们可以看到互联网与零售、电子商务等领域的结合，特别是移动互联网对原有的商贸行业起到了很大的升级换代的作用。

2014年，中国网民数量达6.49亿，网站400多万家，电子商务交易额超过13万亿元人民币。在全球网络企业前10强排名中，有4家企业在中国，互联网经济成为中国经济的最大增长点。根据中为智研数据，2014年B2B电子商务业务收入规模达192.2亿元人民币，增长28.34%；交易规模达9.4万亿元人民币，增长15.37%。截至2014年，中国跨境电子商务试点进出口额已突破30亿元。

通信领域：随着互联网的发展，来自数据流量业务的收入已经大大超过语音收入，可以看出，互联网的出现并没有彻底颠覆通信行业，反而是促进了运营商进行相关业务的变革升级。根据中为咨询网观察，“互联网+交通”已经在交通运输领域产生了“化学效应”，从国外的Uber、Lyft到国内的滴滴打车、快的打车，移动互联网催生了一批打车、拼车专车软件，虽然它们在全世界不同的地方引起了不同的争议，但它们通过把移动互联网和传统的交通出行相结合，改善了人们出行的方式，增加了车辆的使用率，推动了互联网共享经济的发展。

民生领域：现今你可以在各级政府的公众账号享受服务，如某地交警可以60秒内完成罚款收取等，移动电子政务将成为推进国家治理体系的工具。譬如，2014年12月广州率先实现微信城市入口接入，随后深圳、佛山、武汉陆续上线，随着这几个城市的接入，三个月来，已有700万人次享受了微信城市服务。

医疗领域：现实中存在看病难、看病贵等难题，“移动医疗+互联网”有望改善这一医疗生态。具体来讲，互联网将优化传统的诊疗模式，为患者提供一条龙的健康管理服务。在传统的医患模式中，患者普遍存在事前缺乏预防、事中体验差、事后无服务的现象。而通过互联网医疗，患者有望从移动医疗数据端监测自身健康数据，做好事前防范；在诊疗服务中，依靠移动医疗实现网上挂号、询诊、购买、支付，节约时间和经济成本，提升事中体验；并依靠互联网在事后与医生沟通。

百度、阿里、腾讯先后出手互联网医疗产业，形成了巨大的产业布局网，他们利用各自优势，通过不同途径实现着改变传统医疗行业模式的梦想。根据中为智研数据，2014 年中国移动医疗市场规模为 40.1 亿元人民币，预计 2017 年将达到 200.9 亿元人民币，复合增长率高达 78.5%。移动医疗未来两年将高速发展。

教育领域：一张网、一个移动终端，几百万学生，学校任你挑、老师由你选，这就是“互联网+教育”。在教育领域，面向中小学、大学、职业教育、IT 培训等多层次人群开放课程，可以足不出户在家上课。“互联网+教育”的结果，将会使未来的一切教与学活动都围绕互联网进行，老师在互联网上教，学生在互联网上学，信息在互联网上流动，知识在互联网上成型，线下的活动成为线上活动的补充与拓展。

“互联网+教育”影响的不只是创业者们，还能够使一些平台提供就业的机会。在线教育平台能提供的职业培训就能够让一批人实现职能的培训，而自身创业就能够解决就业。根据中为咨询网观察，“大众创业，万众创新”对于教育而言有深远的影响。教育不只是商业，譬如某产品上线一年多，就用近千门职业技术课程和 4000 多课时帮助 80 多万 IT 从业者用户提高了职业技能。

政务领域：2014 年 6 月末，国内政务微信公众号大约有 6000 个。而截至 2014 年 11 月 27 日，有数据统计的全国政务微信公号为 16 446 个。其中，中央部委及其直属机构政务微信公号为 213 个，省（自治区、直辖市）、地市、区县三级地方类政务微信公号 16 233 个。到 2015 年 2 月 6 日，国家网信办在石家庄举办的政务新媒体建设发展经验交流会上传出消息，政务微博账号达 24 万个，政务微信账号已逾 10 万个。政务微信公众号已是一支不容忽视的传播力量。

一些地方政府已经悄然开始了与互联网巨头的合作，试图通过互联网提升政府效率，增加行政透明度，助力向服务型政府转型。譬如，腾讯与河南省、重庆市和上海市政府合作打造“智慧城市”，其中一项重要内容就是将交通、医疗、社保等一系列政府服务接入微信，把原来需要东奔西走排大队办理的业务通过手机完成，节省时间，提高效率。根据中为咨询网观察，阿里巴巴和其新近成立的蚂蚁金服也已开始同地方政府接洽，计划将上述政务服务接入支付宝和新浪微博移动客户端。浙江省政府也计划在未来允许支付宝承接省内非税类收费业务。接入阿里巴巴支付宝移动客户端的政务服务体系已在上海、杭州、广州、厦门等东部沿海城市以及山西全省上线。

农业领域：农业看起来离互联网最远，但“互联网+农业”的潜力却是巨大的。农业是中国最传统的基础产业，亟须用数字技术提高农业生产效率，通过信息技术对地块的土壤、肥力、气候等进行大数据分析，然后据此提供种植、施肥相关的解决方案，以便大大提高农业生产效率。根据中为咨询网观察，农业信息的互联网化将有助于需求市场的对接，互联网时代的新农民不仅可以利用互联网获取先进的技术信息，也可以通过大数据掌握最新的农产品价格走势，从而决定农业生产重点。与此同时，农业电商将推动农业现代化进程，通过互联网交易平台减少农产品买卖中间环节，增加农民收益。面对万亿元以上的农资市场以及近 7 亿的农村用户人口，农业电商拥有巨大的市场空间。

延伸服务：“互联网+”的兴起会衍生一大批在政府与企业之间的第三方服务企业，即“互联网+”服务商。他们本身不会从事“互联网+”传统企业的生产、制造及运营工作，但是会帮助线上及线下双方的协作，从事的是双方的对接工作，盈利方式则是双方对接成功后的服务费用及各种增值服务费用。这些增值服务包罗万象，包括培训、招聘、资源寻找、方案设计、设备引进、车间改造等。初期的“互联网+”服务商是单体经营，后期则会发展成为复合体，不排除后期会发展成为纯互联网模式的平台型企业。第三方服务涉及的领域有大数据、云系统、电商平台、O2O 服务商、CRM 等软件服务商、智能设备商、机器人、3D 打印等。

三、“互联网+”时代的创业优势

随着互联网的普及、移动互联网的迅猛发展，以及资本市场热钱的不断涌入，互联网创业逐渐成为中国经济发展和促进就业的新增长点。那么，互联网创业的优势有哪些呢？

1. 初创资本要求相对于传统企业要少

与传统企业相比，互联网创业的门槛是比较低的，这个门槛具体来说，包括创业前期资本的需求少，创业场所没有具体大小和位置要求，创业参与人员也没有具体数量和水平的要求。例如：如果利用互联网开设一家网店，其所需要进行的前期资本投入也就是几千块钱，网店对于场地更是没有任何限制，甚至可以利用自家住房、一台电脑和店主一个人就可以开设一家网店。

2. 最大限度地降低商品库存及营销成本的投入

“互联网+”时代的商务企业更加能够紧跟时代潮流，积极采用创业的营销方式与模式，在有效降低产品库存及营销成本方面有着极大的优势。在营销方式上，定制、团购、预销都能够通过网络进行，然后根据网络上得来的数据进行“按需生产”，这种“以销定产”的模式自然可以大幅度地降低产品的库存。

这种有效降低产品库存及营销成本的模式有很多成功的案例，例如：小米手机作为国产手机成功崛起的代表，在降低产品库存及营销成本方面有很多可取之处。首先，小米手机采用按需定制的模式，小米公司通过网络上形成的订单，按照实际需求量采购零部件，再组装成用户要求的手机，这就使小米公司的产品可以达到零库存。其次，小米公司最先采用社会媒体化的营销方式，充分使用小米社区、粉丝团等新潮的宣传方式，进行产品营销，同时节约了大量的营销成本。最后，为了能够最大限度地降低小米手机的销售成本，小米公司摒弃了传统企业习惯采用的线下实体店的销售模式，充分利用互联网的优势，开设网店进行网络销售，从而达到降低成本的目的。

3. 第一时间获悉消费者需求

传统企业一般想要了解消费者的需求，通常采用调查问卷、寻访调查，这样的方式虽然可以更加亲近消费者，但同时也存在着人力、时间的耗费过大、效率较低的问题，并且，可能会忽略用户的第一需求。相对来说，互联网企业可以通过会员数据以及用户的搜索记录等信息，更加灵敏地分析出消费者的第一需求，从而掌握消费动向。例如：淘宝、天猫、亚玛逊等电商平台，就可以通过用户的搜索记录分析出用户的需求倾向，并根据此倾向向用户推荐其所需的产品。

4. 有助于企业集群化发展

在互联网带来的便捷下，企业在获取信息方面就变得极为快速，于是中间渠道受到挤压，开拓国内外市场的成本变得更低，市场空间也得到了极大的扩展。

电子商务平台可以进行信息共享，通过这一功能，市场供应链的整体运作效率得到提高，交易成本大幅度降低。因此，互联网创业的优势得以体现，在运作过程中整合了供应链，使各产业得到集聚，产业中的不同环节也增加了联系，有助于产业集群化发展。

例如：通过互联网平台，浙江余杭家纺产业链的资源得到整合，信息互通的便利使得各商家能够进行有效合作，家纺产业的OTO模式得以实现。

四、"互联网+"创业的商业模式

1. 互联网企业的主流商业模式

直接销售模式：企业越过各级经销商直接向消费者销售产品或服务，直销模式大大降低了产品的流通成本，能够满足消费者的利益最大化需求，安利、雅芳、特百惠等都是通过这种模式成长为全球知名的零售企业。

中间平台模式：中间平台模式所使用的交易平台不归属于买卖双方，而是属于第三方机构，平台依靠提取佣金、收取广告费、会员费用等实现盈利。

增值收费模式：通过向用户提供增值服务来实现收费，这种模式下互联网公司向用户提供的基础服务通常是免费的；通过免费的基础服务吸引用户，然后通过收费的增值服务实现盈利。

三方市场模式：互联网平台通过向用户提供免费的信息和服务来吸引用户，等到网站上的用户达到一定规模，该网站就可以通过为第三方机构投放广告来获取广告收入，实现网站盈利。

2. 构建移动互联网时代的商业模式

提供价值并根据提供的价值获取回报，这就是商业模式的核心，所有商业活动都应该围绕这一核心来开展。

（1）战略定位：迅速发展的移动互联网行业拥有大量的机

会。这种环境下，企业尤其需明确自己的战略定位，搞清楚自己的目标客户群体以及自己的产品和服务种类，根据企业的战略定位目标，合理分配资源。

（2）价值定位和需求创新：移动互联网企业想要成功吸引和留住用户，就需要满足用户的需求，为客户提供令其满足的产品和服务。其关键在于企业能够洞察用户的真实需求，这就需要企业对用户的各种数据进行深入的挖掘和分析。

（3）最好的产品：在产品极大丰富的今天，企业必须为用户提供比竞争对手更好的产品才能赢得客户，通过技术创新不断提高客户体验，更好地满足客户的真实需求。

（4）开放的平台：开放性的平台是移动互联网区别于其他行业的重要特征，移动互联网的重要内容就是打造开放性平台，其本质在于以本企业为中心，联合上下游企业搭建全产业链的商业生态。

（5）生态系统：随着行业的发展以及竞争的加剧，移动互联网的竞争已经从技术、产品、服务上升到整个产业生态的竞争，企业之间的竞争成败取决于平台用户和终端的规模、应用的种类，商业生态的价值也反映了整个平台的竞争力。

（6）社会化营销：移动互联企业通过微博、微信等社会化媒体开展社会化营销，以互动方式向客户推广自己的产品、服务和品牌，建立和维护客户关系，同时，通过社会化媒体的反馈信息，企业还可以加深对客户需求的了解，从而为客户提供符合其需求的产品和服务。

（7）盈利模式：移动互联网企业应该打造多元化的盈利模式，不断拓展收益来源，除常规的广告收入、交易分成外，还可以发展内容收费、咨询服务收费、会员费等。

【案例链接】

互联网餐饮鼻祖"黄太吉" 归向何处

传统的堂食点餐、电话预订、打包外带、电话外送，渐渐被互联网、移动互联网带来的流量极大丰富了：2010 年的团购，2012 年的外卖 O2O，以及穿插其中的网络预售、半成品净菜定制……在此期间，传统模式也在借助互联网丰富自己。黄太吉曾经被称为互联网餐饮鼻祖，从卖煎饼果子起家的黄太吉，4 年时间多次融资，估值高达 12 亿，可以说是那一批互联网餐饮玩家中的传奇。黄太吉之所以能在互联网餐饮领域受到"网红"的待遇，与它的几次高调转型不无关系。

2012 年，黄太吉在北京建外 SOHO 开出了第一家煎饼果子门店，当时赫畅利用其丰富的营销经验，迅速让黄太吉煎饼果子成为火爆单品。1.0 时代的黄太吉欲做中国的麦当劳，研发产品、扩张门店、运营社群，致力于成本结构改造，希望打造成为以煎饼果子为核心的中式时尚快餐连锁品牌。然而黄太吉煎饼经历了短暂爆红之后迅速降温，繁华商业区的高昂租金、门庭冷落的销售业绩，令不少黄太吉煎饼店难逃关门厄运。

随后，赫畅又学起了鞋业霸主百丽，通过打造多元化的品牌矩阵实现区域内密集开店，形成商圈生态。很快，"牛炖先生"炖菜、"大黄疯"小火锅、"从来"饺子馆、"来得及"外卖，众多黄太吉旗下的新品牌一个接一个地冒了出来。黄太吉还投资了"叫个鸭子""一碗冒菜的小幸福"等餐饮品牌。不过，受交易频次低、难以工业化生产等因素影响，这些多数只有一家门店的新品牌成本议价困难，再次迎来关店潮。黄太吉 2.0 时代再次试错。

一段沉寂之后，2015 年 10 月，黄太吉高调宣布获得 2.5 亿元融资，正式向外卖平台转型。而黄太吉外卖平台最大的特点就是为合作商户提供外卖产品的代加工服务。彼时，外卖平台在C端的烧钱大战已接近尾声，市场逐渐趋于理性也是让投资方对黄太吉外卖模式抱有信心的原因之一。但不到一年，入驻商户的“集体出走”似乎宣告了黄太吉外卖三度试错。

对如今的黄太吉而言，快速获得资金是当务之急，否则没有上家支撑的平台很难在市场中生存。在各种不利因素围绕之下，自然会有人发问：过于to vc模式的黄太吉是否会再次自我颠覆，创造出全新的商业模式？黄太吉的核心商业模式究竟会落在何处？是否还会成为投资人和餐饮创业者们关注的焦点？

案例分析：黄太吉从2012年诞生起就被看作是互联网餐饮先行品牌，但如果从商业模式内核来看，其包含的互联网基因却十分有限。经历两次转型，终于在商业模式上有了根本性转折，但面临的局面却异常尴尬。最开始，黄太吉利用与传统餐饮截然不同的事件营销、名人营销，吸引人们到店消费，商业模式比较简单，说白了就是卖煎饼。互联网在此时的作用，表现在导流。创始人通过亲自在微博发起活动、互动，在线上聚集粉丝，在线下门店消费粉丝，此时的互联网只是营销渠道，在前段供应链和终端点餐和支付上，黄太吉仍都是传统模式，中间制作环节也仍是靠人工手摊煎饼的方法制作食物。也就是说，依然是在传统餐饮商业模式下，以互联网改变营销方式，黄太吉比传统餐企思路广、动作大、配合巧，成就了最初的品牌影响力。但商业模式本质没有改变，还是得主要靠产品生存。由于煎饼果子一个品牌走不通，黄太吉的商业模式从单一品牌变为多品牌，并且门店与外卖同时推进，侧重发力外卖业务。商业模式本质仍旧传统，但多个个性店面的规模化效应、垄断目标客户就餐餐品选择的野心，着实可以让外界震惊。不过，黄太吉应该是急于在市场上有所表现，求胜心切，进而恰恰选择直面传统餐企最忌惮的“老虎”：高租金，高固定成本。半路出家的团队缺乏成熟的多品牌管理体系，运营资源被多品牌分散后，原先的营销优势也未能充分发挥，消费者对其他品牌的认知远不如煎饼果子。另一头，快速的直营跃进，资金回笼速度缓慢，根本跟不上开店的步伐。一旦入不敷出，多品牌模式就难以持续运转。很快，一些品牌开始关闭。随后，黄太吉转型做外卖平台，半路出家的黄太吉，本身在餐饮运营管理上就不具备优势，外卖平台业务涉及营销、线上渠道、生产、配送众多环节，必然增加其经营管理上的风险，尤其是大规模扩张后的经营管理体系更容易面对经营管理的风险。赫畅想打造的外卖航母先天就是不足的，其没有真正理解共享，没理解生态，也没理解餐饮供应链，更没理解真正的第三方意义和什么是孵化。针对黄太吉发展的典型案例，我们更应该发问，创业公司通过不断迭代试错、消耗内力换取高估值是否可以避免？餐饮企业如何真正利用互联网优化经营方式？

【能力训练】

创意突破的七种武器——SCAMPER

S=Substitute（替代）=是否有取代原有功能或材质的新功能或新材质？

C=Combine（合并）=哪些功能可以和原有功能整合？如何整合与使用？

A=Adapt（调整）=原有材质、功能或外观，是否有微调的空间？

M=Magnify/Modify（修改）=原有材质、功能或外观，是否有微调或更夸大的空间？

P=Put to other uses（其他用途）=除了现有功能之外，能否有其他用途？

E=Eliminate（消除）=哪些功能可删除？哪些材质可减少？

R=Rearrange（重排）=顺序能否重组？

【课后练习】

基于“互联网+”的创意餐厅设计

如果你想投资兴建一家饭店，但是苦于缺乏新创意。为了获得创意，你可以按照下面的程序来操作。

1. 列举跟目标有关的所有假象——跟餐饮业有关的传统做法。如：

饭店必须有菜单，可以是书面的，口头的，或者是暗示性的。

食客要为饭店的食物付钱。

饭店提供食物。

……

2. 想想与假象相反的是什么？

饭店没有任何形式的菜单。

饭店免费提供食物。

饭店不提供任何食物。

……

3. 思考如何实现这些相反的假象。

没有菜单的饭店。

创意：主厨告诉顾客饭店每天准备的蔬菜、肉、鱼的种类。客人根据自己的喜爱挑选食材，主厨再按照客人的不同选择做不同的菜品。

免费提供食物的饭店。

创意：咖啡馆按照时间来收费，而不是根据提供的食物来收费。采用计时方法，按照分钟来收费。食物和饮料免费提供，或者按照成本价出售。

不提供任何食物的饭店

创意：在户外开设一家装修格调比较精致的饭店，只向外出租座位。顾客自己带食物和饮料进来，饭店只收取服务费。

……

4. 利用“互联网+”还能产生哪些好的创意。

第八课 创业融资 LESSON 08

【创业故事】

马可的教训——别让天使投资人轻易控股

马可是个90后，创立了一家O2O家装公司，当时三个合伙人凑了49万，碰到了一个房地产大老板，说一方面可以提供客户资源，一方面可以提供资金支持。正在发愁资金不足的马可遇到这样的“天使”，真是喜从天降，想都没想，就收下了大老板的51万。顺理成章的是，大家按照各自出资比例，就高效地把股权给分了，即马可和他的另外两个小伙伴总共占股49%，房地产大老板占股51%。

刚开始的一两年还算风平浪静，马可他们按照自己的想法把公司做得风生水起，有声有色，大老板也确实很帮忙，也很信任他们，基本不干涉创业团队的具体事务，这让马可他们觉得真是遇上了贵人。可是，到了第三年，马可他们发现，当初的股权分配极其不合理。更为要命的是，公司想引进外部财务投资人，但多个投资人做完尽职调查后，表示不敢投他们这类股权架构，因为担心那个大老板随时翻盘。

【导师问答】

问：给创业投资者多少股份合适？

答：创始人一定要明白创业投资的两个基本逻辑。第一个逻辑是：投资人投大钱，占小股，用真金白银买股权；第二个逻辑是：创业合伙人投小钱，占大股，通过长期全职服务公司赚取股权。说白了，就是投资人只出钱，不出力，所以他们要多出钱，出高价钱买股权。创始人既出钱（少量钱），又出力，关键是出力，所以用自己的心血与汗水换来便宜的股权。因此，天使投资人购买股票的价格应当比合伙人高，不出力的投资人不应当按照合伙人标准的低价获取股权。

学习要点

1. 创业融资的定义及创业各阶段融资方式。
2. 各种融资手段，股权融资与债权融资的利弊分析。
3. 创业企业在融资时的股份分配。
4. 制订企业资金规划，了解模拟融资谈判。

【知识导航】

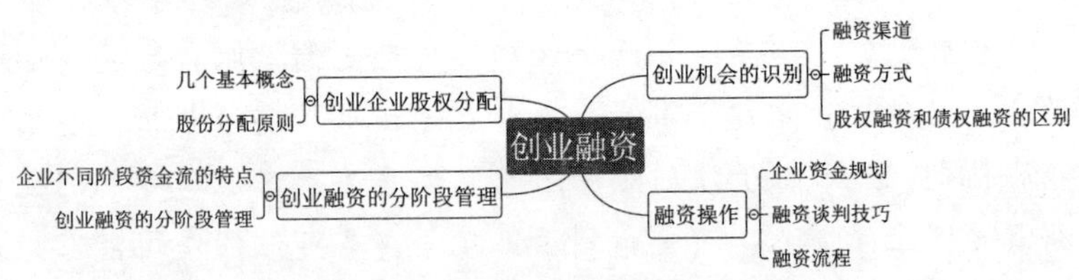

第一节　融资渠道和方式

从广义上讲，融资也叫金融，就是货币资金的融通，当事人通过各种方式到金融市场上筹措或贷放资金的行为。融资渠道是指取得资金的来源。融资方式是指取得资金的具体方法和形式，即如何取得资金，它体现着公司拟筹资本的性质。对于各种渠道的资金，公司可以采取不同的方式予以筹集。正确认识筹资方式的种类以及每种筹资方式的资本属性，有利于选择适宜的筹资方式，实现最佳的融资组合。

一、融资渠道

目前国内创业者的融资渠道较为单一，主要依靠银行等金融机构。而实际上，风险投资、民间资本、创业融资、融资租赁等都是不错的创业融资渠道。

1. 风险投资

广义的风险投资泛指一切具有高风险、高潜在收益的投资；狭义的风险投资是指以高新技术为基础，生产与经营技术属于密集型产品的投资。根据美国全美风险投资协会的定义，风险投资是由职业金融家投入到新兴的、迅速发展的、具有巨大竞争潜力的企业中的一种权益资本。

2. 天使投资

天使投资是自由投资者或非正式风险投资机构，对处于构思状态的原创项目或小型初创企业进行的一次性的前期投资。天使投资虽是风险投资的一种，但两者有着较大差别：天使投资是一种非组织化的创业投资形式，其资金来源大多是民间资本，不是专业的风险投资商；天使投资的门槛较低，有时即便是一个创业构思，只要有发展潜力，就能获得资金，而风险投资一般对这些尚未诞生或嗷嗷待哺的“婴儿”兴趣不大。对刚刚起步的创业者来说，既吃不了银行贷款的“大米饭”，又沾不了风险投资“维生素”的光，在这种情况下，只能靠天使投资的“婴儿奶粉”来吸收营养并茁壮成长。

3. 创新基金

近年来，我国的科技型中小企业的发展势头迅猛，已经成为国家经济发展新的重要增长点。政府也越来越关注科技型中小企业的发展。同样，这些处于创业初期的企业在融资方面所面临的迫切需求和融资困难的矛盾，也成为政府致力解决的重要问题。

有鉴于此，结合我国科技型中小企业发展的特点和资本市场的现状，科技部、财政部联合建立并启动了以政府支持为主的科技型中小企业技术创新基金，以帮助中小企业解决融资困难。创新基金已经越来越多地成为科技型中小企业融资可口的“营养餐”。

4. 中小企业担保贷款

一方面中小企业融资难，大量企业嗷嗷待哺；一方面银行资金缺乏出路，四处出击，却不愿意贷给中小企业。究其原因主要在于，银行认为为中小企业发放贷款，风险难以防范。然而，随着国家政策和有关部门的大力扶植以及担保贷款数量的激增，中小企业担保贷款必将成为其另一条有效的融资之路，为创业者“安神补脑”。

5. 政府基金

近年来，政府充分意识到中小企业在国民经济中的重要地位，尤其是各省市地方政府，为了增强自己的竞争力，不断采取各种方式扶持科技含量高的产业或者优势产业。为此，各级政府相继设立了一些政府基金予以支持。这对于拥有一技之长又有志于创业的诸多科技人员，特别是归国留学人员是一个很好的吃“免费皇粮”的机会。

6. 典当融资

风险投资虽是天上掉馅饼的美事，但也只是一小部分精英型创业者的“特权”；而银行的大门虽然敞开着，但有一定的门槛。“急事告贷，典当最快”，典当的主要作用就是救急。与作为主流融资渠道的银行贷款相比，典当融资虽只起着拾遗补阙、调余济需的作用，但由于能在短时间内为融资者争取到更多的资金，因而被形象地比喻为“速泡面”，正获得越来越多创业者的青睐。

二、融资方式

1. 吸收直接投资

吸收直接投资是创业企业以协议等形式吸收国家、其他法人单位、个人和外商等向企业直接投入资金，形成企业资本金的一种筹资方式。吸收直接投资不以股票为媒介，是非股份制企业等筹集自有资本的基本方式。

2. 发行股票

股票是股份有限公司为筹集自有资本而发行的有价证券，是持股人拥有公司股份的入股凭证，它代表持股人在公司中拥有的所有权。通过发行股票来筹集资本，是股份制企业筹措自有资本的基本方式。

3. 银行借款

银行借款是指企业根据借款合同向国内外银行以及非银行金融机构借入的、按规定定期还本付息的款项，是企业筹集长、短期债务资金的主要方式。

4. 发行债券

债券是债务人为筹借长短期借入资金而发行的、约定在一定期限内向债权人还本付息的有价证券。发行公司债券是企业筹集债务资金的又一重要方式。

5. 商业信用

商业信用是指商品交易中由于延期付款或延期交货而形成的企业间的借贷关系，它表现为企业之间的直接信用关系，是一种自然的筹资方式。目前，我国商业信用形式多样、使用广泛，已逐渐成为企业筹集短期债务资金的重要方式。

6. 租赁

租赁是出资人以收取租金为条件，在契约或合同规定的期限内，将资产租借给承租人使用的一种信用业务。企业资产的租赁按其性质有经营性租赁和融资性租赁两种。租赁已成为解决现代企业资金来源的又一种重要筹资方式。

三、股权融资与债权融资的区别

股权融资与债权融资都是企业的融资方式。所谓股权融资是指企业的股东愿意让出部分企业所有权，通过企业增资的方式引进新的股东的融资方式。所谓债权融资是指企业通过借钱的方式进行融资，债权融资所获得的资金，企业首先要承担资金的利息，另外在借款到期后要向债权人偿还资金的本金。股权融资与债权融资的区别在于风险不同、成本不同、对控制权的影响不同、对企业的作用不同等。

1. 风险不同

对企业而言，股权融资的风险通常小于债权融资的风险，股票投资者对股息的收益通常是由企业的盈利水平和发展的需要而定，与发行公司债券相比，公司没有固定的付息压力，且普通股也没有固定的到期日期，因而也不存在还本付息的融资风险，而企业发行债券，则必须承担按期付息和到期还本的义务，此种义务是公司必须承担的，与公司的经营状况和盈利水平无关。当公司经营不善时，有可能面临巨大的付息和还债压力，导致资金链断裂而破产，因此，企业发行债券面临的财务风险高。

2. 成本不同

对于筹资公司来讲，股利从税后利润中支付，不具备抵税作用，而且股票的发行费用一般也高于其他证券，而债务性资金的利息费用在税前列支，具有抵税的作用。因此，股权融资的成本一般要高于债务融资成本。

3. 对控制权的影响不同

债权融资虽然会增加企业的财务风险能力，但它不会削减股东对企业的控制权力，如果选择增募股本的方式进行融资，现有的股东对企业的控制权就会被稀释。

4. 对企业的作用不同

发行普通股是公司的永久性资本，是公司正常经营和抵御风险的基础。债权资本增多有利于增加公司的信用价值，增强公司的信誉，可以为企业发行更多的债务融资提供强有力的支持，企业发行债券可以获得资金的杠杆收益，无论企业盈利多少，企业只负有支付给债权人事先约好的利息和到期还本的义务。

5. 股权融资偏好对公司自身带来的不利影响

股权融资偏好使上市公司的经营业绩普遍下滑。经营业绩的下滑是股权融资偏好的必然结果。公司通过股权进行筹资，募集到大量廉价的资本，而公司实际的收益率却增长缓慢，因此公司的净资产收益率和股权收益率逐年下降。公司通过股权融资获得资本并没有给公司带来理想的高收益率，反而导致了公司整体业绩的下降。股权融资政策同时也不能起到对经营者的约束及发挥代理激励作用，公司通过债权融资，债务人一般都会对经营者的行为进行约束，经营者同时也面对着经营压力，如果经营者经营不善则会面临着还本付息的破产压力。

第二节 创业融资的分阶段管理

一、企业不同阶段资金流的特征

1. 初创阶段

这个阶段企业资产规模较小，财务监管缺失，信息较为封闭，融资需求以内源资金为主。新产品的研发和市场的拓展是否成功处于未知状态，经营风险最高，需要投入大量的人力、物力和财力，资金消耗远大于经营活动产生的现金流量。

2. 成长阶段

企业从初创发展到成长阶段，业务记录逐步规范，信息透明度的提高使得融资渠道扩宽。销售开始高速增长，企业生产规模的扩大加大了对资金的需要量。存货周转和信用销售延迟付款等原因使得营运资金成为企业发展的瓶颈因素，若缺乏增量资金的补充投入，就会出现资金链危机。

3. 成熟期

进入稳定增长的成熟阶段后，业务记录和财务制度趋于完备，信用增强使得股权融资比重上升。企业市场份额相对稳定，产品销售带给公司较好的净现金流入。部分优秀的中小企业成长为大企业，但也有一些中小企业的营业收入和净利润的增长减缓，甚至出现负增长局面。

4. 衰退期

进入衰退期，企业除了尽量延展生产经营持续期间外，还要担负偿还到期负债的财务压力。大部分中小企业采取保守经营，结束对企业发展不利的、没落的业务项目来减少现金流出。通过盘活现有存量资产来增加现金流入，节约成本支出，积极寻求新的生存发展机会。

二、创业融资的分阶段管理

1. 种子期的融资需求与管理

在种子期，创业企业尚处于孕育阶段，需要投入资金进行开发研究，以验证商业创业的可行性。此时，对资金的需求主要体现在企业的开办费用、可行性调研费用、部分技术研发费用等。总体而言，资金需求较少，同时，企业没有任何收入记录，资金来源有限，面临技术、市场、财务以及创业团队不稳定等风险。因此，以营利为目的的外部融资一般不会介入，只能依靠自我融资或亲戚朋友的支持。

2. 创业初期的融资需求与管理

创业初期的资金量需求逐渐增大，主要用于购置生产设备、产品开发及产品营销费用等。由于市场处于拓展阶段，市场占有率低，企业资产规模小，无盈利记录，缺少抵押、担保能力，企业仍面临较大风险。传统的投资机构和金融机构很难提供足够的资金支持。此时，创业者应根据企业的实际修正商业计划书，充实相应的企业战略规划，调整组织机构，完善企业营销策略，规划未来销售收入和现金流量。

3. 成长期的融资需求与管理

在成长初期，创业企业收入仍然少于开支，企业现金流为负，现金需求量增大。此时，企业的市场风险和管理风险尚未解除，未能形成足够的抵押资产以及建立较好的市场信誉。在成长期中期，企业销售迅速扩大，收入大幅增加，收支趋向平衡，并出现正的现金流，但资金需求量急剧增加，需要大量资本投入生产营运。在成长阶段后期，实现规模效益的欲求使企业迫切需要吸纳外部资金。对资金的需求主要表现在企业的规模营运资金，如扩大固定资产投资、扩大流动资金、增大营销的投放等。此时，企业表现出高度的成长性，形成较好的市场声誉，且具有了一定的资产规模，现金流处于较好状态，但为了提高市场占有率，扩大企业规模，仍然需要大量资金。

4. 成熟期的融资需求与管理

在成熟期，企业在产品生产、营销服务和内部管理方面已经成熟，创业企业的管理与运作处于较优状态，企业进入稳定发展轨道，风险显著下降，资金需求量稳定且融资较前面任一阶段都更加容易。此阶段，尽管现金流能够满足现有业务的发展需要，但新的机会不断出现，企业仍需要外部资金来实现高速增长，资本扩张成为这一时期企业发展的内在需要，因而规模扩大成为此阶段融资需求及其管理的重要特征。

总之，创业企业在不同的发展阶段，表现出不同的融资需求特征，要求有不同的融资管理方式。一般来说，随着新创企业生命周期的扩展，从种子期到成熟期，创业企业的资金需求量越来越大，而风险则相对越来越小，资金供给和需求的矛盾伴随着整个创业过程。

第三节　创业企业的股权分配

一、基本概念

1. 股东

从一般意义上说，股东是指向公司出资并对公司享有权利和承担义务的人。但由于公司的类型不同以及取得股权的方式不同，对股东的含义可作不同的表述。按我国《公司法》的规定，在我国境内设立的公司可分为有限责任公司和股份有限公司。有限责任公司的股东是指在公司成立时向公司投入资金或在公司存续期间依法继受取得股权而享有权利和承担义务的人（一般创业者注册的都是有限责任公司）；股份有限公司的股东就是在公司成立时或在公司成立后合法取得公司股份并对公司享有权利和承担义务的人。自然人投资以后，通过公司所在地的工商局注册，进行公司股权登记，这样才能成为真正意义上的股东。这种出资并在工商局进行了股权登记的股东，对公司经营的盈利和亏损都会按所占有股份的多少承担相应的义务。

2. 干股

干股是指未出资而获得的股份，但其实干股并不是指真正的股份，而是指按照相应比例分取红利。

干股的概念往往存在于民间，特别是私营企业，很多私企的老板们为了笼络一些有能力的人（通常是公司业务骨干），希望给予这些人一定的红利，但是又不想给这些人实际控制权或者只是给予部分控制权，所以就假设这些人占有一定比例的股份，并且按照这种比例进行年终分红，以达到进可攻退可守的目的，于是就有了干股。

老板们给予干股的时候，有的会签署一些协议，有的没有，但是基本上无论哪种，持有干股的人都不具有对公司的实际控制权。所以这种干股协议叫作分红协议更加贴切。干股一般不会承担公司亏损的义务，只是享受作为奖励的一种分红。

3. 股份期权

股份期权是企业的所有者给予高级管理人员以约定的价格，购买未来一定时期内公司股份（或股票）的权利。实施股份期权的最终目的是激励经营管理者与员工共同努力，以实现企业的长期发展目标，使职业经理人能够稳定地在企业中长期工作，眼光更着眼于企业和自己的长期效益。“期权”不是免费的，它是以约定的价格，购买未来一定时期内公司的股份（股票）。

期权额度没有固定的规定，是公司内部的管理行为。期权一般不超过公司总股份的 10%，但也不是绝对的。另外一条规定是，如果高级管理人员本身是股东，而且持有的股份已经超过 10%了，就不应当再享受期权了。因为期权主要是给予一些没有股权的高级管理人员的。对于上市公司，期权股票应该是能够自由流通的社会公众股，其来源是公司回购的库藏股票。对于非上市公司，采用的是“虚拟”期权形式。期权获授者的业绩考核是实现期权的一个重要条件。

二、股份分配原则

1. 个性化原则

股权分配是企业激励员工和明确责任必须要做的工作，但是具体怎么操作要根据实际情况制订详细的方案。没有哪一本书能告诉你，你的企业股份要依照什么样的标准来划分，因为这是一个很个性的问题。要解决这个问题，除了要掌握一定的共性知识外，股份比例的划分关键在于企业目前的实际情况。

2. 价值对等原则

在划分股份以前，首先要衡量目前该公司的总体价值是多少，即目前的实物资产与无形资产的总和，前者比较好估算，而后者须通过专门的评估或双方以要约的形式来确定。对于新成立的公司来说，除有形资产外就是无形资产，这时的评价是最为麻烦的。但可以通过双方要约与协商来确定一个大家都能接受的数字。具体分配到人头的股份量一定要与该股东对公司拥有的价值量对等，即股东可以以投入的资金、拥有知识产权、拥有的行业经验、拥有的社会资源、目前在公司的角色分配与承担的责任义务等方面来衡量他目前对于公司的价值是多少，这个值就是他应该得到的公司股份。

3. 逐步到位原则

制订方案要尽量考虑周全长远，先做实验然后再根据实践的发展慢慢调整，不要一步到位，给自己多留一些余地。在股份分配的方式上，可以不必一次就将股份划分到位，可以先以利润分成（干股）、期权等形式处理股权问题。企业在分配股份时，需要根据实际情况灵活掌握，不一定一步到位就是股份分配，可以由提成方式的绩效工资过渡到干股分红再到拥有真正的股份，成为真正股东。

4. 未来潜力和股份匹配原则

给股份的目的就是要想让强人一起来共建、共享这个企业，所以股份的分配不但要结合自己企业的具体情况，还要考虑股份受益者的能力。

合伙人是公司的缔造者，也是当然的最大贡献者，也是主要参与分配股权的人。合伙关系相当于婚姻关系的“长期”“强关系”的“深度”绑定，不说厮守一生，但最起码要在创业期的三五年能够相濡以沫。合伙之后，公司的大小事情，都得商量着来，重大事件需要按程序征得合伙人同意。公司赚的每一分钱，都要按照事先约定好的股权比例进行分配。当公司刚开始创业时，创业者有拿工资的，也有拿少量工资的，当然也有不拿工资的，如果是因为少拿到的工资问题，可以选择打欠条方式，等公司盈利后再补款。还有公司设备的支出，有些创业者自愿提供，这项贡献价值也可以选择打欠条后期补款方式。个人未来的潜力要和应有的股份匹配，不匹配就要出问题。拿大股的不干事，干事的股份又少，矛盾就会发生。如果另外一个人更重要，就算他没钱，先欠着后面补都行，股份要跟他未来做的贡献和能力以及在公司的重要性尽量匹配。

5. 不轻易许诺原则

对既有创业能力，又有创业心态的人要果断发放股权，不要再犹豫，否则这样的人可能会被别人挖去。所谓能力就是与你的创业公司相匹配的能力、资源，最起码应该是创业公司最需要的、最关键的能力；所谓心态就是横下一条心跟着你，最起码要经得起折腾。

每个公司在起步阶段都会遇到“早期的贵人”，就是创业初期短期资源承诺者、贡献者，他们有钱，有客户，有供货资源，或者有场地、厂房。为获得资源，很多的创始人很容易脑子一热，给“早期的贵人”许诺过多的股权，把他们变成公司合伙人。不是说这些人不适合当合伙人，问题是创始人需要明白，创业是需要整个团队长期投入时间和精力去实现的，不是一朝一夕，也不是一件事就能搞定的。因此对于只是承诺投入短期资源，但不全职参与创业的人，最好的办法是谈项目提成，谈利益交换，一事一议，一把一清，一事一结，而不是通过股权长期深度绑定。如果经过长期共事，发现这个人确实想创业，也符合创业团队的需要，那时候再邀请入伙给股份也不迟。

第四节　融资操作

一、企业资金规划

在创业计划实施之前，一定要结合自身的情况，对所需的创业资金，也就是创业成本有清晰的把握和估算，包括创业的启动资金和解决企业经营过程中可能发生的意外情况所需的资金，并做好充分的准备以降低企业资金危机发生的可能性，增加创业成功的概率。

创办企业需要一笔启动资金，还需要一定的后续资金。启动资金是开始创办企业时必须拿出来的资金，没有这笔钱就无法真正有效地启动创业。后续资金是启动资金后，在经营产生足够的现金流以维持企业的生存和运营之前必须追加的资金，没有后续资金，创业就会半途而废。后续资金一般包括以下款项：

1. 追加的经营周转金

开业后如果经营收入不够维持开销的话所必须追加的资金。

2. 后期进货款

一些产品经销或商品零售企业开业一段时间后往往需要追加进货款，因为启动开业时可以先少量进货或试销铺货，待少量试销稳定和经营较成熟后，再追加进货。

3. 分阶段的投资款

许多生产型项目或较大规模项目的运营需要比较大量的资本金投入，这些通常可以分阶段地投入。如很多技术创业项目启动时，只需投入产品研发和试产所需资金，批量生产时则需要追加投资。很多中高端的服务项目也不会在启动阶段就投入所有资金，而会在启动创业后，随着项目建设的进展逐步投入资金。

二、融资谈判技巧

1. 要有好的心态

关于如何与投资人沟通，首先要明确的不是思路也不是手法，而是心态。与投资人的沟通，其实跟交朋友、谈恋爱、和同事共事这些日常沟通没有什么大的区别，考验的都是做人而不是做事。

2. 要有正确的定位

创业者对投资人与自己关系的定位很重要。创业者如果想成功，首先要明确一点——成功离不开投资人的帮助，而大部分投资人是乐于共赢的。因此，面对投资人时，创业者不要过分考虑投资人的特殊身份，而要把面前这个人当成是你新交的一个朋友，虽然对方不一定会是一个合格的朋友，但如果你自己都不抱这种希望的话，那后面的事就无从谈起。

3. 诚实面对投资人

诚实是一切合作与信任的基础。很多人都说过，投资其实就是投人。如果一个创业者连诚实都做不到，他说的每句话都需要投资人再三甄别，那是绝对不能投的。

如果投资人一旦发现创业者为了获取更大利益、不被惩罚或不愿承认失败而撒谎，则铁定立即抽身。这种局面，投资人损失的仅仅是钱而已，创业者损失的则是成功的机会和全部的个人信誉。

投资的谈判，涉及大量复杂晦涩的条款，后期又有各种突发情况需要处理。很多时候，彼此信任的双方在条款的设置上和对事项的看法上更容易达成一致。而不诚实的创业者，所承受的代价就是——你提出的每一个要求，投资人都会认为可能有猫腻而否决。

4. 坦率地与投资人谈条件

坦率的含义与诚实差不多，只是诚实是指在有问题的时候，比如对赌未做到时、企业有瑕疵可能导致估值下降时，创业者的态度；而坦率更多的是一种自我表达，即想说什么就说什么。

有创业者，看到投资人就发怵，投资人说什么就满盘答应，生怕一旦反驳就得罪了投资人，失去机会。这种观念其实是错误的，对理性的投资人来说，充分的沟通碰撞最后达成一致很重要，最怕的就是创始人什么都应承，毫无分歧——毫无分歧是绝对不可能的，不是有猫腻，就是有话未说。

投资人提出的条件——毫不掩饰地说，一定是对自己绝对有利而对创业者很苛刻的，因为没有人会主动放弃自己的利益。但这不代表投资人完全无法接受任何条款的改动——大多数时候，投资人的条件提出来就是给创业者讨价还价的。所以，要想与投资人真正地合作，坦率地表达自己的不同看法是非常重要的。如果认为无法达到对赌条件，明确说出来，我做不到，请降低要求。如果不想按投资人建议进入新领域，明确说出来，并说明理由。如果觉得估值太低，明确说出来。如果觉得分期投不好，明确说出来。

总之一句话，最终的条款，一定是双方都认可的结果，虽然互相有妥协，但都能够接受。最忌讳的，就是投资的时候，投资人开的条件创业者完全接受，等投资后到处诉苦，说被投资人的苛刻条件坑害云云——投资人没有拿枪顶着创业者的头签字，自己接受的条件就不要诉苦。

5. 开门见山

中国人讲究含蓄，喜欢暗示。不过谈投资，大家时间都很宝贵，而且在商言商，千万别玩老一套，该说什么说什么。不要指望叹口气投资人就心软，也不要指望对投资人的小孩嘘寒问暖或者说你是投资人的校友这类的套近乎话。干投资的，眼睛里面只有钱。

三、融资流程

创业融资就是一个以创业为导向而进行的资金筹集的过程。简单来说，创业融资的程序包括事先评估、融资决策和方案策划、融资资料准备和谈判、过程管理、事后评估五个环节。

1. 融资的前期准备

一个公司从考虑融资起，首先应考虑自己公司是什么情况，应该选取哪一类的投资者。做出这个初步判断后，第二步就应考虑，如何把自己的企业呈现给投资者。要考虑企业真正的价值在什么地方，也就是说有没有一些独创的地方，使得投资者觉得这个企业有比较好的前景。第三步就是拟定商业企划书，不需要太长，但是需要包含一些比较重要的因素。比如了解投资者的产业偏好，合理评估并挖掘企业价值，编制商业计划书，市场分析，商业模式介绍，人才团队构建，现金流预测、财务计划。

特别提出一个误区，即企业往往会单纯地凭一个所谓的概念或者说一种想法去找投资，这往往会产生一些问题。投资方希望创业者对企业能有一个现实的判断，比如商业模式，企业未来是通过什么商业模式去盈利，还有企业团队的构建以及未来的财务方面的预期。有了这些相应的介绍，才能够加大投资者了解认可这个项目的机会。

特别强调，招商引资可以借力于中介机构。中介机构，不管是投资顾问还是财务顾问，他们的业务就是在不断地产生投资项目。他们找到好的项目，把它做下来，才能收到佣金。中介机构跟国外的很多投资基金或者说其他的潜在投资者一向都保持着比较好的联系，所以在有好的项目的时候，中介机构能够比较顺畅地把这个项目相应的情况介绍给潜在的投资者，起到一种资源整合的作用。

2. 配合投资者进行尽职调查

作为一个投资者，或者作为一个买方，很大程度上要派自己的团队去对投资的公司进行相应的了解。这个了解一般会涉及财务和法律。财务方面，他们会派会计师事务所去查看公司过去的财务报表，或者说其他的一些财务文件。从法律的角度，比如了解公司成立的状况，有没有潜在的诉讼，或者说公司的资产有没有抵押物权之类的情况。

尽职调查会根据公司成立的历史，也就是说有没有一些子公司、分公司，业务的情况是怎么样，有没有大量的文件和合同需要审阅。但是一般来讲，作为投资者也好，或者是公司的收购方也好，他们都必须根据这个行业的具体情况提供一份比较完整的清单。

3. 谈判/投资意向书

投资意向书的签订，根据项目的不同，有的时候，投资者和公司的股东可能是在尽职调查之前就签订了意向书，比如公司价值、双方权利义务、原始股东与新股东的关系、退出机制、投资意向书的法律效力（保密、排他性条款、争端解决条款）等。这个意向书里往往会确定一个公式，或者确定一个原则，如何对公司进行估值，或有一些具体价款的支付问题。遇到具体的情况，再根据尽职调查的结果去调整。但是也有先做完尽职调查然后再签订意向书的。

签订意向书，从商业角度上来讲，很大程度上涉及考虑公司价值多少，用一个什么样的标准衡量它，从权利义务，原始股东与新股东的关系，以及退出机制等。因为作为私募投资者来讲，他很大的一个考虑就在于以这种私募的形式投资到公司里头，在公司没有上市的情况下，这些投资将来是否能够退出，所以他会充分地考虑需要一种什么样的权利，来保护他的利益，使得他将来需要退出的时候有这种退出的机制。当然这实际上涉及投资者和原来的股东之间如何达成一种共识去提出相应的一个机制。

意向书一般并没有一个严格意义上的法律效力，但是它有一些具体条款具有法律效力，比如说保密，排他性条款等。排他性条款是指一旦签订意向书之后，在一定的时间段之内，公司不得同其他的潜在投资者接触和洽谈投资意向。所以一般针对投资意向书来讲，也不能够单纯以为说它没有法律效力就不注意它，因为很大程度上来讲，它里面一些条款会成为进一步谈判交易的基石，限制公司的一些其他投资行为。

【案例链接】

著名投资人谈投资

1. 红杉资本中国基金合伙人沈南鹏的投资观

沈南鹏加入红杉资本，秉承了红杉第一代创始人瓦伦坦的“投资于赛道，而非赛手”、第二代掌门人莫瑞茨“要投出别人投不出的项目”，即旁人看不透、不敢投的商业机会的投资策略。在中国的投资界里，沈南鹏执着于赛道的布局，要打造一个投资的生态圈。

2005 年，红杉资本在中国创立，从沈南鹏的第一个投资项目——周鸿祎的奇虎 360 开始，沈南鹏的行业布局在娱乐、体育、企业服务、医疗等领域都开始延伸。首先体现在投资赛道上，沈南鹏在互联网领域中选定电商、旅游出行、O2O 和垂直社区、互联网金融等四条赛道，分别在这几条赛道上投资项目。此外，沈南鹏还深耕赛道、在同一领域“多点占位”。比如在互联网圈里，沈南鹏就投资了唯品会和乐蜂、58 同城和赶集网、美团和大众点评等，在多个领域都可以看到红杉的身影。而目前红杉资本中国基金也在尝试一些投资模式的创新。

沈南鹏投资观点：

（1）有时候，大家看到产业红利时会蜂拥而至，这很正常，红杉也会有这样的举动。然而，当长远去看一个产业的时候，还是很难真正地把握要点，这就需要投资团队能有很强的推断能力。团队需要形成自己独特的观点，就算这些观点最后因为市场的变化而产生偏差，我们也应该去尽力尝试。

（2）想要有自己独特的观点，就不能拍脑袋，必须有理性的分析和研究。每个投资，无论是100万美元，还是1个亿，背后的工作都是一样的，都必须建立在对行业有深入、全方位的研究之上，必须落实到大量数据和事实的调研之上。

（3）风口，是现在大家都比较熟悉的词。但是做投资，是看长期趋势和未来，不是短期热点。有些风口可以产生长期的价值，适合投资，有些却不会。这就需要静下心来做大量分析。人多的地方就是好的吗？投资，并不是要去人多的地方，相反，人云亦云很容易出问题。

（4）作为投资人需要对大格局有所把握，例如在电商行业中，不见得每一个垂直领域都能成功，但用户使用频率较高，相对线下渠道比较复杂、毛利率比较高的可能会有机会。

（5）投资一个企业，红杉资本会很少考虑它什么时候IPO，我们首先考虑这个企业未来5年甚至10年会有怎样的发展轨迹，它能否成为那个细分市场的领先者，是否有持续成长的潜力，而不是一年两年的快进快出获利，从一级二级市场套利。

2. IDG资本知名合伙人熊晓鸽的投资观

IDG资本最令人瞩目的成绩是投出了如今风云一时的BAT中的两个——腾讯和百度。与红杉资本最大的不同点在于，早期的IDG资本并没有找到自己的投资方向，只是零星的毛毛雨投资，再到什么阶段都投资后，才逐步做到投选手的典范。2005年之前，曾在中国互联网发展史中占据重要位置的多数企业：8848、搜房、携程、土豆、奇虎360、百度、当当等都出现了IDG的身影。近半数优秀的互联网企业在IDG的投资下都取得了不同程度的成绩。2005年后，IDG资本也开始赌赛道，而且还发现了一条策略：在中国应该多投互联网相关的项目。近些年，IDG资本在创业公司发展的各个阶段都开始进入，并且前期投完了可以用中后期的基金接手。暴风科技成为 IDG 投资里非常成功的一个例子。

熊晓鸽投资观点：

(1) 现在我们进入一个时代，就是移动互联网时代，我觉得尤其我们做投资的，一定要有“移动互联网+”这么一个理念来做投资。这就是我们做媒体文化产业的很重要的一点，我们对于文化消费，以后不需要桌子，不需要电脑，更多的我们可以在任何一个地方，任何一个时间，只要你能够上网，只要你有 WIFI 就 OK 了，那这样的话就带来了很多投资与机会。

(2) 我们首先会看创业项目所处的市场是否足够大，也就是说创业者要找对河流。我一直觉得，创业者就像是坐在一条橡皮艇上玩漂流，如果你的方向是大海，你只要用力往前划就行，翻了船再爬上去，最终到达大海。但如果你最后只进了江河湖泊，我们一般不会投。尤其是当领域很小，创业者又很坚持的时候，我们一般会放弃，即便他做到了市场第一，我们也不会投，因为市场规模太小了。

(3) 以前是创业者找投资人，现在是投资人抢项目。钱很多，你会觉得什么都不怕，这其实是最容易犯错误的时候。如果要我和同行说点什么，我觉得市场冷的时候，你永远不要丧失激情以及对市场的信心，因为这个时候可能是最好的投资机会。市场冷的时候，你的心必须热；而市场热的时候，你必须要冷静地看待机会。这是一个辩证的道理。

(4) 因为好的项目始终是有限的，而现在大家又抢着投，这其实留给投资人决策的时间变短了。因此你要做很好的功课，看好了项目尽快下手。创业者选择多了后，对投资人来说项目的价格就被拉高了，投资回报率降低了。

(5) 我们非常重视 90 后，除了公司成立 90 后基金外，我自己也跟90后打成一片。我们投了很多90后的项目。整个IDG合伙人团队里的这些元老们，也都积极推动90后基金的成立。我们现在最重要的事情是保持创新和学习能力，对于看中了的机会，我们采取的是敢于尝试、不怕失败的策略。

资料来源于投资家网。

【能力训练】

模拟“电梯间演讲”

活动内容：模拟“电梯间演讲”，让部分同学现场展示自己的创业项目，并通过游说现场评委以获得风险投资。

活动目的：考察各创业项目的市场前景及可行性，锻炼同学们的口才及现场表达能力。

活动准备及要求：

1. 选派5名学生代表作为“模拟风险投资人”担任评委，现场对各项目进行评估。

2. 每个评委可为每个项目提供最多10万元的风险投资（虚拟）。最后所获得模拟投资最多的团队获胜。

3. 演讲时要求思路清晰，重点突出，富感染力。

4. 每组的演讲时间限制为3分钟。

【课后练习】

融资计划制订

结合本小组选定的创业项目，设计一份融资计划的概要，填写在下表中。

序号	概要说明	融资计划	融资说明
1	融资项目论证（主要指项目可行性和项目收益率）		
2	融资途径选择（选择成本低、融资快的融资方式）		
3	融资分配（所融资金专款专用，主要用途与周期）		
4	融资成本收益（代价与利润分配）		
5	融资风险（主要风险分析）		

模块C
企业开办

北京市创业环境

【创业故事】

韩磊与总理面对面谈创业

2014年1月17日下午，北京联合大学广告学院2011届毕业生、北京三石文化传播有限公司创始人韩磊，作为全国唯一的大学生创业代表到中南海参加了李克强总理主持召开的教科文卫体人士和基层群众代表对政府工作报告的意见和建议座谈

会（上图为现场视频截图）。与总理面对面谈创业，韩磊感到更多的是鼓舞和感动，这也更加坚定了他创业的信念。同时他也表示作为大学生创业者不能以赚钱为目标，在做好公司的同时，也要把正能量和温暖带给身边的人。

回忆起自身的创业经历，韩磊感慨颇多。

刚上大学就萌生创业念头，他说干就干

2007 年，当众多大学生在忙着学习的时候，刚上大一的韩磊便萌生了自主创业的想法，并逐渐付诸行动。他与几名同学从“学生毕业纪念册”开启自己的创业之梦。创业初期，韩磊把一切事情都想得特别美好，但当涉及具体谁去执行时，团队的不和谐迫使创业行动戛然而止。无奈掺杂着惋惜，他的第一次创业尝试夭折了。父母的分析让他对创业有了一个新的认识，在自己管理能力、领导能力不够，思维理念还充满学生气，自身没有得到一定的历练时，创业行为与“纸上谈兵”无异。之后，他选择加入学生会，在学生会里开始自己的成长跨越。

学生会的历练让他成为一位有担当的领导者

谈起学生会，韩磊说：“学生会就好像是一个不需要交学费的 EMBA，在这里你能接触到很多机会，认识众多志同道合的人，最重要的是这里真的很锻炼人。”辩论赛是每所高校用于丰富学生课余生活必不可少的活动，韩磊曾担任领队全程参与了北京联合大学校级辩论赛。在几轮“厮杀”后，他带领的广告学院挺进决赛，最终夺得了亚军。韩磊说，辩论赛带给他的历练就是，作为领导者不仅要组织成员、协调各方时间安排，还需要把零基础的自己培养成辩论高手来“执教”团队。

韩磊在学生会待了两年，从一名普通干事成长为学生会主席，顽强的他，用两年间蜕变成一个有担当、有能力的领导者。

与志同道合的同学合伙创业

孟程程，2010级毕业生，同样毕业于北京联合大学广告学院。大学期间，她和韩磊在参加学校组织的公益宣传活动中认识，因有着共同的兴趣爱好，共同的创业理想，二人一拍即合，而后成为事业上的合作伙伴。在校期间，他们组建了MCC影像工作室，主要从事时尚婚纱照、微电影、婚礼影像跟拍三项业务。

半年没接到一个订单，团队解体

工作室有了，资金也已经暂时解决了，摆在韩磊眼前的问题是，连续一个月没有接到一个订单。没有订单，就没有利润，就无法让自己的工作室继续运转下去。为了让自己的生意开张，韩磊想了很多方法，经常策划到凌晨。“当时根本没有钱去做广告，只能到街头发小广告，希望有生意上门。”韩磊告诉记者。

半年过去了，韩磊和他的团队仍没接到一个订单。为此，韩磊经常自己跑业务、找客户，但是社会很现实，市场竞争非常激烈。对于这个还没毕业的大学生、没有多少作品的新手和他那没正式成立公司的小团体，没有人肯给予信任。韩磊的团队也“土崩瓦解”，成员们纷纷找寻自己的出路，这对踌躇满志的韩磊打击很大，也让他对创业有了新的认识。

打不死的“小强”：我不放弃！

在多方打击下，他整宿整宿地睡不着，头发掉了很多，憔悴了很多。不过，他说自己是打不死的“小强”，是顽强的不死草，遇到困难不会放弃。一次偶然的机会，自己的朋友结婚需要拍摄婚礼短片。在纯义务的情况下，韩磊完成了自己第一部婚礼主题的纪录片。所谓商机都是找出来的，合同全是跑出来的。

韩磊将自己拍摄的婚礼纪录片刻成盘，在每次回学校上课的路上遇到婚庆公司就送一张，虽然有点愚公移山的意思，但是效果还是有的。他渐渐摸索出了工作室发展的道路，在拍完第二个婚礼短片再送光盘时，便有公司向他递出了橄榄枝。

参加大赛获奖，注册成立公司，打出属于自己的品牌

2011 年韩磊参加学校举办的大学生创业大赛获得一等奖和 6 万元创业基金。正是用这 6 万元，韩磊注册成立了北京三石文化传播有限公司。经过几年的摸爬滚打，韩磊逐渐在业内站稳了脚跟。2011 年，韩磊参加了 200 多场婚礼，2012 年参加了 150 场，2013 年参加了 70 多场。虽然表面上数字减少了，但营业额却在逐步增长，如今韩磊终于打出了属于自己的品牌。

【导师问答】

问：自己有了创业的想法，但没有资金，能开始创业吗？

答：白手起家创业成功的案例很多，创业之初资金缺乏非常正常，可以通过多种方法筹集，现在国家对大学生创业有了更多的扶持政策，也可以申请一些资助。在起步阶段，大学生如果能发挥自己的优势，扬长避短，同时把身边拥有的资源利用起，借鸡生蛋，实现双赢多赢，形成一套可以不断盈利的商业模式，你就可以成功创业。

学习要点

1. 北京市创业环境分析，北京的创业机会。
2. 创业扶持政策，获取政策扶持的渠道，政策扶持方式。
3. 创业孵化基地的情况，如何运用创业孵化基地的资源开展创业活动。

【知识导航】

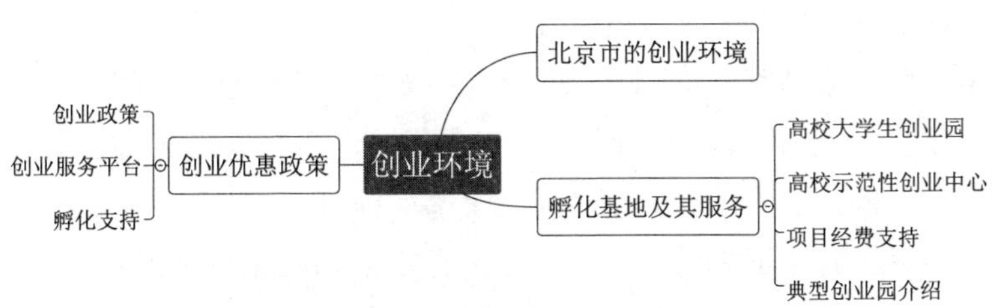

第一节 北京市创业环境

“在全世界范围内，我都看见过创业公司的聚集，但北京让我震惊。”“硅谷教父”史蒂夫·布兰科从北京回到美国后如是感慨。数据显示，2014 年北京市仅中关村新创办的科技企业数量就突破 1.3 万家。为什么是北京？总理李克强从中关村创业大街的一杯咖啡说起，展现了一个完善的北京创业生态系统，有领军企业、高等学府、科研机构、创业服务机构、创业文化、人才、资本……

自始至终，中关村都是北京乃至中国科技创新的核心符号，而如今“大众创业、万众创新”被一条步行街赋予了更新的意义。

不看孵化面积大小，不看房租收入多少，只看孵化器能为创业者提供多少“新服务”。北京用这套新标准支撑起了车库咖啡、3W 咖啡、创客空间等一批创新型孵化器和众创空间的快速发展，造就了数十个帮助创业者圆梦的“梦工厂”。

据不完全统计，中关村创业大街开街仅仅一年已孵化创业企业超过 600 家，其中获得融资的企业超过 350 家，平均每家企业融资 500 万元，融资总额超过 17.5 亿元。

而这条街仅仅是北京创业生态圈的一个缩影，甚至只是北京海淀区创业生态圈的一个缩影。不久前，北京市顺义区“创业摇篮计划”启动，每年设立专项扶持资金 1 亿元，支持入区发展的创业人才、创业基地、创业服务机构和创业环境建设。除了资金支持，还为入区创业人才专门开辟交通、社保、子女入学、医疗、人才公租房等方面的绿色通道；北京市首家创业主题社区青年汇——和咖啡·社区青年汇则在东城区揭牌成立，旨在打造新型、专业的创业支持服务平台。

在朝阳、丰台、石景山……类似强力政策扶持的创业计划每天都在更新。

北京市区县也在行动，一些面向全市专业领域的政策也在发酵、发布和落地。北京人社部门披露，将完善创业服务体系，集合现有政策，同时还将研究制定鼓励城乡自谋职业（自主创业）的社会保险补贴政策，探索研究自主创业商业贷款贴息政策，帮助缓解创业融资困难。

在教育系统，北京市教委正式启动了“北京高校高质量就业创业计划”，会拿出 3200 万元用于奖励优秀创业团队，新建成的三个创业园也将为大学生创业提供免费场地支持。

“北京创业扶持政策很多，找场地，有创业咖啡馆；找资金，有天使投资人；找人才，这里有无数个怀揣创业梦想的技术人才和管理人才；缺经验，这里有创业导师和各种创业训练营……”初创企业成长所需的人力、资金、市场等养分都能一一获取，创业因此变得更简单。

立足新时期首都城市战略定位、首都经济结构产业调整和京津冀协同发展需要，坚持政府政策支持与大学生创业者（含北京地区高校在校生、在京创业的高校毕业生和留学归国人员）努力相结合，合理运用政府公共资源，充分动员社会参与，努力激发大学生创新创造活力，以创新引领创业，以创业带动就业。

根据京津冀协调发展的需要，北京市把促进创业就业的重点放在文化创意、跨境电子商务、信息服务、科技服务、健康养老等领域。鼓励和支持各类组织、企业和个人参与社区服务业，以开发更多创业就业岗位。通过加快新一代信息技术、新材料、航空航天等产业发展，鼓励运用信息技术重构和整合制造业、建筑业等传统产业链条，逐步引导城乡劳动者到高端产业创业就业。大力推进农业调结构、转方式，试点培育新型职业农民，完善扶持政策，鼓励城乡劳动者投身现代农业领域。积极引导本市大龄劳动者进入交通安全保障、养老助残、社区文化服务等领域就业，鼓励社会资本和创业者进入相关领域。

北京市为增强北京地区大学生创业意识，提高创业能力，进一步完善支持大学生创业的政策措施，完善服务体系健全工作机制，采取了有效的工作措施。

第二节　北京市大学生创业优惠政策的分析与解读

北京市为大学生创业制定了很多优惠政策，概括起来，体现在这些方面。

一、完善落实政策，为大学生创业提供保障

第一，加强创业培训，提高大学生创业能力。各级人力社保部门落实各项创业培训政策，鼓励符合条件的高校组织开展创业培训，使有创业意愿和培训需求的高校毕业生有机会参加创业培训。切实提高创业培训的针对性和有效性，向有创业意愿的学生开展内容丰富、形式多样的培训活动，提高学生创业能力。

第二，拓宽贷款范围和融资渠道，为大学生创业提供资金支持。进一步落实完善小额贷款政策，在符合规定的前提下，简化担保手续，强化担保基金独立担保功能，适当延长担保基金的担保责任期限。加大对大学生的扶持力度，为符合条件的在电子商务网络平台开设网店进行创业的大学生和吸纳高校毕业生达到一定比例的科技型小型微型企业给予小额担保贷款支持。各级中小企业主管部门、群团组织等结合现有政策，加强资金利用，继续发挥好中小企业发展专项资金、青年创业基金等扶持资金的作用，支持大学生创业实体。有关部门结合现有政策，积极引导和鼓励行业协会、天使投资人、企业、金融机构等支持大学生创业。对支持早期创业企业的投资，要按规定条件给予所得税优惠或其他政策鼓励。

第三，建设大学生创业园区，为大学生创业提供经营场所。结合实际，利用大学科技园、科技企业孵化器、留学人员创业园、高新技术开发区、经济技术开发区、工业园区、城市配套商业设置等现有资源，因地制宜地建设服务大学生创业的园区或孵化基地，积极探索大学生创业园区建设新模式，为大学生创业提供经营场所支持。要将创业实训、项目开发及使用、创业孵化等有机结合，运用一体化运作模式，提高创业孵化成功率。对建设大学生创业经营场所的区县、高校或企业等，按照本市规定条件，积极给予人才引进、高校毕业生就业服务等各类对口帮助和业务指导。妥善做好大学生创业经营场所的服务保障工作，不断完善服务功能及配套政策措施。

第四，落实工商登记和银行开户等政策措施，为大学生创业提供便利。工商部门按照政策要求及有关法律法规完善管理制度，落实注册资本认缴登记制，按规定拓宽企业出资方式，放宽住所（经营场所）登记条件，推行电子营业执照和全程电子化登记管理。要建立完善工商登记“绿色通道”，简化登记手续，优化业务流程，为创业大学生办理营业执照提供便利。要落实减免行政事业性收费政策，按规定对创业大学生减免登记类和证照类等有关行政事业性收费。各金融机构要按要求积极改进金融服务，为创业大学生办理企业开户手续等提供便利和优惠。

二、扎实做好创业公共服务，搭建大学生创业服务平台

第一，建立健全由人力社保部门牵头、各有关部门分工负责的市、区两级大学生创业公共服务体系，进一步完善工作协调配合机制，确保服务覆盖到北京地区高校、园区及社会。有关部门、区县切实加大对大学生创业的公共服务力度。

第二，人力社保部门要发挥好牵头作用，加强协调配合，进一步摸清大学生创业状况，深入了解大学生创业需求。开设专门服务窗口，规范服务流程，配备业务骨干，运用信息化等多种手段，为创业大学生提供创业培训与指导、申请小额担保贷款、获得税费减免和资金补贴，以及档案保管、人事代理、职称评定、社保代理等“一条龙”服务，帮助符合规定的创业大学生享受到扶持政策及措施。系统梳理扶持大学生创业的各项政策措施，加强宣传解读，提供咨询指导。建立大学生创业导师团队，吸收拥有丰富行业经验和资源的企业家、职业经理人、天使投资人等加入创业导师队伍，为创业大学生提供更具实效的辅导。

第三，有关部门、群团组织、高校、园区之间要切实加强合作，发挥各自优势，采取多种形式，广泛搭建大学生创业交流展示和竞赛比拼平台，积极开展大学生创业项目评比等活动，按有关规定对优秀创业项目给予一定的奖励或扶持。努力汇聚

政府和社会各方力量，为创业大学生及时了解政策和行业信息、学习积累创业经验、展示创业计划和项目、寻找合作伙伴和创业投资人创造条件。

第四，充分发挥留学归国人员服务工作体系的作用，落实本市鼓励海外高层次人才及促进留学人员来京创业等政策措施，为留学归国创业人员提供有针对性的服务，帮助他们了解服务信息、熟悉创业环境、交流创业经验、获得政策扶持。

三、为高校大学生创业提供孵化支持

第一，建设北京高校大学生创业园。由市教委牵头筹建北京高校大学生创业园，为大学生创业提供场地支持，切实帮助创业大学生解决实际困难。

第二，设立北京大学生创业支持专项资金。市教委每年投入专项资金，用于支持 500 个左右的大学生创业团队和初创企业（包括 400 个创新创意、“创客”实践团队和 100 个初创企业）。

第三，高校大学生创业科技企业优先入驻孵化器。北京高校大学生创办科技企业的优先入驻中关村科技企业孵化器（包括国家和北京市大学科技园、国家级和北京市级科技企业孵化器）、中关村示范区创新型孵化器和北京高校大学生创业园等孵化器。

第四，为高校大学生创业企业提供服务和支持。为入驻创业孵化器的大学生创业项目配备龙头企业家、知名投资机构合伙人担任创业导师，建设技术服务平台、搭建投融资对接平台、拓展项目市场渠道，对符合《中关村国家自主创新示范区创业服务体系发展支持资金管理办法》条件的创业服务机构，由中关村管委会给予相应资金支持。

第三节　创业孵化基地情况及其相关服务

一、北京地区高校大学生创业园建设项目

“北京地区高校大学生创业园建设项目”由北京市教委牵头，区县政府、各高校共同实施，旨在建设市级“一街三园”的大学生创业孵化体系。在“中关村创业大街”建设“北京高校大学生创新创业服务中心”，在良乡高教园区、中关村核心区及中关村软件园等地分别建设三个市级“大学生创业园”，并带动高校创业园建设，为北京高校大学生创业提供场地、孵化等服务。主要工作内容是与区县政府、高校洽谈并租赁用于大学生创业的场地，为创业企业或团队提供培育和孵化服务，给予创业团队水电、网络基础工作条件保障等。园区建成后，各高校根据本校大学生创业具体情况，推荐大学生创业团队（公司）申报入驻创业园，市教委及创业园管委会负责入驻企业的评选工作。

二、北京高校示范性创业中心建设项目

“北京高校示范性创业中心建设项目”是以促进各高校加快创业中心建设，全面提高创业工作能力，力争建设一批示范性创业中心，整体提升北京地区高校大学生创业工作水平为核心内容的项目。主要工作内容是为高校创业教育与指导、创业队伍建设、创业工作场地、创业服务、创业孵化等提供支持，市教委依据“公平、公正、公开”的原则，制定参与高校遴选的具体办法和评审标准，并推进项目建设。采取“学校自愿申请、市教委组织专家评审”的方式进行选拔，通过2~3年遴选50所左右示范性创业中心建设校，支持北京高校大学生创新、创意、

创业实践项目。市教委每年面向北京高校全日制在校大学生、应届毕业生开展优秀创业团队评选工作，为优秀创业团队提供资金支持，并优先推荐入驻北京高校大学生创业园。采取“学生申请、学校评审、教委复核”的方式进行选拔。市教委负责制定基本评选标准，参与高校可据此制定本校评选办法，遴选支持项目。选拔过程中，设立公示环节，公示时间应不少于5个工作日。项目申报过程中，学生创业团队如因自身原因不能参与项目，应主动向学校提出申请，经学校审查并同意后，学校按照条件遴选创业团队予以增补，由学生创业团队和学校出具相关说明，报送市教委备案。如有特殊情况，但不及时说明的，市教委将视情况取消对其的支持。

三、项目经费支持

项目经费主要来源于市财政专项拨款，鼓励学校、社会等多渠道联合资助，其中市属公办高校就业创业经费在基本经费定额中列支。

“北京地区高校大学生创业园建设项目”经费主要用于场地租赁、办公家具及设备购置、水电物业补贴、云计算资源服务、孵化团队培育与服务以及修缮等。其中租赁费根据双方签订的合同确定，考虑毛坯、装修、精装修等因素，不高于同期同类市场租赁价格。修缮费是指租赁毛坯房给予一次性修缮费。

“北京高校示范性创业中心建设项目”按照每个高校50万元的标准给予支持，主要用于示范性创业中心建设校的创业教育与指导、创业教师培训、创业工作场地建设、大学生创业场地建设、专家咨询费、劳务费、会议费、差旅费、出版费等。

“支持北京高校大学生创新、创意、创业实践项目”按照每个创新创意实践团队支持额度不超过5万元、每个创业企业

（团队）支持额度不超过20万元的标准补助。具体补贴项目按照大学生创业企业或团队的需求，由大学生向学校提出申请，由学校根据本校大学生创业的工作目标和要求确定。经费主要用于创新创业实践团队及创业企业的专用仪器设备租赁费、材料费、测试化验加工费、差旅费、会议费、劳务费、专家咨询费、出版/文献/信息传播/知识产权事务费、创业团队培训费（创业团队参加创业培训或提升创业能力而聘用的创业导师所需费用）、创业项目市场拓展费用、社会服务所需费用补贴（如中小创业团队需要聘用专业财务人员、法律顾问等，可以由专项经费中给予一定补贴）和创业场地费用补贴（创业团队租用场地及互联网接入所需，可由支持经费中给予一定补贴）等。

四、北京典型创业园介绍

1. 东雍创业谷

“东雍创业谷”坐落于东城区后永康胡同17号，位于北二环路和东二环路交汇处的中关村科技园雍和园区内。园区重点发展文化创意产业，特别是优先发展数字内容的动漫产业和版权交易产业，是北京首个创意文化产业的研发基地，雍和科技园也是中关村科技园中唯一在二环路以内的城中园区。

2. 普天德胜科技孵化器

北京普天德胜科技孵化器位于西城区新街口外大街28号。孵化器是依托中国普天信息产业股份有限公司成立的定位于信息通信技术（ICT）领域的科技企业孵化器，是经国家科技部认定的国家高新技术创业服务中心，经北京市科学技术委员会、西城区人民政府认定的高新技术产业孵化基地。

3. 中关村多媒体创意产业园

中关村多媒体创意产业园位于西三环紫竹桥与西四环四季

青桥之间。园区为满足企业需求、支持创业者、推进北京多媒体产业的快速发展，专业从事多媒体企业孵化、高新技术企业与文化创意企业创业投资、技术转移及园区和孵化基地的运营管理服务四位一体，服务于CG、动画、影视制作、数字艺术、手机动漫、电子游戏和工业设计等多媒体创意产业各领域的中小型企业，为入驻企业提供战略规划、资金筹措、市场开拓、财务及法律事务处理、IT技术、人力资源、行政管理等各方面的支持。并不断孵化各种具有信息时代特质和自主知识产权的多媒体产品和技术，“鼓励原创，支持重点”，鼓励科技创新，扶持种子型、创业型企业，促进多媒体产业科技成果转化，推动企业开发产业新技术、研制产业新“工具”，抢占国际多媒体产业技术高地。

4. 望京科技创业园

中国北京（望京）留学人员创业园是国家人事部和北京市人民政府为全面吸引、培育、扶植留学人员回国创业而共同建立的，旨在为留学人员回国创业提供全方位服务的专门机构。中国北京（望京）留学人员创业园位于北京市城区东北部的望京高新技术产业区内，占地四公顷，总建筑面积70 000平方米，目前已全部投入使用，是集科研、生产、办公为一体的智能化、多功能、花园式的高新技术企业孵化基地和留学人员回国创业基地。

5. 北京高校大学生创业园

北京高校大学生创业园（良乡园）位于北京市房山区良乡新城东区的良乡高教园区内，总面积5000平方米。创业园距离北京市区30公里，地铁房山线半小时直达，距地铁房山线良乡大学城北站和良乡大学城站约1.5公里，多路公交连接地铁站和创业园，更有摆渡车往返接送。周边设有中关村国家自主创新示范区及相关校企合作机构，拥有较好的大学生创业氛围。

北京高校大学生创业园（良乡园）主要为北京地区普通高校在校生及毕业两年内的毕业生（高职、本科、研究生）提供创业孵化支持，孵化期为两年，且享受创业园的配套服务。

北京高校大学生创业园（良乡园）鸟瞰图

服务项目

• 为创业团队两年内免费提供 40~80 平方米的办公场地，以及会议室、洽谈室、多媒体培训室、水、电等硬件配套设施；

• 引进公共创业服务平台，为创业团队提供一站式服务，包括工商税务、财务代理、法律顾问、商标咨询代理、融资对接、公共试验平台等全方位服务；

• 为创业团队提供创业交流、专家辅导等配套服务，定期与社会创业指导机构学习与交流，开展项目推荐、项目评价、风险评估、创业培训等工作，并邀请创业辅导专家不定期为入驻创业团队提供针对性的咨询和指导。

• 入驻团队不仅可以享受到国家扶持大学生创业的各项优惠政策，还可以优先获得北京市教委资助大学生创业的专项资金支持。

入驻条件

申请人条件：

• 普通高校全日制在校生、应届及两年内毕业生（含研究生）。

• 申请人应为申报企业的法定代表人或主要股东；未开办企业的应为团队负责人或核心成员。

• 诚实守信、遵纪守法，无违纪处分和不良行为记录。

申请入驻的创业项目条件：

• 符合国家产业、技术政策，技术创新性或商业模式创新性较强，投资小、见效快，有较好的经济和社会效益。

• 无知识产权纠纷。

• 如从事国家规定的特殊行业（如医药、医疗器械、邮电、通信、电力、农作物新品种及生物制品、公安及安全等）的项目，申请时须有行业主管部门出具的相关批准证明和有关测试报告。

• 对大学生创业具有典型示范作用，特别是对北京市大学生创业工作有推动作用的项目；参加过省市级以上大学生创新创业计划大赛并获奖的项目可优先推荐入驻。

• 以下项目不具备申请资格：建筑业、娱乐业、餐饮类、销售不动产、转让土地使用权、房屋中介、桑拿、按摩、网吧、氧吧等项目和需要生产加工的项目。

入驻流程

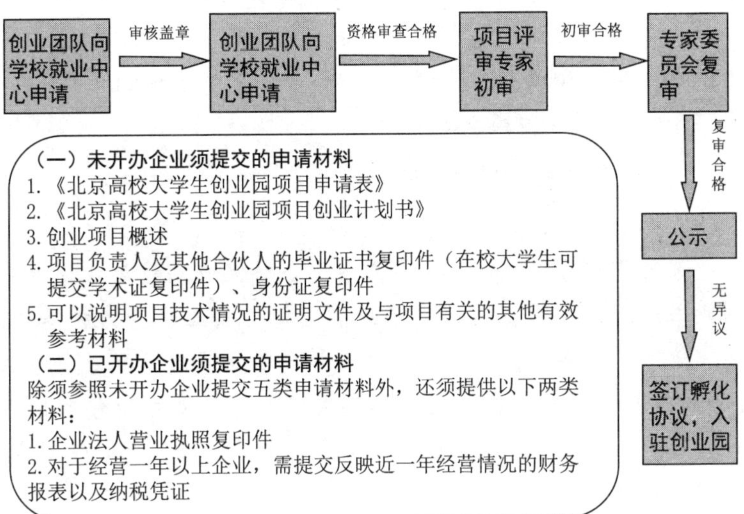

【延伸阅读】

人力资源社会保障部等九部门关于实施大学生创业引领计划的通知

人社部发〔2014〕38号

各省、自治区、直辖市人力资源社会保障厅（局）、发展改革委、教育厅（教委）、科技厅（科委）、中小企业主管部门、财政厅（局）、工商行政管理局、团委，中国人民银行上海总部、各分行、营业管理部、省会（首府）城市中心支行，部属各高等学校，新疆生产建设兵团有关部门：

为了贯彻落实党中央、国务院关于全面深化改革战略部署和促进高校毕业生就业创业工作要求，引导和支持更多的大学生创业，人力资源社会保障部、国家发展改革委、教育部、科技部、工业和信息化部、财政部、人民银行、工商总局、共青团中央决定，2014~2017 年实施新一轮“大学生创业引领计划”。现就有关问题通知如下：

一、指导思想和目标任务

（一）指导思想

深入贯彻落实党的十八届三中全会对促进高校毕业生就业创业工作的新要求，坚持政府政策支持与创业者努力相结合，合理运用政府公共资源，充分动员社会其他资源，激发大学生［含国内各类高校的在校生、毕业生、出国（境）留学回国人员］创新活力，为大学生创业提供有力支持，以创新引领创业，以创业带动就业。

（二）目标任务

通过各方共同努力，使大学生的创业意识和创业能力进一步增强，支持大学生创业的政策制度和服务体系更加完善，政府激励创业、社会支持创业、大学生勇于创业的机制基本形成，大学生创业的规模、比例继续得到扩大和提高，力争实现 2014~2017 年引领 80 万大学生创业的预期目标。

二、政策措施

（一）普及创业教育

各级教育部门要加强对高校创业教育工作的指导和管理，推动高校普及创业教育，实现创业教育科学化、制度化、规范化。各高校要将创业教育融入人才培养体系，贯穿人才培养全过程，面向全体学生广泛、系统开展；积极开发开设创新创业类课程，并纳入学分管理；不断丰富创业教育形式，开展灵活多样的创业实践活动；切实加强师资队伍建设，为普及创业教育提供有力支持。

（二）加强创业培训

各级人社部门要加强与教育部门和高校的衔接，以有创业愿望的大学生为重点，编制专项培训计划，优先安排培训资源，切实抓好组织实施，使每一个有创业愿望和培训需求的大学生都有机会获得创业培训。要鼓励支持有条件的高校、教育培训机构、创业服务企业、行业协会、群团组织等开发适合大学生的创业培训项目，经过评审认定后，纳入创业培训计划，提高创业培训的针对性和有效性。要切实加强创业培训师资队伍建设，创新培训方式，积极推行创业模块培训、创业案例教学和创业实务训练，抓好质量监督，不断提升大学生创业能力。要会同相关部门进一步完善和落实创业培训补贴政策，健全并加强培训补贴资金管理，对符合条件的参训大学生按规定给予培训补贴。

（三）提供工商登记和银行开户便利

各级工商部门要按照工商登记制度改革总体部署完善管理制度，落实注册资本认缴登记制，依照有关法律法规规定拓宽企业出资方式，放宽住所（经营场所）登记条件，推行电子营业执照和全程电子化登记管理。要进一步完善工商登记“绿色通道”，简化登记手续，优化业务流程，为创业大学生办理营业执照提供便利。要落实减免行政事业性收费政策，对符合条件的创业大学生，按规定减免登记类和证照类等有关行政事业性收费。人民银行各分支机构要积极会同有关部门指导银行业金融机构进一步改进金融服务，为创业大学生办理企业开户手续提供便利和优惠。

（四）提供多渠道资金支持

各地要认真落实小额担保贷款政策，在符合规定前提下，加大对创业大学生的支持力度，简化反担保手续，强化担保基金的独立担保功能，适当延长担保基金的担保责任期限，落实银行贷款和财政贴息，重点支持吸纳大学生较多的初创企业。要充分发挥中小企业发展专项资金的作用，更多支持大学生创业实体。要鼓励企业、行业协会、群团组织、天使投资人等以多种方式向创业大学生提供资金支持，设立重点支持创业大学生的天使投资和创业投资基金。对支持创业早期企业的投资，符合规定条件的，按规定给予所得税优惠或其他政策鼓励。有条件的地区要对现有各类高校毕业生就业创业基金进行整合，完善管理体制和运营机制，向大学生创业实体提供支持。

（五）提供创业经营场所支持

各地要充分利用大学科技园、科技企业孵化器、高新技术开发区、经济技术开发区、工业园、农业产业园、城市配套商业设施、闲置厂房等现有资源，建设大学生创业园、留学人员创业园和创业孵化基地，为创业大学生提供创业经营场所。对建设大学生创业园、留学人员创业园和创业孵化基地的地方和高校，有关部门要积极给予对口支持和业务指导。要将创业实训、创业孵化、创业辅导相结合，创新孵化方式，完善孵化功能，提高创业孵化成功率。要制定并完善创业经营场所租金补贴办法，对符合条件的创业大学生按规定给予经营场所租金补贴。

（六）加强创业公共服务

各级人社部门要会同协调有关方面针对创业大学生普遍遇到的问题开展创业公共服务，建立健全创业公共服务政府采购机制并加强绩效管理，构建覆盖院校、园区、社会的创业公共服务体系。要对各方面相关优惠政策进行归集梳理，以年轻人喜闻乐见的形式加强宣传解读并提供咨询，帮助符合条件的创业大学生获得相应的税费减免、资金补贴等政策扶持。要建立健全青年创业辅导制度，从拥有丰富行业经验和行业资源的企业家、职业经理人、天使投资人当中选拔一批青年创业导师，为创业大学生提供创业辅导。要采取多种方式搭建青年创业者交流平台，经常举办交流活动，为创业大学生及时了解政策和行业信息、学习积累行业经验、寻找合作伙伴和创业投资人创造条件。要积极引导大学生参加创业竞赛活动，有条件的地区可定期举办青年创业大赛，使之成为凝聚青年创业者、展示创业方案和创业项目的舞台，同时为创业投资机构、天使投资人等选择投资对象提供机会。要拓宽人事和劳动保障事务代理服务范围，将创业大学生作为重要服务对象，提供档案保管、人事代理、职称评定、社保代理等服务。要加强服务创新，积极探索将促进就业创业政策措施向网络创业就业领域延伸拓展的有效方式，为在电子商务网络平台上注册“网店”的创业大学生提供政策支持和服务。要充分发挥留学人员回国服务工作体系的作用，对留学回国创业人员开展针对性服务，帮助他们了解国内信息、熟悉创业环境、交流创业经验、获得政策扶持。

三、工作要求

（一）加强组织领导

各地各高校要充分认识促进大学生创业的重要意义，切实加强领导，加大人力、财力投入，为本计划实施提供有力保障。要结合实际制订贯彻落实方案，明确目标和进度指标、任务和政策措施、责任分工和完成期限，对本计划的实施做出具体安排。各有关部门和单位要牢固树立全局意识，认真履行职责，加强协调配合，确保本计划顺利实施。

（二）加强绩效考核

要把本计划落实与执行情况作为高校毕业生就业工作考核

的重要内容，以既定目标、进度、任务是否完成，政策措施是否落实到位，创业大学生是否得到支持帮助为考核重点，定期对相关部门、单位进行绩效考核。考核结果要及时向党委、政府汇报，并通报有关方面，接受监督质询，不断推进工作取得实效。

（三）加强舆论宣传

对党和政府鼓励支持大学生创业的政策措施，本计划执行过程中取得的进展、成效、经验和工作创新，以及创业大学生自强不息、勇于创业的典型事迹，各地要通过大众传媒予以广泛宣传，以加强对社会舆论的正面引导，努力营造鼓励创新、崇尚创业、褒奖成功、宽容失败的社会氛围。

各地贯彻落实情况请及时告人力资源社会保障部、教育部。

人力资源社会保障部
国家发展改革委员会
教育部
科学技术部
工业和信息化部
财政部
中国人民银行
国家工商行政管理总局
共青团中央委员会
2014 年 5 月 22 日

教育部关于做好2016届全国普通高等学校毕业生就业创业工作的通知

教学［2015］12号

各省、自治区、直辖市教育厅（教委），有关省、自治区人力资源社会保障厅，部属各高等学校：

高校毕业生是实施创新驱动发展战略和推进大众创业、万众创新的生力军。高校毕业生就业事关经济发展和民生改善大局，关乎社会安定稳定，党中央、国务院高度重视。为全面贯彻落实党的十八届五中全会精神，按照《国务院关于进一步做好新形势下就业创业工作的意见》和《国务院办公厅关于深化高等学校创新创业教育改革的实施意见》等文件要求，现就做好2016届高校毕业生就业创业工作通知如下：

一、着力加强创新创业教育和自主创业工作

（一）加快推进创新创业教育改革。各地各高校要把提高教育质量作为创新创业教育改革的出发点和落脚点，根据人才培养定位和创新创业教育目标要求，促进专业教育与创新创业教育有机融合。从2016年起所有高校都要设置创新创业教育课程，对全体学生开发开设创新创业教育必修课和选修课，纳入学分管理。对有创业意愿的学生，开设创业指导及实训类课程。对已经开展创业实践的学生，开展企业经营管理类培训。要广泛举办各类创新创业大赛，支持高校学生成立创新创业协会、创业俱乐部等社团，举办创新创业讲座论坛。高校要设立创新创业奖学金，并在现有相关评优评先项目中拿出一定比例用于表彰在创新创业方面表现突出的学生。

（二）落实完善创新创业优惠政策。各地各高校要深入实施

"大学生创业引领计划"，积极会同有关部门进一步加大政策落实力度，落实创业担保贷款、小微企业减税降费、创业培训补贴等各项扶持政策，重点支持高校学生到新兴产业领域创业。推动相关部门加快制定有利于互联网创业的扶持政策。要按照《普通高等学校学生管理规定》要求，制订本地本校创新创业学分转换、实施弹性学制、保留学籍休学创新创业等具体措施，支持参与创业的学生转入相关专业学习，为创新创业学生清障搭台。

（三）加大创新创业场地建设和资金投入。各地各高校要建设和利用好大学科技园、大学生创业园、创业孵化基地、大学生校外实践教育基地等创新创业平台。高校实验室、实验设备等各类资源，原则上向全体在校学生开放。高校要通过合作、转让、许可等方式，向高校毕业生创设的小微企业优先转移科技成果。要通过学校自设、校外合作、风险投资等多种渠道筹集资金，扶持高校学生创新创业。充分运用市场机制，引导社会资金和金融资本支持大学生创业活动。

（四）不断提升创新创业服务水平。各地各高校要配齐配强创新创业教育专职教师，聘请各行各业优秀人才担任兼职教师，建立全国万名优秀创新创业导师人才库。要创新服务内容和方式，为准备创业的学生提供开业指导、创业培训等服务，为正在创业的学生提供孵化基地、资金支持等服务。高校要建立校园创新创业导师微信群、QQ 群等，发布创业项目指南，实现高校学生创业时时有指导、处处有服务。要进一步完善高校学生创业服务网功能，为高校学生提供项目对接、产权交易、培训实训、政策宣传等服务。

二、积极拓宽重点领域就业渠道

（五）鼓励高校毕业生到基层就业。各地各高校要进一步加大政策引领和服务保障，全面落实高校毕业生到中西部地区、艰苦边远地区和老工业基地县以下基层就业的学费补偿和国家助学贷款代偿政策。继续实施好“农村教师特岗计划”“三支一扶”“西部计划”“大学生村官”等基层项目。鼓励各地结合实际，开发实施社区服务、健康养老等新项目。积极推进健全从政法专业毕业生中招录人才的规范便捷机制，促进政法专业毕业生就业。

（六）围绕国家发展战略开拓就业岗位。各地各高校要鼓励和引导毕业生到国家重点行业、重点地区、重大工程、重大项目就业。要结合“一带一路”“长江经济带”“京津冀协同发展”等国家重大发展战略，积极向沿海沿江沿线经济带输送毕业生。要结合实施“中国制造2025”和“互联网+”行动计划，大力开拓就业岗位。要结合新型工业化、信息化、城镇化和农业现代化，引导毕业生到战略性新兴产业等领域就业创业。

（七）引导高校毕业生到新兴领域就业。各地各高校要因地制宜，结合地方经济发展需要，深入挖掘新技术、新产业、新业态创造的就业机会。要大力引导高校毕业生到金融保险、节能环保、电子商务、现代物流等生产性服务业和旅游休闲、健康养老、社会工作、文化体育等生活性服务业就业。要适应现代农业发展方式转变和新农村建设需要，鼓励高校毕业生面向农业新技术、新品种研发和现代农业经营管理等领域就业。

（八）继续做好高校学生征兵工作。各地各高校要与兵役机关密切配合，建立定期会商机制，及早部署2016年高校学生征兵工作，认真落实大学生征兵任务。逐项落实各项政策，重点落实好退役高校学生士兵专项研究生招生计划、新生宣传单、复学升学、就业创业等政策。逐校落实工作任务，明确责任，一级抓一级，层层抓落实。逐人开展宣传动员，办好“网上咨询周”“征兵宣传月”等活动，对大学新生、在校生、毕业生等不同群体开展有针对性的宣传动员，确保高校学生征兵数量和质量进一步提高。

（九）支持毕业生到中小微企业就业。中小微企业是增加就业的主体，各地各高校要会同有关部门完善落实中小微企业吸纳毕业生的社保补贴、培训补贴、税费减免等优惠政策。要针对中小微企业特点，主动组织中小微企业集中开展校园招聘活动，引导毕业生到中小微企业就业。要持续关心到中小微企业等基层就业毕业生的成长和发展，通过跟踪服务、定期回访等方式，帮助解决工作和学习上的困难和问题，让他们切实感受到组织的温暖和关心。

三、大力提高就业指导服务能力

（十）建立精准推送就业服务机制。各地各高校要充分利用“互联网+”技术，根据毕业生需求，将他们的求职意愿与用人单位岗位相对接，实现智能化供需匹配，为毕业生精准推送就业岗位。广泛利用手机等移动终端，开展订制服务，为毕业生“送岗位、送政策、送指导”，实现就业服务个性化、信息化。要充分发挥校园市场的重要作用，通过举办分层次、分类别、分行业的招聘活动，提高招聘活动效率。高校要主动联系用人单位，结合毕业生专业特色，提供相应的就业见习岗位。

（十一）建立未就业毕业生统计机制。健全高校毕业生就业创业状况统计指标体系。从 2016 年起，各地各高校要重点统计有就业意愿尚未就业毕业生、暂不就业毕业生等指标。建立三级联动机制，辅导员（班主任）及时了解每一位毕业生的就业状况和意愿，院系认真核实汇总就业数据，学校实时更新就业监测系统相关信息。高校要有针对性地加大对有就业意愿尚未就业毕业生的指导服务力度，帮助他们尽快实现就业创业。

（十二）进一步提升就业指导服务质量。要把高校学生职业发展与就业指导课程融入人才培养全过程，结合行业动态和发展需求，建立以课堂教学为主渠道，讲座、论坛、培训为补充，以大学生职业生涯规划大赛、创新创业设计大赛等实践活动为载体的多形式就业指导课程体系。要针对不同层次、不同专业毕业生的特点和需求，广泛开展个性化的咨询服务。加快建设一支职业化、专业化、专家化的就业创业指导工作队伍，高度重视解决就业创业指导教师专业技术职务评聘问题。在专业技术职务评聘中充分考虑就业创业指导教师的工作业绩，并在同等条件下予以适当倾斜。

（十三）加强就业创业政策宣传。各地各高校要认真学习领会、分类归纳、精准解读国务院文件精神和中央部门、地方促进就业创业的政策措施。要建立教育部门、高校、院系、班级四级联动的政策宣传网络，学校领导、院系领导、辅导员、班主任都要主动宣讲就业创业政策。要充分利用微博、微信等新媒体，采用图表、动漫等方式，根据毕业生求职需求，分时段、分类别推送基层就业、自主创业、参军入伍、困难帮扶等政策措施，让政策宣传接地气、见实效。

（十四）优化规范就业工作管理。各地各高校要按照简政放权、放管结合、优化服务的要求，加强与有关部门的配合，切实做好毕业生档案、户口、组织关系等转递和手续衔接工作，做到简便、快捷、高效。要牢固树立安全意识，确保各类校园招聘等活动安全、有序。要坚决反对任何形式的就业歧视，凡校园招聘活动严禁发布含有限定院校、性别、民族等歧视性信息。高校要加强维权教育，切实防范“试用期陷阱”等危害毕业生权益的不法行为。要进一步加强毕业生就业数据信息监督管理工作，完善毕业生实名查询就业状况功能，确保就业数据信息真实、准确。

（十五）做好就业困难毕业生帮扶。要准确掌握家庭困难毕业生、少数民族毕业生、农村生源毕业生、残疾毕业生等各类就业困难群体的具体情况，实行“一生一策”动态管理，通过开展个性化辅导、组织专场招聘等活动，做到精准发力、精准帮扶。各地各高校要积极协调配合人力资源社会保障、财政等部门，做好求职创业补贴申请和发放工作。要进一步与人力资源社会保障部门做好信息衔接和服务接续工作，实施好离校未就业毕业生就业促进计划，持续为他们提供就业信息和指导服务，切实做到“离校不离心、服务不断线”。

四、推动高等教育更好适应经济社会发展需要

（十六）进一步优化高等教育结构。围绕国家和区域经济社会发展需求，优化院校布局、学科专业布局和人才培养机制，提高教育教学质量。鼓励具备条件的普通本科高校向应用型转变，加快应用型、技术技能型、复合型、科技创业人才培养。进一步完善专业学位研究生教育体系，扩大培养规模。建设现代职业教育体系，推进产教融合、校企合作，推进高职院校开展现代学徒制培养。

（十七）切实提高毕业生就业创业能力。把深化高校创新创业教育改革作为推进高等教育综合改革的突破口，推进人才培养与社会需求间的协同，探索建立需求导向的学科专业结构和就业创业导向的人才培养类型结构调整新机制。推进高校与政府、企业、社会的协同，继续加强对“全国高校实践育人创新创业基地”的培育指导工作，促进产学研用紧密结合，推动高校学生参加形式多样的实习实训、社会实践和创新创业活动，增强学生创新精神、创业意识和创新创业能力，推动毕业生更高质量就业创业。

（十八）积极发挥就业反馈作用。进一步完善高校毕业生就业质量年度报告发布制度，各地各高校要在每年年底前编制和发布就业质量年度报告，将创新创业相关情况以及有就业意愿尚未就业毕业生、升学、暂不就业等内容纳入就业质量报告，更加科学、客观地反映高校毕业生就业创业状况和特点。要积极发挥就业创业状况对教育教学的反馈作用，进一步完善学科专业预警、退出管理办法，健全就业与招生计划、人才培养、经费拨款、院校设置、专业调整的联动机制，促进人才培养与经济社会发展紧密对接。

五、进一步加强就业创业工作组织领导

（十九）健全协调机制。各地各高校要切实落实“一把手”工程，把就业创业工作摆上重要议事日程，及时研判形势，协调解决存在问题，确保高校毕业生就业局势稳定。各地要建立相关职能部门会商机制，因地制宜出台新举措，逐项落实就业创业政策。各高校要健全就业部门牵头，招生、教学、学生、武装、团委等部门齐抓共管的工作机制，定期研究毕业生就业创业工作，做到开学有部署、工作有分工、过程有检查、年终有总结。

（二十）建立督查机制。各地各高校要建立高校毕业生就业创业工作督查机制，把各项政策措施和年度重点工作的落实完成情况作为督查重点。开展日常督查和不定期抽查，及时查找问题、总结经验，以督查促整改、抓落实。要加大对高校毕业生就业创业工作问责力度，对落实不力的，要限期整改并追究领导责任。

（二十一）完善保障机制。各地各高校要进一步健全就业创业工作机构，配备指导教师，开辟专用场地，加大经费投入，切实做到“机构、人员、场地、经费”四到位。各地要积极协调地方政府将高校毕业生就业工作经费纳入同级财政预算，切实保障各项就业创业服务工作开展所需经费。要加快建设一批省级和校级示范性就业创业指导服务机构，促进就业创业指导服务水平进一步提高。

（二十二）加强思想教育和舆论引导。各地各高校要把思想教育和毕业教育有机结合起来，深入学习贯彻习近平总书记系列重要讲话精神，不断丰富思想教育内容和方式。积极组织干部讲政策、专家讲形势、师生讲感受、企业家讲经验，引导广大毕业生树立正确的人生观、价值观和成才观。要把创新精神和创业意识的培养融入思想教育，激励更多高校学生在就业创业实践中成就有梦想有奋斗有奉献的精彩人生。要积极开展全国高校创新创业总结宣传工作，加强对高校创新创业教育典型经验和高校学生就业创业典型的宣传，坚持正确的舆论导向，营造促进就业创业工作的良好氛围。

教育部

2015 年 11 月 27 号

北京市人力资源和社会保障局等关于印发《北京地区大学生创业引领计划实施方案》的通知

京人社毕发［2014］215 号

各区县人力资源和社会保障局、发展和改革委员会、科学技术委员会、中小企业主管部门、财政局、工商行政管理分局、共青团委员会，各金融机构，北京地区各普通高等学校、各研究生培养单位，各中关村示范区分园区：

为贯彻落实党中央、国务院关于促进高校毕业生就业创业工作要求，引导和支持大学生创业，根据国务院办公厅《关于做好2014年全国普通高等学校毕业生就业创业工作的通知》（国办发［2014］22号）、人力资源和社会保障部等九部委《关于实施大学生创业引领计划的通知》（人社部发［2014］38号）和市政府办公厅《印发〈关于做好2014年普通高等学校毕业生就业创业工作的实施方案〉的通知》（京政办发［2014］45号）要求，北京市人力社保局、发改委、教委、科委、经信委、财政局、人民银行营管部、工商局、团市委、中关村科技园区管理委员会决定，2014~2017年在北京地区实施大学生创业引领计划。现将《北京地区大学生创业引领计划实施方案》印发给你们，请认真贯彻执行。

北京地区大学生创业引领计划实施方案

一、指导思想

深入贯彻落实党中央、国务院和市委市政府关于促进高校毕业生就业创业工作的新要求，立足新时期首都城市战略定位、首都经济产业结构调整和京津冀协同发展需要，坚持政府政策支持与大学生创业者［含北京地区高校在校生、在京创业的高校毕业生和出国（境）留学回国人员］努力相结合，合理运用政府公共资源，充分动员社会参与，努力激发大学生创新创造活力，以创新引领创业，以创业带动就业。

二、目标任务

通过努力，使北京地区大学生的创业意识进一步增强，创业能力进一步提高，支持大学生创业的政策措施更加完善、服务体系及工作机制更加健全，大学生创业规模继续扩大、创业比例得到提高、创业环境更加优化。力争2014年至2017年累计引领不少于2.3万名大学生在京创业。其中，在战略性新兴产业以及从事生产和生活服务业的创业大学生比重稳中有升。

三、主要工作措施

（一）广泛普及创业教育，增强大学生创业意识

市教育部门按照有关工作部署和要求，加强对北京地区高校创业基础教育工作的指导管理与监督评价，推动北京地区各高校全面普及创业教育。各高校要将创业教育融入人才培养体系，把创业基础教育列为必修课程，面向全体大学生系统开展，并进行学分管理；加强创业教育实践，努力培养和增强大学生的创业意识；要发挥专业和学科优势，开发开设创新创业类课程，建设并加强教育师资队伍，形成各具特色的创业教育模式。

（二）完善落实政策措施，为大学生创业提供保障

1. 加强创业培训，提高大学生创业能力。各级人力社保部门要认真落实各项创业培训政策，鼓励符合条件的北京地区高校组织开展创业培训，力争使每名有创业意愿和培训需求的高校毕业生都有机会参加创业培训。支持有条件的高校、教育培训机构、行业协会、群团组织等开发适合大学生的创业培训项目，将经过评审认定的培训项目纳入创业培训计划，切实提高创业培训的针对性和有效性。加强创业培训师资队伍建设，创新培训方式，积极推行模块培训、案例教学和创业实训，抓好质量监督，确保培训质量。各有关部门要切实发挥职能优势，面向有创业意愿的大学生，开展内容丰富、形式多样的培训活动，力争实现全市范围每年开展创业及相关内容培训不少于5000人的工作目标。

2. 拓宽贷款范围及融资渠道，为大学生创业提供资金支持。各有关部门、各区县要进一步落实、完善小额担保贷款政策，在符合规定前提下，简化反担保手续，强化担保基金独立担保

功能，适当延长担保基金的担保责任期限。加大对大学生的扶持力度，为符合条件的在电子商务网络平台开设“网店”进行创业的大学生和吸纳高校毕业生达到一定比例的科技型小型微型企业给予小额担保贷款支持。各级中小企业主管部门、群团组织等要结合现有政策，加强资金利用，继续发挥好中小企业发展专项资金、青年创业基金等扶持资金的作用，更多支持大学生创业实体。各有关部门要结合现有政策，积极引导和鼓励行业协会、天使投资人、企业、金融机构等支持大学生创业。对支持创业早期企业的投资，要按规定条件给予所得税优惠或其他政策鼓励。

3. 建设大学生创业园区，为大学生创业提供经营场所。各有关部门、各区县要结合实际，利用大学科技园、科技企业孵化器、留学人员创业园、高新技术开发区、经济技术开发区、工业园区、城市配套商业设置等现有资源，因地制宜地建设服务大学生创业的园区或孵化基地等，积极探索大学生创业园区建设新模式，为大学生创业提供经营场所支持。要将创业实训、项目开发及使用、创业孵化等有机结合，运用一体化运作模式，提高创业孵化成功率。对建设大学生创业经营场所的区县、高校或企业等，有关部门要按照本市规定条件，积极给予人才引进、高校毕业生就业服务等各类对口帮助和业务指导。要妥善做好大学生创业经营场所的服务保障工作，不断完善服务功能及配套政策措施。

4. 落实工商登记和银行开户等政策措施，为大学生创业提供便利。各级工商部门要按照政策要求及有关法律法规完善管理制度，落实注册资本认缴登记制，按规定拓宽企业出资方式，放宽住所（经营场所）登记条件，推行电子营业执照和全程电子化登记管理。要建立完善工商登记“绿色通道”，简化登记手续，优化业务流程，为创业大学生办理营业执照提供便利。要落实减免行政事业性收费政策，按规定对创业大学生减免登记类和证照类等有关行政事业性收费。各金融机构要按要求积极改进金融服务，为创业大学生办理企业开户手续等提供便利和优惠。

（三）扎实做好创业公共服务，搭建大学生创业服务平台

1. 建立健全由人力社保部门牵头、各有关部门分工负责的市、区两级大学生创业公共服务体系，进一步完善工作协调配合机制，确保服务覆盖到北京地区高校、园区及社会。各有关部门、各区县要切实加大对大学生创业的公共服务力度。

2. 各级人力社保部门要发挥好牵头作用，加强协调配合，进一步摸清大学生创业状况，深入了解大学生创业需求。要开设专门服务窗口，规范服务流程，配备业务骨干，运用信息化等多种手段，为创业大学生提供创业培训与指导、申请小额担保贷款、获得税费减免和资金补贴，以及档案保管、人事代理、职称评定、社保代理等“一条龙”服务，帮助符合规定的创业大学生享受到扶持政策及措施。要系统梳理扶持大学生创业的各项政策措施，加强宣传解读，提供咨询指导。要建立大学生创业辅导师团队，吸收拥有丰富行业经验和资源的企业家、职业经理人、天使投资人等加入创业导师队伍，为创业大学生提供更具实效的辅导。

3. 各级有关部门、群团组织、各高校、园区之间要切实加强合作，发挥各自优势，采取多种形式，广泛搭建大学生创业交流展示和竞赛比拼平台，积极开展大学生创业项目评比等活动，按有关规定对优秀创业项目给予一定的奖励或扶持。努力汇聚政府和社会各方力量，为创业大学生及时了解政策和行业信息、学习积累创业经验、展示创业计划和项目、寻找合作伙

伴和创业投资人创造条件。

4. 要充分发挥留学归国人员服务工作体系的作用，落实本市鼓励海外高层次人才及促进留学人员来京创业等政策措施，为留学归国创业人员提供有针对性的服务，帮助他们了解服务信息、熟悉创业环境、交流创业经验、获得政策扶持。

四、工作要求

（一）加强组织领导

各有关部门、各区县、各高校要充分认识大学生创业工作的重要意义，将实施“大学生创业引领计划”作为推动大学生就业和经济社会创新发展的重要载体，切实加强组织领导与协调配合，加大人财物方面的投入，提供坚实保障。各区县要结合本地区实际，制定具体详实的落实方案，明确任务目标和进度安排，制定并完善相应政策措施，推动各项工作有序开展。

（二）建立统计制度

为动态掌握北京地区大学生创业工作开展状况，加强各部门间信息互通与共享，建立数据定期统计报送制度。采取月报方式，由市人力社保部门对各有关部门、各区县的大学生创业工作及相关数据信息进行汇总统计，具体统计内容及标准将按照人社部要求另行制发。各区县人力社保部门要做好本地区大学生创业工作的信息统计，做到底数清晰、情况准确。

（三）加强考核监督

将“大学生创业引领计划”落实情况作为高校毕业生就业工作的重要考核内容，加强日常督促检查，确保既定目标、政策措施和工作任务落实到位，使创业大学生确实得到支持和帮助。

（四）加强舆论宣传

各有关部门、各区县、各高校要注重对大学生创业工作的宣传和引导，深入挖掘大学生创业成功典型和经验，丰富宣传形式，加大宣传力度，努力营造鼓励创新、崇尚创业、褒奖成功、宽容失败的社会氛围。

关于支持北京高校大学生创业的实施细则

为认真贯彻落实《关于加快推进高等学校科技成果转化和科技协同创新若干意见（试行）》（京政办发［2014］3 号），切实支持北京高校大学生创新创业，制定本细则。

一、为高校大学生创业提供政策、实践和学业支持

（一）市教委继续加大高校创业教育师资培训，提高教师素质和能力，更好地为大学生提供创业教育和指导。各高校进一步完善创新创业教育课程体系，提高教育与指导水平，增强针对性和实效性。

（二）各高校积极开展大学生创新创业竞赛、模拟创业等实践活动，多渠道、多方式培养学生创业意识和创业能力。

（三）高校在校学生可以休学创办科技型企业，各高校根据本校实际，明确休学时间及具体办法，并为学生创业提供必要的学业支持。如：可将创业时间视为参加实践教育的时间，并计入相关实践学分；创业取得的成效或成果，可以与毕业设计或论文有机结合等。

二、为高校大学生创业提供孵化支持

（一）建设北京高校大学生创业园。由市教委牵头筹建北京高校大学生创业园，为大学生创业提供场地支持（具体支持办法另行制定），切实帮助创业大学生解决实际困难。

（二）设立北京大学生创业支持专项资金。市教委每年投入专项资金，用于支持 500 个左右的大学生创业团队和初创企业

（包括400个创新创意、“创客”实践团队和100个初创企业）。

（三）高校大学生创业科技企业优先入驻孵化器。北京高校大学生创办科技企业的优先入驻中关村科技企业孵化器（包括国家和北京市大学科技园、国家级和北京市级科技企业孵化器）、中关村示范区创新型孵化器和北京高校大学生创业园等孵化器。

（四）为高校大学生创业企业提供服务和支持。为入驻创业孵化器的大学生创业项目配备由龙头企业家、知名投资机构合伙人担任创业导师、建设技术服务平台、搭建投融资对接平台、拓展项目市场渠道，对符合《中关村国家自主创新示范区创业服务体系发展支持资金管理办法》（中科园发［2013］41号）条件的创业服务机构由中关村管委会给予相应资金支持。

三、进一步加强创业教育和培训

（一）创新创业教育和培训模式。市教委加强对北京地区高校创业基础教育工作的指导管理和监督评价，推动北京地区各高校全面普及创业教育。各高校要将创业教育融入人才培养体系，纳入学分管理，面向全体大学生系统开展。市人力社保局结合高校大学生创业教育内容，优化创业培训课程结构，研发适合北京地区高校大学生的培训模式。同时，市教委可按照相关文件要求推荐北京地区高校自主开发的创业培训项目，参与本市创业培训方案评审认证。通过认证的培训项目，可试点纳入培训计划。经试点检验的优秀培训项目，可在全市推广使用。

（二）支持高校参与大学生创业培训定点机构认定。市教委支持符合《关于开展创业培训工作有关问题的通知》（京人社能发［2012］34号）规定条件的高校参加市人力社保局创业培训定点机构认定评审，评审通过后按规定开展高校大学生创业培训。市教委重点指导3至5所高校开展系统化、专业化的大学生创业培训，发挥其示范引领作用。各高校可通过开展创业教育、职业规划和指导、创业大赛等活动，筛选出具有创业意愿和基本创业条件的高校大学生，统一推荐至创业培训定点机构报名参加培训。

（三）建立创业教育、创业培训与创业孵化基地服务对接机制。市教委、市人力社保局、中关村管委会共同建立创业教育、创业培训与创业孵化基地服务对接机制，根据参加创业教育、创业培训大学生的实际情况，将创业计划比较成熟且有创业实践意愿的团队，引入到中关村科技企业孵化器或大学生创业园等创业服务机构，对创业者进行预孵化和孵化，提高创业成功率。

各市属高校要认真贯彻落实《关于加快推进高等学校科技成果转化和科技协同创新若干意见（试行）》（京政办发［2014］3号）和本细则，并根据本校实际，研究制定详细的支持办法，切实对大学生创业给予大力支持。各部属高校可参照执行。

北京高校大学生就业创业项目管理办法

第一章 总 则

第一条 为深入贯彻落实党中央、国务院和市委市政府关于做好高校毕业生就业创业工作的部署及要求，进一步“健全促进就业创业体制机制”“促进以高校毕业生为重点的青年就业”，推进北京高校毕业生就业创业工作实现新突破，2014年起，北京市出台多项措施支持大学生就业创业。为确保就业创业项目及项目经费科学化、规范化管理，提高资金使用效益，根据北京市支持中央共建有关政策和国家有关财经法规以及

"北京高等学校高质量就业创业计划"实施要求，制定本办法。

第二条 "北京地区高等学校大学生就业创业项目"（以下简称"大学生就业创业项目"）是指市教委通过与地方政府、高等学校的合作，为大学生就业创业提供场地、经费、服务等多方面支持，增强大学生的就业创业意识，整体提升北京地区大学生就业创业服务能力的项目。

第三条 "大学生就业创业项目"包括"北京地区高校大学生创业园建设项目""北京高校示范性创业中心建设项目""支持北京高校大学生创新、创意、创业实践项目"。其中，"北京地区高校大学生创业园建设项目"是指推进建设"一街三园"的北京高校大学生创业园孵化体系；"北京高校示范性创业中心建设项目"是指支持40余所高校开展示范性创业中心建设；"支持北京高校大学生创新、创意、创业实践项目"是指支持100个左右大学生创业团队、400个左右包括"创客"在内的大学生创新创意、创业实践团队。

第四条 项目管理遵守的原则

（一）科学论证，统筹配置。对申报的项目进行充分论证和审核，严格按照项目目标和任务，科学合理地编制和安排预算。

（二）全程管理，追踪问效。对项目申报、审核、评审、政府采购、监督、决算和绩效评价，实行全过程项目管理。将绩效目标设定、绩效跟踪、绩效评价及结果应用纳入预算编制、执行、监督全过程。

（三）鼓励创新，优势互补。在政府的指导下，项目参与高校通过实践探索、互相交流，不断创新就业创业工作新机制，提升就业创业服务质量。

第五条 本办法适用于北京地区各普通高等学校。

第二章　项目组织管理

第六条　市教委联合相关部门负责制定项目整体实施规划、实施方案以及相关政策，负责项目全过程绩效管理，并对项目建设过程中的重大问题进行协调、决策。

第七条　各项目参与高校要建立本校项目管理制度和办法(含经费使用)，并报市教委备案。负责对项目进行具体规划、实施、管理和检查，并按照要求组织项目的申报、管理与验收，科学合理使用项目资金，接受教育、财政、审计、监察等部门对项目实施过程和结果进行监控、检查和审计。

第八条　在市教委等部门的统筹安排下，项目参与学校提出项目申报方案，并由市教委等部门根据项目要求进行评选后实施。

第九条　“北京地区高校大学生创业园建设项目”由北京市教委牵头，区县政府、各高校共同实施，建设市级大学生创业孵化体系。工作目标是构建“一街三园”的大学生创业孵化体系（即在“中关村创业大街”建设“北京高校大学生创新创业服务中心”，在良乡高教园区、中关村核心区及中关村软件园等地分别建设三个市级“大学生创业园”），并带动高校创业园建设，为北京高校大学生创业提供场地、孵化等服务；主要工作内容是与区县政府、高校洽谈并租赁用于大学生创业的场地、为创业企业或团队提供培育和孵化服务、给予创业团队水电、网络基础工作条件保障等。

园区建成后，各高校根据本校大学生创业具体情况，推荐大学生创业团队（公司）申报入驻创业园，市教委及创业园管委会负责入驻企业的评选工作。

第十条　“北京高校示范性创业中心建设项目”是促进各高校加快创业中心建设，全面提高创业工作能力，力争建设一批示范性创业中心，整体提升北京地区高校大学生创业工作水平。主要工作内容是对于高校创业教育与指导、创业队伍建设、创业工作场地、大学生创业场地、创业服务、创业孵化等提供支持，市教委依据“公平、公正、公开”的原则，制定遴选参与高校的具体办法和评审标准，并推进项目建设。

采取“学校自愿申请、市教委组织专家评审”的方式进行选拔，通过2~3年遴选50所左右示范性创业中心建设校。

第十一条　“支持北京高校大学生创新、创意、创业实践项目”是市教委每年面向北京高校全日制在校大学生、应届毕业生开展优秀创业团队评选工作，为优秀创业团队提供资金支持，并优先推荐入驻北京高校大学生创业园。采取“学生申请、学校评审、教委复核”的方式进行选拔。市教委负责制定基本评选标准，参与高校可据此制定本校评选办法，遴选支持项目。选拔过程中，设立公示环节，公示时间应不少于5个工作日。

第十二条　项目申报过程中，学生创业团队如因自身原因不能参与项目的，应主动向学校提出申请。经学校审查并同意后，学校按照条件遴选创业团队予以增补，由学生创业团队和学校出具相关说明，报送市教委备案。如有特殊情况，但不及时说明的，市教委将视情况取消对其的支持。

第三章　项目经费管理

第十三条　项目经费主要来源于市财政专项拨款，鼓励学校、社会等多渠道联合资助。其中：市属公办高校就业创业经费在基本经费定额中列支。

第十四条　“北京地区高校大学生创业园建设项目”经费支持内容，主要用于场地租赁费、办公家具及设备购置、水电物业补贴、云计算资源服务、孵化团队培育与服务以及修缮等。

其中：租赁费根据双方签订的合同确定租赁内容，考虑毛坯、装修、精装修等因素，不高于同期同类市场租赁价格。修缮费是指租赁毛坯房给予一次性修缮费。

第十五条 “北京高校示范性创业中心建设项目”按照每个高校50万元标准给予支持，主要用于示范性创业中心建设校的创业教育与指导、创业教师培训、创业工作场地建设、大学生创业场地建设、专家咨询费、劳务费、会议费、差旅费、出版等。

第十六条 “支持北京高校大学生创新、创意、创业实践项目”按照每个创新创意实践团队支持额度不超过5万元、每个创业企业（团队）支持额度不超过20万元的标准补助。具体补贴项目按照大学生创业企业或团队的需求，向学校提出申请，由学校根据本校促进大学生创业的工作目标和要求确定。经费主要用于创新创业实践团队及创业企业的专用仪器设备租赁费、材料费、测试化验加工费、差旅费、会议费、劳务费、专家咨询费、出版/文献/信息传播/知识产权事务费、创业团队培训费（创业团队参加创业培训或提升创业能力而聘用的创业导师所需费用）、创业项目市场拓展费用、社会服务所需费用补贴（如中小创业团队需要聘用专业财务人员、法律顾问等，可以由专项经费中给予一定补贴）和创业场地费用补贴（创业团队租用场地及互联网接入所需，可由支持经费中给予一定补贴）等。

第十七条 “大学生就业创业项目”经费纳入各项目高校年度预算，经相关部门审核后予以批复。项目经费应单独核算，专款专用，不得挤占和挪用。

第十八条 各项目高校应加强创业项目经费统筹管理，规范预算管理，提高经费使用效益。严格按照本办法项目支持范围编制申报项目预算。严格按照批复预算执行。

第十九条　项目执行中涉及政府采购和资产管理的，严格执行国家和北京市政府采购和资产管理相关政策。

第二十条　项目经费结余资金按照国家和北京市结余资金管理办法执行。

第四章　项目检查与验收

第二十一条　“大学生就业创业项目”由市教委及相关部门在项目建设过程中和完成后进行检查和验收。

第二十二条　市教委及相关部门对项目建设情况进行中期、结项检查。检查的主要内容是：1. 项目进展情况；2. 资金的使用情况；3. 项目建设中的主要问题和改进措施。对于在检查中发现的组织实施不力或擅自调整建设内容的，市教委有权调整或终止项目建设计划的执行。

第二十三条　市教委负责项目的验收总结工作，可视情况采取现场验收或聘请专家验收等方式。

项目验收的主要依据为项目具体规划与方案、项目结题验收总结报告等。项目验收的主要内容是：1. 建设目标和任务的实现情况；2. 实施效果，取得的成果以及经验分析，对项目实施效果的评价；3. 项目管理情况；4. 资金使用情况。

第二十四条　市教委对“大学生就业创业项目”支持的学生创业项目实行动态管理，建立相关数据库跟踪其成长和发展过程。

第五章　绩效评价和监督

第二十五条　加强绩效管理，建立财政评价、市教委部门评价和项目单位自评相结合的三级绩效评价制度。

市教委、市财政局按照本项目管理办法对项目单位的工作开展情况、进度、绩效和经费支持情况进行考核和评价。

项目高校对本单位的就业创业项目实施全过程绩效管理，并组织项目预算绩效评价。

第二十六条 建立市财政、市教委和学校分级监督机制。

市教委、市财政局按照职责加强对项目学校的项目组织实施和经费使用情况的监督检查。

项目高校要建立本校的就业创业项目监督和考评机制，加强对项目执行情况的监督检查，并自觉接受教育、财政、审计、纪检、监察等部门的检查与监督。项目高校的审计、监察等部门应履行监管职责，依法监督项目的组织申报和实施等活动。

第二十七条 市教委将项目完成情况、决算情况和绩效评价结果和监督检查结果，作为以后年度项目审核和筛选及编制经费预算的重要依据。

第二十八条 对有虚报、冒领、截留、挪用、滞留专项经费等行为的，由市财政局、市教委责令限期整改，同时按照国务院《财政违法行为处罚处分条例》进行处理。构成犯罪的，依法移交司法机关追究其刑事责任。

第六章 附 则

第二十九条 本办法由北京市教育委员会与北京市财政局按各自职责分别负责解释。

第三十条 各市属高校加强本校就业创业基础条件和队伍建设也可参照此办法执行，经费由大学生就业创业定额经费中列支，按照本校预算要求进行申报、支出。

第三十一条 本办法自2015年9月1日起施行。

北京市人民政府关于进一步做好新形势下就业创业工作的实施意见

京政发［2015］59号

各区人民政府，市政府各委、办、局，各市属机构：

就业事关经济发展和民生改善大局。市委、市政府始终高度重视就业创业工作，坚持把稳定和促进就业摆在经济社会发展的重要位置，逐步形成了就业规模不断扩大、就业结构不断优化、就业质量不断提升的良好局面。为深入贯彻落实《国务院关于进一步做好新形势下就业创业工作的意见》（国发［2015］23号），以创业创新带动就业，催生经济社会发展新动力，促进民生改善和经济结构调整，努力建设国际一流的和谐宜居之都，现就进一步做好就业创业工作提出如下实施意见：

一、深入实施就业优先战略

（一）坚持稳增长与促就业良性互动

将城镇新增就业、调查失业率作为全市经济和社会发展的重要指标。合理确定经济发展速度，科学把握宏观调控的方向和力度，以稳增长促就业，以鼓励就业创业带动经济增长。加强财税、产业等经济政策与就业政策的配套衔接，建立宏观经济政策对就业影响的评价机制。结合产业升级转移需要，积极创造就业岗位，促进人岗、技岗更好适配。将稳定和促进就业作为公共投资和重大项目决策的必要条件，同等条件下优先安排创造就业岗位多、岗位质量好的项目。

（二）推动就业结构调整升级

把促进就业的重点放在文化创意、跨境电子商务、信息服务、科技服务、健康养老等领域。鼓励和支持各类组织、企业和个人参与社区服务业，以开发更多就业岗位。通过加快新一代信息技术、新材料、航空航天等产业发展，鼓励运用信息技术重构和整合制造业、建筑业等传统产业链条，逐步引导城乡劳动者到高端产业就业。大力推进农业调结构、转方式，试点培育新型职业农民，完善扶持政策，鼓励城乡劳动者投身现代农业。积极引导本市大龄劳动者进入交通安全保障、养老助残、社区文化服务等领域就业。

二、积极推进创业带动就业

（一）优化创业准入环境

进一步清理修订与商事制度改革不衔接、不配套的法律、法规和政策性文件。加快实施“三证合一、一照一码”登记制度；在中关村国家自主创新示范区（以下简称中关村示范区）设立的科技企业创业孵化集聚区，可采取“一址多照”、集群注册等方式为企业办理注册登记。注册在中关村示范区的网络商品交易零售企业在本市行政区域范围内设立的配送点、仓库、展示厅可以直接开展本企业销售商品的配送、仓储、展览展示等经营活动，可以不办理营业执照。企业应当通过企业信用信息公示系统主动公示其设立的配送点、仓库和展示厅信息，接受社会监督。建立统一共享的小微企业名录库，为企业提供政策宣传、享受扶持信息公示等服务。清理投资项目的前置性审批和审批的前置条件，优化审批流程，推动行政审批权限协同下放，建立在线审批监管平台。清理规范与就业创业密切相关的证照，严格规范管理行政审批和行政服务事项，改进行政审批行为。

（二）搭建就业创业服务平台

1. 加快构建众创空间。鼓励行业领军企业、创业投资机构、高等学校、科研机构等各类社会力量，根据城市功能布局合理发展创客空间、开源社区、创业咖啡、创新工场等众创空间。推进以中关村创业大街为代表的众创空间集聚区建设，研究制订适合众创空间发展的资金支持措施，试点推动老旧商业设施、闲置办公楼宇等资源优先用于创新创业服务。

2. 大力扶持创业孵化基地。研究设立创业孵化示范基地专项引领资金，力争5年内打造40家创业孵化示范基地。在此基础上，完善优秀创业项目遴选机制，增加资金扶持规模，助力优秀创业企业快速发展。积极探索基于互联网的新型孵化方式，鼓励发展“孵化+金融”的创业服务模式。

3. 全方位提供科技服务。积极提供开发设计、技术转移、检验检测认证等专业科技服务；发展支撑行业转型升级和辐射全国的综合科技服务；引导各类新型科技服务业态发展。发挥科技服务机构作用，加强科技企业与金融机构的对接。推进科技服务国际化人才培训基地建设，加强与国际知名机构的合作，引进和培养一批懂技术、懂市场、懂管理的复合型科技服务高端人才。

4. 优化知识产权管理与服务。协助重要发明专利申请优先进入国家审查；畅通中关村示范区小微企业专利审查绿色通道，重点加快实用新型和外观设计专利审查出证工作。

5. 加强劳动用工管理和就业服务。指导企业严格执行劳动合同法，鼓励企业与职工签订较长期限的劳动合同；严肃查处拖欠工资行为，维护职工合法权益。各级公共就业创业服务机构要积极为企业提供职业介绍、创业指导、职业指导、劳动人事事务代理等服务。

（三）加大资金支持力度

1. 加强财政资金引导。落实国家新兴产业创业投资计划，设立新兴产业创业投资基金，加大对初创期、孵化期、成长期企业和新兴业态的培育力度。充分发挥中小企业发展基金、科技型中小企业技术创新资金和首都科技创新券的引导作用，加大社会资本对中小企业，特别是科技型中小企业的投入。

2. 加大创业贷款政策扶持力度。将小额担保贷款调整为创业担保贷款。本市登记失业人员、农村劳动力、高校毕业生、复转军人和其他有创业意愿、需要帮扶的符合条件人员，依法注册个体工商户或创办小微企业的，给予贷款及财政贴息支持。加大对创业担保贷款经办机构的奖励性补助资金投入。鼓励银行业金融机构以优惠利率发放创业担保贷款。研究商业贷款贴息政策，对依法从事个体经营或创办企业并带动一定就业的重点群体和困难人员给予支持。

3. 鼓励利用多层次资本市场融资。支持全国中小企业股份转让系统、机构间私募产品报价与服务系统、本市区域股权市场创新融资方式，设计适合初创企业的融资产品。支持本市区域股权市场与各类孵化器、创业空间进行对接。鼓励会计、法律、信息等专业服务机构以及各类投融资机构为小微企业融资提供优质服务。

4. 搭建金融服务平台。鼓励银行业金融机构增加对小微企业的信贷投放力度，支持设立服务小微企业的信贷专营机构。实施担保贷款、知识产权质押、小额贷款保证保险等信贷创新试点。创新互联网金融服务产品，进一步丰富产业链融资和商业圈融资模式。鼓励金融机构探索建立小微企业信贷业务成本利润核算机制，合理降低融资成本；建立健全小微企业信用评估体系，加强对小微企业的信用培植；搭建银行业金融机构与小微企业间的对接平台，探索风险共担的融资性担保联盟模式。

（四）减轻创业税费负担

加强政策宣传和纳税服务工作，落实国家支持小微企业、科技企业孵化器、大学科技园发展的税收优惠政策。全面开展涉企收费专项清理工作，取消、降低一批涉企收费；完善监管机制，坚决遏制乱收费；对确需保留的涉企收费基金项目，建立依法有据、科学规范、公开透明的管理制度。

（五）调动科研人员创业积极性

1. 高等学校和科研机构可自主设立科技成果转化岗位。科技成果转化岗位上的科技人员经所在单位同意，可在岗创业，也可离岗创业。离岗创业人员应与所在单位签订或变更聘用合同（一般不超过3年），创业期间与原单位在岗人员享有同等职称评聘、岗位等级晋升和社会保险等权利。离岗或在岗创业人员可参加中关村高端领军人才职称直通车评价，获得高级工程师（教授级）资格的，高等学校和科研机构可聘任其相应的专业技术职务，且不占用所在单位高级职称指标。

2. 建立科研人员成果转化收益分配机制，经职工代表大会同意，科研机构可提取70%及以上的转化所得收益，划归科技成果完成人以及对科技成果转化作出重要贡献的人员所有。完善科技人员创业股权激励政策，探索将科技初创企业纳入股权奖励、股权出售方式的适用范围，并放宽对企业盈利水平的限制。

（六）鼓励农村劳动力创业

促进农村一二三产业融合发展。开展家庭农场试点，扩大对农民专业合作社、龙头企业的贴息奖励范围，大力发展农产品加工、休闲农业、乡村旅游等产业。建设一批农业创业创新示范基地和实践基地，大力发展“互联网+农业”，支持农民网上创业。

（七）挖掘电子商务领域就业创业潜力

鼓励劳动者在电子商务领域就业创业。经工商登记注册的网络商户从业人员，同等享受各项就业创业扶持政策；未经工商登记注册的，可认定为灵活就业人员，享受相应扶持政策，其中在网络平台实名注册、稳定经营且信誉良好的网络商户创业者，可按规定享受创业担保贷款及贴息政策。支持各类学校、企业及社会组织以校企合作方式，探索实训式电子商务人才培养机制。

三、努力稳定就业

（一）鼓励企业稳定职工就业

要扩大失业保险基金支持企业稳定就业岗位的实施范围，引导企业承担稳定就业的社会责任，对符合条件的企业按照不超过企业及其职工上年度实际缴纳失业保险费总额的50%给予稳定岗位补贴。研究制订鼓励企业稳定大龄职工就业至退休年龄的岗位补贴政策。本市土地储备机构有偿收回企业因兼并重组退出的土地，支付给企业的土地补偿费用按规定优先用于职工安置、偿还债务等支出。

（二）妥善分流安置职工

调整、搬迁以及生产经营困难的企业可采取缩短工时、轮岗培训、适时安排年休假、轮岗放假、协商薪酬等措施尽量不裁员或少裁员。与未在岗职工保持劳动关系的企业应向其支付不低于最低工资标准70%的生活费。企业确需裁减人员的，应依法制定裁员方案，履行法定程序。政府部门、工会组织和企业代表组织要加强对企业裁员的事前指导、事中监督和事后服务。各级公共就业创业服务机构应及时为企业裁减的职工办理失业登记，并促进其尽快实现就业。

四、加大就业帮扶力度

（一）扩大就业政策帮扶范围

将鼓励单位招用登记失业人员和城乡就业困难人员的岗位

补贴和社会保险补贴政策、鼓励城镇就业困难人员自谋职业（自主创业）的社会保险补贴政策扩大到毕业年度高校毕业生、退役士兵、社会公益性就业组织安置的城乡就业困难人员和经确认的分流职工等。合理调整灵活就业社会保险补贴政策。全面推进城乡统一的社会公益性就业组织建设，建立公益性就业岗位征集评估认定机制，开发更多公益性岗位优先安置城乡就业困难人员。

（二）加大城乡就业困难人员帮扶力度

探索制定城乡就业困难人员综合评价标准，规范认定程序，完善帮扶制度，指定职业指导员实施精细化就业援助。落实《社会救助暂行办法》（国务院令第649号），定期组织登记失业的低保申请人和享受低保待遇人员参加公益劳动或活动，确保享受低保待遇家庭中有劳动能力成员至少一人实现就业。民政部门在受理低保申请和核发最低生活保障金时，按规定核查其求职状况。对于实现就业的低保申请人和享受低保待遇人员，在核算家庭收入时，扣除低保标准的一定比例作为就业奖励，再计算家庭月人均收入。

（三）推动实现就业帮扶城乡、区域一体化

研究建立重大项目就业影响评估机制，利用失业保险基金对本市就业受到较大影响的地区给予资金支持。加快建立城乡统一的就业失业管理制度和失业保险制度。探索本市城乡劳动者在居住地登记失业、享受失业保险待遇并获得就业帮扶的模式；结合推进京津冀协同发展战略，探索本市城乡劳动者在外埠接受就业失业管理、享受失业保险待遇和获得就业帮扶的方式。各级公共就业创业服务机构要为城乡劳动者提供均等化的服务。

（四）鼓励高校毕业生多渠道就业

1. 各级政府部门开发、购买的具有专业技术要求的城市公共管理和社会服务岗位，优先吸纳高校毕业生就业。完善工资待遇进一步向基层倾斜的办法，落实学费补偿和国家助学贷款代偿政策，健全服务保障机制，鼓励高校毕业生到本市边远基层单位就业。

2. 不断扩大就业见习规模。对见习期满留用率达到50%以上的单位，适当提高见习补贴标准。将求职补贴调整为求职创业补贴，补贴对象范围扩大到已获得国家助学贷款的毕业年度高校毕业生。高级工及以上水平的技工院校毕业生和特殊教育院校职业教育类毕业生可参照高校毕业生享受相关就业补贴政策。

3. 深入实施大学生创业引领计划，帮助更多高校毕业生实现自主创业。全面落实离校未就业高校毕业生就业促进计划，举办高校毕业生就业服务月、网络招聘月等活动，力争使每一名有就业意愿的未就业高校毕业生在毕业半年内都能实现就业或参加到就业准备活动中。整合发展高校毕业生就业创业基金，为高校毕业生就业创业提供支持。落实北京地区高校高质量就业创业计划，着力构建大学生创业园孵化体系。

（五）推进农村劳动力转移就业

高度重视土地流转、农业结构调整后的农民转移就业帮扶工作。围绕培育新型农业经营主体、新型城镇化建设等方面，加大促进就业、鼓励创业和职业培训的政策扶持力度。着力加强农村社会公共管理服务、生态文明建设，全面建立农村社会公益性就业组织，对年龄偏大、生活困难的农村就业困难人员给予托底安置。

（六）促进退役军人就业

落实国家及本市出台的对自主择业军转干部、自主就业退役士兵、随军家属的各项优惠政策。建立自主择业军转干部人才库，摸清就业需求，及时发布人才和就业岗位信息。对就业困难的退役士兵给予重点就业援助。退役士兵报考公务员、应聘事业单位职位的，在军队服现役经历视为基层工作经历，服现役年限计算为工作年限。

（七）进一步改善残疾人就业环境

加快推进残疾人就业地方立法工作。落实鼓励用人单位招用残疾人的各项奖励政策，建立用人单位按比例安排残疾人就业公示制度。完善本市残疾人集中就业单位资格认定管理办法，落实对残疾人集中就业单位的各项优惠政策，政府采购在同等条件下优先购买残疾人集中就业单位的产品或服务。大力发展残疾人辅助性就业，对残疾人辅助性就业机构的设施设备、无障碍改造等给予扶持。

五、加强就业创业服务和职业培训

（一）强化公共就业创业服务

1. 健全覆盖城乡的公共就业创业服务体系。进一步整合各区就业服务机构和人才交流服务机构。明确公共就业创业服务机构职责，充实力量；加强街道（乡镇）和社区（村）基层服务平台建设，合理配备人员，改善服务设施。建立各级公共就业创业服务机构的场地、设施设备、人员等标准，强化政策咨询、创业指导、信息发布等服务职能，并通过购买服务的方式对创业者开展项目论证、创业培训等指导。

2. 完善公共就业创业服务经费保障机制。将各级公共就业创业服务机构和社区、行政村的公共就业创业服务平台所需经费纳入财政预算，并综合考虑所承担的工作量，合理安排基本支出和项目支出预算。将职业介绍补贴和扶持公共就业服务补助合并调整为就业创业服务补贴，用以加强公共就业创业服务能力建设，向社会力量购买优质就业创业服务。

3. 推进公共就业创业服务信息平台建设，向城乡劳动者提供方便快捷的就业失业管理、职业教育培训、就业创业帮扶政策以及劳动用工管理、人事档案管理等全程信息化服务。

(二) 加强人力资源市场建设

消除城乡、行业、身份、性别等影响平等就业的制度障碍和就业歧视。鼓励国有企事业单位通过人力资源市场选聘人员。健全统一的市场监管体系，推进人力资源市场诚信体系建设和标准化建设，确定一批人力资源服务诚信示范机构。加大对侵犯求职者和用人单位合法权益行为的打击力度，及时纠正招聘过程中的歧视、限制和欺诈等行为。鼓励发展人力资源管理咨询、人力资源外包、素质测评、人力资源培训等服务。依法规范劳务派遣用工行为，促进行业健康发展。

(三) 加强职业培训和创业培训

统筹利用各类职业培训资源，大力开展就业技能培训、岗位技能提升培训和创业培训。建立面向全体劳动者、全职业生涯、全过程衔接的终身培训制度，持续增强劳动者就业创业能力。适应现代企业发展和产业转型升级需要，推行“企校双师联合培养”的新型学徒制；支持企业与技工院校共同对新招用青年劳动者和新转岗人员等开展新型学徒制培训，并对企业给予职业培训补贴。创新培训方法和手段，完善高校创业课程体系，开发适合不同群体、不同阶段的创业培训项目，提升培训水平。进一步发挥高技能领军人才作用，健全首席技师工作室和技师研修培训制度。推进职业资格管理改革，健全企业技能人才培养、评价、使用相结合的激励机制，使技能劳动者获得与其能力业绩相适应的工资待遇。

六、健全就业创业工作机制

(一) 强化组织协调

充分发挥各级社会保障和就业工作领导小组的组织协调作

用，加强对就业形势的分析研判，统筹研究制订就业创业政策，整合就业创业服务资源，协调解决重点难点问题。有关部门要增强全局意识，密切配合，尽职履责。要充分发挥共青团、工会、妇联等人民团体以及其他社会组织的作用，营造各方共同促进就业创业的良好氛围。

（二）严格考核管理

将就业创业工作纳入政绩考核，围绕政策落实、群众满意度、资金投入等指标加大考核力度。对在就业创业工作中取得显著成绩的单位和个人，按国家有关规定予以表彰奖励；对不履行职责，造成恶劣社会影响的有关单位负责人及具体责任人进行问责。

（三）加大资金投入

各级政府根据本地区就业状况和工作需要，在财政预算中合理安排就业相关资金；同时充分发挥失业保险基金促进就业、稳定就业、预防失业的作用。按照系统规范、精简效能的原则，明确各级政府促进就业政策的定位，严格支出责任划分。进一步规范就业专项资金管理，强化资金预算执行和监督，开展资金使用绩效评价，着力提高资金使用效益。

（四）加强监测分析

完善就业失业统计指标体系，健全就业创业工作指标。严格执行全国劳动力调查制度，健全针对劳动者、单位和人力资源市场的调查分析制度。落实企业裁员报告制度，推进失业预测预警体系建设，建立应对不同失业风险的就业应急预案。

（五）注重宣传引导

坚持正确导向，加强政策解读，及时回应社会关切。大力宣传促进就业创业工作的经验做法，宣传劳动者自主就业、自主创业和用人单位促进就业的典型事迹，引导全社会共同关心和支持就业创业工作，引导高校毕业生等各类劳动者树立正确的就业观，大力营造劳动光荣、技能宝贵、创造伟大的时代风尚。

北京市人民政府

2015年12月2日

【课后练习】

创业园实地考察及调研

1. 根据创业方向或家庭住址等进行班内分组，每组实地考察1~2个创业园；

2. 制订调研计划。确定调研调研区域，调研方案设计、参与人员及支出预算等；

3. 撰写调研报告在班内进行交流。报告应包含创业园区市场定位和特色、进驻的典型项目，银行税务工商配套情况，提供的支持政策，周边交通、配套设施、水电以及生产厂家、公司商家经营运营状况。

第十课 企业注册 LESSON 10

【创业故事】

西餐厅无证营业：图省事惹大麻烦

小张大学毕业后想在自己的母校开一家西餐厅。听到朋友们说工商注册登记手续很麻烦，再加上西餐厅在学校里面，位置比较隐蔽，于是在没有进行工商登记注册的情况下便开张经营了半年。突然有一天，工商和卫生部门前来检查，发现小张的西餐厅是无证经营，也没有卫生局的前置审批批文，于是责令西餐厅停止营业，办理相关手续后才可继续经营，并罚款5000元。望着这5000元的罚单，小张无可奈何，半年所得的利润付诸东流，后悔不已。

【导师问答】

问：自己想创业办一个公司，该如何办理工商手续呢？

答：首先你要清楚你要办的是什么样的企业，个体工商户？个体独资企业？合伙企业？还是有限公司？也就是先要清楚要创办企业的组织形式，然后根据工商局对不同企业组织形式的要求进行办理。如果是自己办理，可以自己到工商局网站进行查看和咨询，然后按要求一步一步去完成；如果怕麻烦，也可委托专门的代理注册机构去进行注册。

学习要点

1. 企业的组织形式，不同企业组织形式的注册要求。
2. 企业的权利、义务与社会责任，与企业相关的法律法规。
3. 企业注册流程，企业开办需注意的相关事项。

【知识导航】

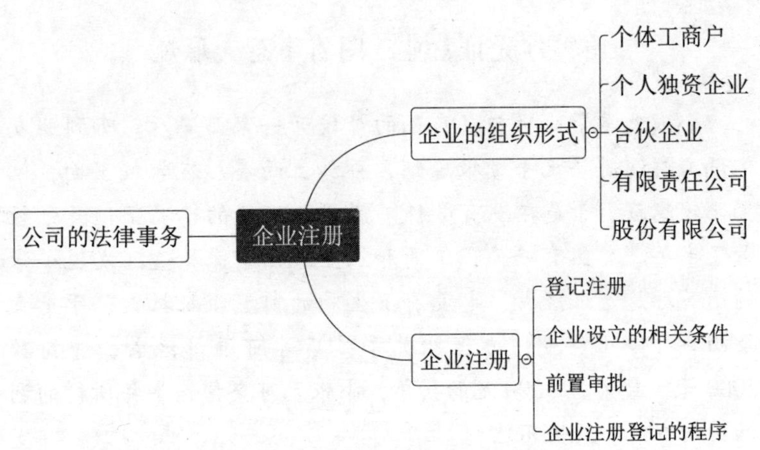

第一节 企业的组织形式

现代企业的组织形式按照财产的组织形式和所承担的法律责任划分为个体工商户、个人独资企业、合伙企业、有限责任公司和股份有限公司。

一、个体工商户

个体工商户是指从事个体工商业经营的个体经济形式。它以本人或家庭的生产经营资料进行生产经营活动，成员为劳动者本人或其家庭成员。

个体工商户的经营范围很广，国家法律法规禁止的除外。

在注册时，个体户不是公司法人，不需要注册资金，个人承担无限责任；部分地区对个体户按定额税方式征税。定额税就是实行定期定额征税的一种方式。通常税务部门会按你的经营面积、地段、设备等核定一个营业额，每月固定缴税。经营不足定额的也要按定额缴税（可以申请重新核定），开具发票金额超过起征点或定额的，还需要补缴这部分税款。

二、个人独资企业

个人独资企业是指依照《个人独资企业法》在中国境内设立，由一个自然人投资，财产为投资人个人所有，投资人以其个人财产对企业债务承担无限责任的经营实体。

个人独资企业在注册时必须提供企业名称、企业住所、投资人姓名和居所、出资额和出资方式、经营范围。投资人需要向登记机关提供投资人签署的个人独资企业设立申请书、投资人身份证明、企业住所证明、国家工商行政管理总局规定提交的其他文件。登记机关应当在收到全部文件之日起 15 日内，做出核准登记或者不予登记的决定。

三、合伙企业

合伙企业是指依照《合伙企业法》在中国境内设立的由各合伙人订立合伙协议，共同出资、合伙经营、共享收益、共担风险，并对合伙企业债务承担无限连带责任的营利性组织。

合伙企业申请注册要满足有两个以上依法承担无限责任的合伙人，有书面合伙协议，有各合伙人实际缴付的出资，有合伙企业的名称，有经营场所和从事合伙经营的必要条件。合伙人之间签订合作协议，并报工商局备案。

以上三类企业属自然人企业，出资者对企业承担无限责任。

四、有限责任公司

有限责任公司是指由一定人数的股东组成，股东以其认缴的出资额为限对公司承担责任，公司以其全部资产对公司债务承担责任的公司。

有限公司注册时要满足股东符合法定人数、股东共同制定公司章程、建立符合有限责任公司要求的组织机构、有固定的生产经营场所和必要的生产经营条件等要求。

我国的一人公司属于有限责任公司的一种特殊形态，所以在满足一人公司的实体性要件的基础上，程序性要件主要参照有限责任公司的有关规定。一个自然人只能投资设立一个一人有限责任公司，该一人有限责任公司不能投资设立新的一人有限责任公司。

五、股份有限公司

股份有限公司是指全部注册资本由等额股份构成并通过发行股票（或股权证）筹集资本，公司以其全部资产对公司债务承担有限责任的企业法人。法律对公司股东人数只有最低限度，无最高额规定，注册资本的最低限额为人民币 500 万元。其主要特征是：公司的资本总额平分为金额相等的股份；股东以其所认购股份对公司承担有限责任，公司以其全部资产对公司债务承担责任；每一股有一表决权，股东以其持有的股份，享受权利，承担义务。公司应当将经注册会计师审查验证过的会计报告公开。股份有限公司本质上也是一种有限责任公司。

第二节　企业的法律事务

只要开始创业，哪怕是很小的企业也会涉及很多法律问题。创业活动的整个过程、各个方面都必须符合法律的规定。按照公司从成立、经营到解散或破产的顺序，和中、小企业密切相关的主要的法律、法规有：

《公司法》——是规范公司行为的基本法律，公司的设立、股东资格、公司章程、股东责任、股东权利、公司高管、公司解散、清算等事项，都应当按照《公司法》的规定来进行，是贯穿中、小企业从设立到解散各个过程的一部法律。

《公司登记管理条例》——是公司设立、年检、注销必须遵循的法规。

《合同法》——是规范市场交易的法律，是民事主体进行经济活动所遵循的主要法律。合同涵盖的内容广泛，不仅商品交易需要订立合同，公司的股权交易、知识产权交易、物权变动等事项也均需有合同保障，以上事项均受《合同法》的调整。

《物权法》——公司经营所得，涉及的土地、房产等不动产以及交易有些动产，是需要登记才能取得物权的，这部分物权的取得受《物权法》调整。另外，物权具有担保功能，在涉及物权担保时，必须遵守《物权法》的相关规定。

《婚姻法》《继承法》——公司在运转的过程中，可能因为股东婚姻、继承等事项而出现股东或股份的变动，这方面上述两部法律均有调整。

《劳动法》《劳动合同法》——公司经营离不开人，而公司作为用人单位就要遵守《劳动法》《劳动合同法》以及相关的配套法规的规定，为劳动者缴纳各种社会保险。

《会计法》——公司运转，各种经济指标都要用数字来体现，而体现的数字都要受《会计法》的规定，不能违背该法及配套法规的相关规定。

《担保法》——公司经营的时候，不仅涉及为人担保，也可能涉及找人担保，这方面就要受到《担保法》的调整。

《民事诉讼法》《行政诉讼法》《仲裁法》——为了应对创业过程中可能发生的各种纠纷，大家需要学习并了解《民事诉讼法》《行政诉讼法》《仲裁法》中规定的具体诉讼程序，面对交易金额较大、商品较多的经济往来要多采用书面合同文本形式，同时要具有积极收集证据的法律意识。

《破产法》——公司的终止，就是公司法人人格的消灭，无论是股东自行决定解散还是申请法院解散，都要成立清算组，这时的操作《公司法》有规定；而到了资不抵债的时候，申请破产就要受《破产法》的规范了。

其他需要了解的法律：

金融类法律——公司成立之后，运营期间要支付结算、贷款融资，这时涉及的法律、法规有《票据法》《证券法》《贷款通则》等。公司为了分散风险以及交通工具类因国家强制规定而必须或选择的保险，就又涉及《保险法》的相关规定。

知识产权类的法律——公司有自己的商誉，同时还会给自己的产品或者服务注册商标，有自己的商业秘密和专利技术。这些涉及《商标法》《专利法》《反不正当竞争法》的调整。

税收类的法律——公司作为最重要的纳税义务人，在缴纳税款的时候要遵循《增值税法》《企业所得税法》《个人所得税法》《税收征管法》等法律的规范和约束。

公司是拟制的“人”，从“生”到“长”一直到“消灭”，都是一系列的法律行为，所以，均要遵守法律规定，以上是和以公司为主要存在形式的中、小企业密切相关的法律、法规，当然这仅仅是一部分主要的法律、法规，并未囊括全部。

透过上述所涉及的主要法律、法规我们可以看到，国家为了保障公司的正常运转，设计了一系列的法律规范，可以形象地说，公司就是在“法网”里运转的经济体。

第三节　企业注册

企业登记注册主要是工商登记、办理组织机构代码以及税务登记。现在北京市实施三证合一，将企业依次申请的工商营业执照、组织机构代码证和税务登记证三证合为一证，提高市场准入效率，“一照一码”则是在此基础上更进一步，通过“一口受理、并联审批、信息共享、结果互认”，实现由一个部门核发加载统一社会信用代码的营业执照。

在企业的注册过程中，最重要的是企业命名和企业选址。

一、企业登记注册

完成了创业的前期准备，有了项目、场地、资金等条件后，就可以开始为创业企业申请合法的地位了。按照我国法律规定，到相关的行政部门进行工商注册和税务登记，企业拿到营业执照，有了发票后，就可以正式营业了。为保证申办工作顺利进行，创业者应了解企业在申办时需要办理哪些手续，办理这些手续需要多长时间、缴纳多少费用等。只要认真按照程序去做，一般都会顺利地办完各种手续。

二、公司设立的相关条件

根据国家相关法律规定，企业类型不同，设立的条件也各不相同，在具体办理过程中需要提交不同的材料，具体要求如表 10-1 所示。

表 10-1　公司设立条件及要求

类型	个体工商户	个人独资企业	合伙企业	有限责任公司
法律依据	《个体工商户条例》	《个人独资企业法》	《合伙企业法》	《公司法》
设立条件	有经营能力的公民	有民事能力的一个自然人	合伙人数不少于两人	2~50 人
提交文件	个体工商户开业登记申请书、申请人身份证明、经营场所证明、规定提交的其他文件	投资人登记申请书、投资人身份证、经营场所证明、企业名称核准通知、规定的其他文件	合伙人登记申请书、合伙人身份证、合伙人委托书、经营场所证明、规定的其他文件	登记申请书、公司章程、验资证明、规定的其他文件

三、前置审批

依照目前的法律规定，当企业希望从事烟草、酒类、文物及图书经营、餐饮服务或印刷等业务时，需要首先到相关主管部门办理前置审批手续。待审批完后才能办理工商营业执照。依照目前的法律规定，以下事项需要办理前置审批手续。

表 10-2　国家规定的前置审批一览表（节选）

序号	事项	审批机关及许可内容
1	食品、餐饮（生产或经营）	卫生检疫部门、环保局核发的餐饮服务许可证、100 平方米以上须有排污许可证
2	烟草制品（批发零售）	烟草专卖局核发的烟草专卖许可证
3	互联网上网服务营业场所	文化行政部门核发网络文化经营许可证
4	旅馆业	卫生部门、公安行政管理部门核发卫生许可证和特种行业经营许可证
5	娱乐场所	文化、卫生、消防、环保
6	印刷业	新闻出版局、公安局核发的印刷经营许可证
7	旅行社	旅游局核发旅行社业务经营许可证
8	打字、复印	新闻出版局许可证
9	动物诊疗机构	农业行政管理部门核发的动物诊疗许可证

四、注册登记的程序

办理有关工商登记的手续。不同企业形式需要提交的资料有所不同。下面主要就有限公司和个体工商户两种形式进行重点说明。

（一）有限责任公司注册的基本流程、需提交的相关材料

1. 企业名称预先登记

办理程序：持股东（投资人）资格证明领取《名称（变更）预先核准申请书》《投资人授权委托意见》→填表（按公司命名要求一次可以最多起 9 个名称备查）→交表→领取《企业名称预先核准通知书》。

2. 企业设立登记

办理程序：出示《企业名称预先核准通知书》→领取《企业设立登记申请书》及《企业设立登记申请书》等有关表格。

3. 前置审批

按国家规定的前置审批项目规定，根据表10-2要求，到相关部门办理许可证。

4. 提交公司章程

章程由全体股东共同签署，其中自然人股东亲笔签字，法人股东加盖公章。

5. 提交股东资格证明

自然人股东提交身份证复印件，企业法人股东提交加盖公章的营业执照复印件。

6. 提交《指定（委托）书》

《指定（委托）书》可从工商局官方网站下载或去工商登记机关领取，是制式格式申请文件，按格式要求填写并由全体股东共同签署。

7. 住所使用证明

产权人签字或盖章的房产证复印件。产权人为自然人的应亲笔签字，产权人为单位的应加盖公章。房产用途应与实际经营用途一致。

8. 《补充信息登记表》

《补充信息登记表》可从工商局官方网站下载或去工商登记机关领取，是制式格式申请文件，按格式要求填写。

提示：需提交的材料均需使用A4纸打印。

9. 工商注册的审批、领取营业执照

办理程序：填写并提交《企业设立登记申请书》等材料→领取《准予设立（变更、注销、撤销）登记（备案）通知书》→5

个工作日后持《准予设立（变更、注销、撤销）登记（备案）通知书》→领取营业执照正副本。

10. 企业印章备案及刻制

办理程序：携带营业执照副本到公安分局窗口备案→公安分局在营业执照副本上印核准章→在指定的刻字社刻制公章、财务章、合同章、人名章等印鉴。

11. 开设银行账号

提供材料：以各入资银行的具体要求为准。

（二）个体工商户注册的基本流程、需提交的相关材料

1. 名称预先登记

办理程序：从工商局官方网站下载或去工商登记机关领取《名称（变更）预先核准申请书》→填表（按公司命名要求一次可以最多起9个名称备查）→交表→领取《名称预先核准通知书》。

2. 前置审批

按国家规定的前置审批项目规定，根据表10-2要求，到涉及相关部门办理许可证。

3. 提交《个体工商户开业登记申请书》

从工商局官方网站下载或去工商登记机关领取《个体工商户开业登记申请书》，按格式要求填写，个人经营的由经营者亲笔签署，家庭经营的由主持经营者亲笔签署。

4. 提交经营者资格证明

经营者身份证复印件，如家庭经营的应提交能证明亲属关系的文件。

5. 经营场所使用证明

产权人签字或盖章的房产证复印件。产权人为自然人的应亲笔签字，产权人为单位的应加盖公章。房产用途应与实际经营用途一致。

6. 提交《指定（委托）书》

《指定（委托）书》可从工商局官方网站下载或去工商登记机关领取，是制式格式申请文件，按格式要求填写，个人经营的由经营者亲笔签署，家庭经营的由全体经营者亲笔签署。

7.《补充信息登记表》

《补充信息登记表》可从工商局官方网站下载或去工商登记机关领取，是制式格式申请文件，按格式要求填写。

提示：需提交的材料均需使用A4纸打印。

提交上述材料后，5个工作日后可领取执照。如不成功，按照告知建议修改材料，准备再次办理。

【案例链接】

1. 大学生办网站遭遇索赔

去年5月，杭州某大学临近毕业的小杰和几位志同道合的同学利用自己网站开发的技术优势创办了一家免费电影网站，没想到网站刚开始运行却等到了一场官司，对方索赔60万元。小杰免费电影网站的电影都是从迅雷网络下载的，然而其中的几部电影与杭州一家影视公司签订了杭州地区的代理，60万元的索赔对于创业大学生来说是一个沉重的打击。不久，小杰收到了法院的传票。大学生创业缺乏经验又缺乏资本，无意中碰到法律法规中的红线也难以避免，在大学生创业过程中应当尽量多了解相关法律法规。

2. 清华学生“零首付” 办公司

2014年3月3日，北京紫晶立方科技有限公司的法人代表王世栋领到了编号为00000001号的新版营业执照。这是全面实施注册资本登记制度改革后，北京市发出的首张新版营业执照。

执照：横版变竖加二维码

与横板的旧版最明显的不同，是新版营业执照为竖版，并增加了二维码。北京晨报记者用手机扫了一下这个二维码，手机界面立刻转到了北京市企业信用信息网上关于北京紫晶立方科技有限公司的情况，包括注册号、名称、类型、法定代表人、注册资本、成立日期、住所、营业期限、经营范围、登记机关、发照日期、经营状态等多项信息。而点击这个页面上的“更多信息”，则可以查看这家企业的投资人信息、主要人员信息等。更重要的是，良好信息、提示信息、警示信息等涉及企业信用的信息也能够通过这种方式查看。

登记：不再收取验资证明

北京晨报记者了解到，这家公司由清华大学五位学生共同创办，他们利用自己的3D打印技术特长投资了这家注册资本10万元的公司。“对于我们这些小创业公司来说，凑齐注册资本是个很大的困难。”王世栋表示，新的注册资本登记制度为他们解决了因缺少资金不能办公司的难题，“认缴注册资本10万元，我们预估公司10月份前能盈利，所以准备10月份时缴齐注册资本。”市工商局注册处处长况旭介绍，实行注册资本认缴登记制后，工商部门只登记公司认缴的注册资本总额，无须登记实收资本，不再收取验资证明文件。

澄清：认缴不是不缴

实行注册资本认缴登记制并没有改变公司股东以其认缴的出资额承担责任的规定，也没有改变承担责任的形式。股东（发起人）要按照自主约定并记载于公司章程的认缴出资额、约定的出资方式和出资期限向公司缴付出资，股东（发起人）未按约定实际缴付出资的，要根据法律和公司章程承担民事责任。

资料来源于《北京晨报》2014年3月4日第A12版。

【能力训练】

上机模拟：申请你的营业执照

活动目的：学习并了解营业执照申请的过程

器材场地：计算机机房

游戏规则：

1. 所有学员在自己的计算机上按照自己的项目申请营业执照；

2. 依照模拟软件的要求步骤顺序提供各种材料；

3. 完成每一步的要求后自动进入下一步；

4. 过程中学员如有问题需要讨论，可以举手示意，按照指导老师的要求进行；

5. 也可采取相同项目，组员一起申请一份营业执照。

分享重点：

1. 软件要求提供的企业名称怎么通过？

2. 不同企业营业执照申请的前置审批情况。

3. 软件要求的企业经营地址材料实际操作中怎么提供？

【课后练习】

公司起名及选址

1. 给你的企业起名。

2. 选择合适的地址：制订选址调研计划，包括调研区域选择，调研方案设计、参与人员及支出预算等。选址报告应包含企业市场定位和经营特色、营业面积和商业结构、选址周围地理位置、商业环境和竞争状况、新店址周围居民及流动人口消费结构、消费层次、预计辐射范围、经营效益评估、企业未来前景分析等。

第十一课 启动资金 LESSON 11

【创业故事】

成仁为何失败？

王成仁是北京某某大学人力资源管理专业2013届毕业生，因参加公务员考试失利，又不愿去一般企业事业单位应聘，最终考虑与几个志趣相投的同学联合创业。2013年7月，王成仁组织大家制订了一份筹办公司的计划书，公司的主旨是为企业和个人提供人才评估、咨询、培训、交流、猎头、人事代理等服务，为高校毕业生就业开通“绿色通道”，提供求职培训、素质测评、推荐安置工作等服务。首先，要寻找启动资金，王成仁想到了向父母借点钱，作为公司最初的营业资金，但是知道创业艰辛，加之父母经济状况并不是很好，父母拒绝了王成仁的借款要求。见过不了父母这一关，满腔热情的王成仁找到多年经商且经济状况较好的舅舅谈了自己的想法，思想开明的舅舅，虽然不赞成王成仁的创业项目，但是碍于亲戚情面，不好意思完全拒绝，名义上借给他，实际上就没打算让他还钱，通过银行转账的方式，借款10万元。王成仁的其他创业伙伴，分别向家人、朋友、亲戚等借款，筹集资金5万元，成了他公司的6名股东。2014年5月，通过市场调研，他们把公司办公地点选在了高校林立的海淀区学院路富通大厦，办公场地租金及物业开支每月 10 000 元。8 月 10 日，王成仁正式注册成立了人力资源服务有限公司，任总经理，并建立了专业的网站。根据公司开展业务的需要，聘用了 4 名工作人员，每人工资 2500 元，月度支持人工成本 10 000 元，5 名创始人达成协议在公司盈利前不领工资。为了宣传公司，王成仁设计好宣传单后，印制 8 种宣传品，共投入广告制作及宣传费用 12 000 元。

按事先的构想，9 月至 10 月是免费服务期，9 月底前发出的 2 万张传单，预计会有 2000~3000 人成为公司会员，公司将为成为会员的大学生提供免费服务。实际情况却不是这样，因怀疑公司免费服务的真实性，很多学生不敢来。到 9 月底，仅有 500 名学生来报名，因仍有人持怀疑态度，150 人在办卡时故意填错了身份证号，实际入会的仅有 350 名会员，会员卡做好后，又有 150 人因担心收费没来领卡。最后，2 万张宣传单仅换来 200 名免费会员，大大低于原先的设想。联系学生不太理想，家长方面也受到了挫折。为取得家长需求信息，王成仁花了 8000 元在报纸上刊登了广告。最后，8000 元广告仅换来 35 个客户，最终没有做成。

截止到 2014 年 12 月，公司 15 万元的创业资金已花去了 10 万多元，却没有任何收入，也看不到创收的机会。在这种情况下，当初一起投资的同学有 3 人见公司前景情况不妙，抽走了 3 万元的出资。最后仅剩下 3 名同学坚持着和他一起干。王成仁盘点发现，5 个月的时间，公司净亏 10 万元。面对这种情况，王成仁决定解散公司，创业宣告失败。

【导师问答】

问：自己有了创业的决心，如何确定并合理应用启动资金？

答：启动资金主要用于支付场地租金、办公设备、原材料和进货成本、商品库存、水电通讯交通、人员工资、推广宣传和促销等费用，一般至少要按 3 个月准备。要想用最少的资金办最多的事，关键是要做好启动资金的管理与分配。要想控制成本获取最大利益，就要懂得成本管理的基本方法和成本控制的主要途径，用科学的方法进行成本管理和成本控制。

学习要点

1. 新创企业启动资金的管理与分配。
2. 财务基础知识，理解资产负债表、损益表和现金流量表等财务报表。
3. 小微企业成本管理的方法与成本控制的途径。
4. 相关表格的学习与填写。

【知识导航】

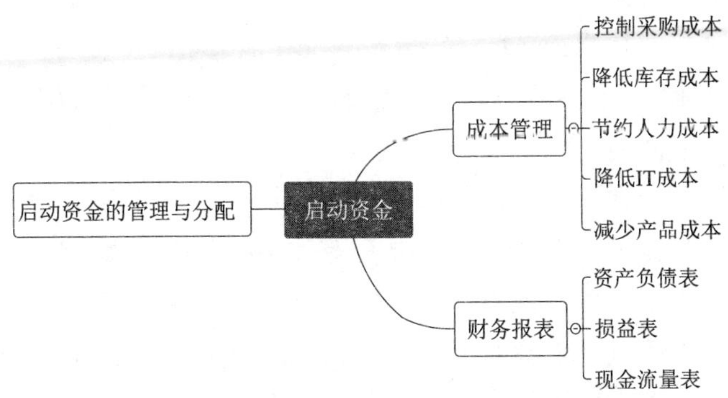

第一节　启动资金的管理与分配

启动资金是创办企业时，用来支付场地（土地和建筑）、办公家具和设备、机器、原材料和商品库存、营业执照和许可证、开业前广告和促销、工资以及水电费和电话费等所有费用的资金。

启动资金分为投资和流动资金。投资是指为构建企业的固定资产以及为开办企业而支出的一次性费用，主要用在企业用地、建筑和购买机器设备等方面，如购置办公家具费用、装修费、办证费等。流动资金是指企业日常运转所需要支出的资金，主要用于购买原材料、促销、工资、租金、保险和其他费用。一般来说，在能够收回成本之前，微小企业事先至少要准备3个月的流动资金。

具体而言，启动资金一般用于支付下列一次性投入款和初期的日常经营费用：①场地租金和押金；②场地装修和装饰；③首批进货；④经营设备和家具；⑤户外广告牌、指路牌或门牌等；⑥人员薪酬待遇；⑦其他杂项维持费用。这些款项中，一般至少要准备3~6个月租金；首批进货量可根据开业后第一阶段的销售预测额来定；人员薪酬及其他杂项维持费用也按3~6个月计算。创业者只有根据自己的创业项目，合理分配和使用启动资金才能使创业项目顺利运行。

我们经常会看到很多创业者激情有余，但缺乏必要的财务知识和稳健的财务决策。创业企业如果在员工薪酬、广告、耗材等方面缺乏理财观念，创业启动资金很快就会用完，在无收入来源、无融资来源的情况下，关门停业是创业公司唯一的选择。忽视财务融资规划，对创业过程需要多少资金、成本收益如何、后续资金如何筹集等重大财务事项没有一个清晰的规划，导致步步被动，这是创业者财务短视的表现之一。因此，对于资金规划，创业者要做好以下几点：

第一，创业者在创业之初，由于融资能力与融资途径等因素的影响，创业启动资金较少。同时，创业过程具有很大的不确定性，市场风险较大，是创业者无法控制的，需要有更多的预留资金以满足企业临时之需。

第二，有限的创业启动资金与更多的资金需求冲突，要求创业者在创业资金规模一定的条件下，加强创业资金管理，牢牢树立成本观念，把有限的资金用在刀刃上，留有部分现金流，以满足突发事情对资金的需求。

第三，如果过多关注创业项目本身而忽视了融资工作，易出现财务短视行为，即使是再好的项目，也会由于市场不确定性带来毁灭性的打击。构成一个企业的四大生产要素是技术、资本、人力和企业家。创业过程是一个整合资源进行创新的过程，如果缺乏资金等关键资源的支持，任何优秀的项目或好的市场机会都难以把握，导致创业的失败。

第四，创业过程是一个长期的过程，创业者自身的启动资金很难满足创业发展的需要，因此，创业者及创业企业应有一个融资计划或规划，以指导企业的融资行为，确保创业企业的发展能够得到源源不断的资金支持。

第五，企业融资的目的是促成业务的设立、运转、发展，直到收取回报，形成投入与产出的良性循环。如果只考虑筹借到创办企业的资金，而在企业有盈利能力之前，没有后续融资储备，资金链条总会有断裂的危险，企业经营自然难以为继。

第二节　财务报表

财务报表将提供最全面的信息来了解一家公司的过去、现在和预计的未来利润与生产率。创业人员需要能够看懂财务报表，基本上明白表中各栏目的意义。通过财务报表，可以全面地了解和评价企业的财务状况、经营业绩和现金流量，明确企业的竞争地位和预测企业的经营前景。

三种基本的财务报表包括资产负债表、损益表和现金流量表。

一、资产负债表

资产负债表（表11-1）是反映企业在某一特定日期（如月末、季末、年末）全部资产、负债和所有者权益情况的会计报表，是企业经营活动的静态体现，根据“资产=负债+所有者权益”这一平衡公式，依照一定的分类标准和次序，将某一特定日期的资产、负债、所有者权益的具体项目予以适当的排列编制而成。它表明企业在某一特定日期所拥有或控制的经济资源、所承担的现有义务和所有者对净资产的要求权。它是一张揭示企业在一定时点财务状况的静态报表。资产负债表利用会计平衡原则，将合乎会计原则的“资产、负债、股东权益”交易科目分为“资产”和“负债及股东权益”两大区块，在经过分录、转账、分类账、试算、调整等会计程序后，以特定日期的静态企业情况为基准，浓缩成一张报表。报表除了可用于企业内部除错、确定经营方向、防止弊端外，也可让所有阅读者于最短时间内了解企业经营状况。

资产负债表一般有表首、正表两部分。其中，表首概括地说明报表名称、编制单位、编制日期、报表编号、货币名称、计量单位等。正表是资产负债表的主体，列示了用以说明企业财务状况的各个项目。资产负债表正表的格式一般有两种：报告式资产负债表和账户式资产负债表。报告式资产负债表是上下结构，上半部列示资产，下半部列示负债和所有者权益。具体排列形式又有两种：一是按“资产=负债+所有者权益”的原理排列；二是按“资产-负债=所有者权益”的原理排列。账户式资产负债表是左右结构，左边列示资产，右边列示负债和所有者权益。不管采取什么格式，资产各项目的合计等于负债和所有者权益各项目的合计这一等式不变。

表 11-1　资产负债表

编制单位：　　　　　　　　　　　　　　　　单位：元

项目	第一月	第二月	第三月
流动资产：			
货币资金			
交易性金融资产			
应收票据			
应收账款			
其他流动资产			
流动资产合计			
固定资产：			
固定资产原价			
固定资产折旧			
固定资产净值			
资产总计：			
流动负债：			
应付职工薪酬			
应付其他款			
应交税费			
流动负债合计：			
实收资本			

续表

项目	第一月	第二月	第三月
资本公积			
减：库存股			
专项储备			
盈余公积			
未分配利润			
负债和股东权益总计			

二、损益表

损益表又称利润分配表（表 11-2），是反映企业在一定会计期内的经营成果及其分配情况的会计报表，是一段时间内公司经营业绩的财务记录，反映了这段时间的销售收入、销售成本、经营费用及税收状况，报表结果为公司实现的利润或亏损。由于它反映的是某一期间的情况，所以又被称为动态报表。

与资产负债表是个时点报表相对应，损益表是一个时期报表，也就是说，在多长一个时期之内，产生了多少的利润或亏损，时期长短不一样，利润或亏损是不一样的。所以，拿到这张表后，首先要做的就是看一看这张表说的是哪个时期的利润。

损益表是根据“收入-费用=利润”的基本关系来编制的，其具体内容取决于收入、费用、利润等会计要素及其内容，损益表项目是收入、费用和利润要素内容的具体体现。

表 11-2　损益表

编制单位：　　　　　　　　　　　　　　　　单位：元

项目	第一月	第二月	第三月
一、营业收入			
减：营业成本			
营业税金及附加			
销售费用			
管理费用			
财务费用			
二、营业利润（损失以“-”号填列）			
加：营业外收入			
减：营业外支出			
三、利润总额（损失以“-”号填列）			
减：所得税费用			
四、净利润（损失以“-”号填列）			
五、每股收益			

从损益表的结构来看，表的项目分为五个层次，从上到下分别是主营业务收入、主营业务利润、营业利润、利润总额及净利润。计算利润时，企业应以收入为起点，计算出当期的利润总额和净利润额。其利润总额和净利润额的计算步骤为：

（1）以主营业务收入减去主营业务成本、主营业务税金及附加。计算主营业务利润，目的是考核企业主营业务的获利能力。

主营业务利润=主营业务收入-主营业务成本-主营业务税金及附加

上述公式的特点是：主营业务成本、主营业务税金及附加与主营业务直接有关，先从主营业务收入中直接扣除，计算出主营业务利润。

（2）从主营业务利润和其他业务利润中减去管理费用、营业费用和财务费用，计算出企业的营业利润，目的是考核企业生产经营活动的获利能力。

营业利润=主营业务利润+其他业务利润-管理费用-营业费用-财务费用

上述公式的特点是：主营业务利润和其他业务利润减去管理费用、营业费用和财务费用后，得出的营业利润近似净利的概念。公式中，将管理费用、营业费用和财务费用作为营业利润的扣减项目，意味着不仅主营业务应负担管理费用、营业费用和财务费用，其他业务也应负担管理费用、营业费用和财务费用。

（3）在营业利润的基础上，加上投资净收益、补贴收入、营业外收支净额，计算出当期利润总额，目的是考核企业的综合获利能力。

利润总额=营业利润+投资净收益+营业外收支净额+补贴收入

投资净收益=投资收益-投资损失

营业外收支净额=营业外收入-营业外支出

（4）在利润总额的基础上，减去所得税，计算出当期净利润额，目的是考核企业最终获利能力。

三、现金流量表

所谓现金流量，简单地说，就是在一段时期内，现金的流入、流出及结余的多少，现金流量表的目的也就是反映在一段时期内流入、流出企业的资金有多少，分别是从哪里流来的，又因为什么原因流出了企业，这段时期内，到底是流入企业的多，还是流出企业的多，用流入的减去流出的，结余是多少，这个结余，在财务上叫现金净流量。

现金流量表（表11-3）是反映一定时期内（如月度、季度或年度）企业经营活动、投资活动和筹资活动对其现金及现金等价物所产生影响的财务报表。现金流量表是原先财务状况变动表或者资金流动状况表的替代物，它详细描述了由公司的经营、投资与筹资活动所产生的现金流。

表11-3　现金流量表（节取）

编制单位：　　　　　　　　　　　　　　　　　单位：元

项目	第一月	第二月	第三月
经营活动产生的现金流量：			
销售商品、提供劳务收到的现金			
收到的税费返还			
收到其他与经营活动有关的现金			
经营活动现金流入小计			
购买商品、接受劳务支付的现金			
支付给职工以及为职工支付的现金			
支付的各项税费			
支付其他与经营活动有关的现金			
经营活动现金流出小计			
经营活动产生的现金流量净额			

第三节　成本管理

不管公司的收入如何，每个月都会有必不可少的刚性支出，这些都是成本。刚刚运行的企业缺钱的地方太多，每一个创业人士肯定都有一个共同的回忆，就是创业初期钱总是不够用。因此，创业者必须想尽一切办法压缩成本。

一、控制采购成本

采购成本是企业成本的重要组成部分。创业初期，无论是不是本人进行采购，都要关注这个环节，因为它的空间实在太大。如何才能花最少的钱，买到最理想的产品？答案是选择一家合适的供应商。创业者初期采购应以中型供应商为主，也要考虑一些新成立的公司，想想你自己的公司销售东西的难劲儿，就知道他们会比较好说话了。有利就会有弊，便宜往往意味着有风险，产品质量、交货时间、对方有没有履行合同的能力都需要好好评估一下。

现在许多中小企业喜欢联合采购，这一点你也可以借鉴一下，找几个同行商量商量。“弱势群体”联合起来就很强，以数量压价格，这招在商品买卖中总是屡试不爽。

2007 年，丰田公司的利润额比美国三大汽车厂的利润总和还要多，虽然通用销售额比丰田略低，但是加上克莱斯勒和福特，这三家车企的销售额其实远远高于丰田。这个“吊诡”现象的原因就在于，丰田的采购成本远远低于这三家厂商。

二、降低库存成本

企业自诞生之日起就要承受库存的困扰。你要放东西，就得建仓库，建了仓库，还要有人管理，平时的装卸、搬运都要花钱，这还不包括库存物的折旧、变质的问题。要是哪天仓库里烧了一把火，这成本就更大了。或许你会想不对啊，仓库是我花钱建的，里面的东西是我生产出来的产品，它应该是我的资产才对啊。不错，库存的确是你的资产，但是，这份资产是以占用企业流动资金的代价获得的，如果你能把这部分钱用来投资，就有机会获得更大的收益，而现在它却只能以库存的形式静静地待在那里，等着它折旧、变老，这叫库存的机会成本。

到这里，你终于明白，库存真是个“十恶不赦”的家伙，应该砍掉它，“零库存”的概念就这样被提了出来。

三、节约人力成本

我们知道，创业初期，资金不充裕，必然能省则省。因此，很多企业都会在降低人力成本上下功夫，最直接的表现就是降低员工的工资。大部分新成立的企业，其员工的工资都不会很高，并且经常出现工资拖欠的情况，这其实就是老板在压缩成本。但是，这并不是理想的做法。一个企业要发展，最重要的资产还是人才，如果要从克扣员工的待遇上下手，这才真是“釜底抽薪”，只不过灭的是自己的公司。企业降低运营成本可以更科学合理一些。我们可以开诚布公地告诉我们的员工，虽然短期内工作量大了些，工资待遇差了一些，甚至没有保险，但这都是暂时的，一旦销售额达到某种水平，企业一定会给员工以补偿，比如涨工资、额外休息时间和利润分红。

而且，创业初期，我们没必要招募非常有经验的员工，可以招募一些刚毕业的大学生。这样一方面降低成本，另一方面还可以解决他们的就业问题，最终达到一个“双赢”的局面。还有一种比较直接的方式就是通过细化分工，提高员工的熟练程度，这样就会在既定的时间内大幅提高产量，人工成本也自然就降下来了。

四、降低 IT 成本

IT 办公已经是当今的潮流，它在帮助企业提升竞争力方面的确起到了显著的作用。现在很多创业者为了适应竞争的需要，为了不让公司输在起跑线上，都会花巨资来配备昂贵的高科技管理系统，让企业本来就不充裕的财务资金变得更加紧缺。这大大影响了公司其他部门的资金运转。难道一定要这样做才能达到所谓的精准管理的目的吗?

创业者不能任由信息部门来建议公司应该买什么，哪些东西会对公司有什么好处，而是必须让信息人员和该技术方案的直接受益部门的领导人一起讨论，了解公司需要什么，再看看市场上有哪些解决方案可以协助解决这个问题，使用很少的资金，达到很好的 IT 效果。

五、减少产品成本

市场现在已经越来越深地陷入了“同质化竞争”的泥沼，创业者都面临着巨大的压力，势必降低产品成本，以求能够保持获利。但是在降低成本的同时，如何做才不会引起顾客的反弹呢？三种方法可以让你巧妙地降低成本：

1. 减少产品分量

这是减少成本的最简单的方法，不过顾客可能会因此降低忠诚度。但是 Nielsen 调查公司的研究显示，相对于提高产品的价格，顾客更能接受以同样价格购买较少的分量。前提是，产品分量的缩水幅度最好控制在 12%以内，这样顾客就不会产生明显的差异感。风险之外，这还可能带来一些额外的好处，比如，小包装、小容量的产品更容易吸引女性消费者以及那些单身的顾客。

2. 大包装出售

这个做法广受消费者的喜爱，因为消费者的购买成本会变低，同时公司也能从中获利。因为随着公司产品销售量的增加，单位制造成本就会逐渐减少。顾客一次性购入大量的产品短期内也削弱了竞争对手的潜在购买力。

然而，如果大包装的产品总价超过了消费者的心理预期，比如，虽然一袋八盒的奥利奥饼干，每一盒的价格平均比单包装便宜，但是很少有消费者会一次就花将近50块钱来买饼干，这个做法便达不到效果。

另外，如果大包装过大，导致消费者购买、储存、使用都过于费力的话，也达不到预期的效果。归根结底，这都取决于客户的消费体验。所以，不管是减少容量还是加大包装，在推行实施之前，都需要做一个市场体验，以得到客户的真实想法和感受。

3. 减少包装成本

产品的包装成本在整个成本中占据了相当大的比例，减少包装成本也是节约成本的一条捷径。但是，公司在减少成本的同时，不能影响消费者的购买体验。产品从原本的玻璃瓶装改为塑料瓶装，一定会降低产品的层次感。这个时候，企业就需要从另外的角度切入，以环保的诉求来影响消费者，增加他们的接受度。

4. 降低固定成本

固定资产在某种程度上其实不是资产，而是负债。很多创业者一开始就忙着购买地皮、汽车、办公设施等，但是，这些都在侵吞着公司的现金流。而且为了维护和保养这些资产，公司还得缴纳各种税费、请人专门照顾管理，这都是因为购买固定资产而产生的成本。所以，创业者在购买固定资产时一定要非常慎重。如果非得购买，则需要经过严格的审查。一定要建立一个量化管理的流程，为每一笔资本的支出设定回报率，并且将责任落实到个人。谁花的这笔钱，在哪里，什么时候，要多久才能收回来，都需要详细列出。这样，你就能严格控制每一笔现金的使用，从而了解每一分钱的效果。

要想降低固定资本，你只有两个选择，第一是缩减资本支出，第二是在投资无法减少的情况下，提高产量，进而提高收入，实现投资的规模效益。

对于资金有限的创业者来说，如果不能一步到位，那就多走几步，从“钱所能及”的事业开始也未尝不可，等到以后做好了，有了一定的信用累积，有了一定的固定资产，也积累了不少的人脉关系和经验时，再慢慢去扩大经营，或者转投其他收益好、利润高的行业去做自己真正想做的大生意。到了那个时候，即使资金不足，通过银行贷款也是可以实现的。每一个创业者都可以根据自己的创业项目选择合适的融资渠道。

【案例链接】

1. 下岗女工的翰皇

在武汉有个叫胡桂萍的下岗女工，她用自己积攒下来的几千元钱，租了一个小店面，开起了一家室内擦鞋店。从五角钱擦一双鞋、一元钱擦一双鞋做起，仅仅一个月，不仅收回了成本，还赚了数千元钱。半年后，胡桂萍开了一家分店，一年之后又实现了连锁经营，而且每家连锁店年盈利均达到了十几万元。

此后，胡桂萍更是将自己的一元擦鞋店做大做强，除了擦鞋，又增添了许多如机器修鞋、鞋油、鞋垫等配套用品销售，皮衣皮包护理、足部按摩等新的服务项目，甚至还做起了“真皮美容霜”“耐磨贴”等专利产品的代理商，并且注册了自己的独家品牌——翰皇一圆擦鞋店。

后来，胡桂萍创办了自己的公司——“武汉翰皇一圆擦鞋有限公司”，对旗下的各个连锁店的经营规模、商标、店面设计、市场运作、广告宣传、设备配置、产品销售、产品价位、服务公约和员工着装等方面进行统一化管理。如今，她的“翰皇”加盟店达到了数千家，遍布全国百余个城市，而且还帮助了几千名下岗职工重新走上就业与创业之路。

2. 戴尔公司的零库存

戴尔零库存的梦想是这样实现的：利用互联网和上游供应商保持紧密联系，当下游客户把订单传到戴尔控制中心的时候，控制中心把订单分解成若干需要采购的配件，然后配件采购订单通过网络立即传给各个上游供应商。上游供应商按照戴尔的电子订单迅速进行生产并按规定的时间表来交货。最后，戴尔把按时送来的配件进行组装和测试，就这样，一批已经被卖出的电脑就被生产出来了。

整个过程堪称完美，上游供应商仅需要 90 分钟就可以把配件运送到戴尔的工厂，戴尔的工厂再花 30 分钟时间卸载货物，然后严格按照订单的要求将配件放到组装线上。在整个过程中，戴尔电脑的库存时间仅有 7 个小时，而这 7 个小时的库存也可以看作是处在周转过程中的产品。你不能不佩服这样一个跨国企业的伟大之处。但是这样一个流程对于处在创业期的企业来讲几乎是不可能的。

案例分析：通过戴尔的案例我们发现，要实现“零库存”，需满足以下条件：整条供应链的上下游协同配合，供应链上下游企业的信息化水平相当高，有强大的物流系统作支撑。所以，“零库存”对于大部分企业来讲还是一个梦，对于处在创业期的你来讲，也是一个梦。但我们依然可以从中学到一些东西，并应用到实践中，那就是整合供应链，实现供应链互动。

首先，你要对产品销量有一个合理预期，然后对产品产量有一个合理的规划，这样，你才能知道需要采购多少，避免库存持有成本或者库存缺货成本的发生。原料采购也有学问，要求供应商交货不要太早，当然也不能晚，时间要合适，甚至可以分批供货，以减少库存，再有的是跟下游分销商达成协议，产品生产出来就迅速分销出去，减少产品在仓库里的时间。如果能做到这样，就会在很大的程度上减少库存，这也就意味着增加了企业的流动资金，其好处是不言而喻的。

3. ZARA 公司的高效 IT 成本

我们可以看一下西班牙知名服装连锁品牌 ZARA 的例子。ZARA 公司以高效和快速反应著称，从设计到生产到走进分布在世界各地超过 1000 家的专卖店中，只需要三个星期的时间，而且对 ZARA 来说，产品走进专卖店还不是整个生产过程的结束。货物销售期间，ZARA 的门店经理会根据客户的反应，不断地调整衣服的款式、颜色等。这只是一件衣服，ZARA 一年能够推出 10 000 多个款式，每个款式都是一样的操作流程。很多人以为，在这样的高效率运转的背后，ZARA 一定投入了巨额的资金为公司配备了超级先进的科技管理系统，事实不然，所有的这一切，ZARA 都是通过零售店内的 POS 机做到的。而整个公司的 IT 人员也只有 50 人，只占到员工总数的 0.5% 左右。为什么不用花大价钱购买昂贵的高科技设备，也能达到这样高效率的管理？

首先，IT 只能协助人做判断，不能取代人。公司的运营不是计算机在做决定，而是由创业者在决定该怎么做。电脑只能帮助你处理信息，而不能提供任何建议或做任何决定。

其次，计算机化要标准化，并且有焦点。公司的科技原则应该是："对你必须做的做最多，对你可以做的做最少"。例如，对于连锁店，分部必须要能够储存业绩数据，并且传回总部。因此，一套POS系统，能够回传总部，就是很重要的功能。除此之外，我们必须抗拒想扩充其他功能的诱惑。

因此，ZARA公司使用很少的资金却可以达到很好的IT效果。

【能力训练】

1. 十笔业务，搞定三大报表

在老师的指导下，将以下十笔业务数据填到前述表格中：

（1）本月购入四批物质，付现三批共计10亿元，赊购一批5亿元；

（2）本月购入物质80%实现销售，留存20%；

（3）本月销售额为30亿元，其中收现70%；

（4）本月管理人员工资1.5亿元，办公费用0.5亿元，用现金支付；

（5）本月广告费、业务宣传费3亿元，用现金支付；

（6）本月办公楼、办公设备折旧费共计0.5亿元；

（7）本月取得银行3年期贷款4亿元，按季计息，到期还本，年利率6%；

（8）本月购买设备共计15亿元，用现金支付；

（9）本月收到合营公司现金分红0.2亿元；

（10）本月收到以前月份赊销款3亿元。

2. 巧妙整合资源

湖北80后小伙张家维用一年半的时间，以低成本整合订单、资金、场地设备、人才团队、原材料这五大基本资源，目前拥有 1 家总公司、4 个工厂、1 个办事处、2 个外贸接单中心，400 多员工。

他是怎么做到的？他说，干一件事情，不是看你有什么，而是看你想什么！

（1）每销售 1 双鞋子向工厂业主支付 1 元合作费；

（2）让各种优质资源入股，并不断前移市场终端；

（3）让出股份给拥有订单资源的贸易商；

（4）出让股份吸引优秀职业经理人；

（5）以股权投资方式获得投资商支持。

如果换成你，五大资源都没有，你会如何去创办一个鞋厂？

【课后练习】

请预测你公司创业所需的启动资金

1. 生产经营所需设备、工具和办公家具

名称	数量	单价	费用（元）
合计			

2. 原材料采购计划

名称	数量	单价	费用（元）
合计			

3. 其他经营费用

项目	费用（元）	说明
合伙人工资		
雇员工资		
房租		
装修费		
VI 设计费		
营销费用		
登记注册费		
保险费		
维修维护费		
水、电、交通费		
其他		
合计		

模块D
新企业管理

第十二课 新企业的财务管理

LESSON 12

【创业故事】

巨人集团财务危机[1]

中国的企业和企业家中，史玉柱和他的巨人集团是迄今为止为数不多的经历了大起——大落——又大起这样一个“完整”过程的成功案例，这是中国企业活的标本。在日趋激烈的市场竞争中，一个企业是否具有可持续发展能力，在很大程度上取决于它的成本水平、资本周转速度和财务决策。资本运营是企业实现财务战略普遍使用的有效手段之一，是一种专门的财务策略，更是一种复杂的公司经营活动。今天我们就巨人集团的兴衰沉浮，从资本运营的角度，结合所学相关的财务管理知识，进行分析，并得出相应的教训，根据企业存在的问题，制订有关策略。

巨人集团成立于1989年8月，至1993年12月就已经发展到290人，在全国各地成立了38家全资子公司，推出中文手写电脑、中文笔记本电脑、巨人传真卡、巨人中文电子收款机、巨人钻石财务软件、巨人防病毒卡、巨人加密卡等产品，实现年销售额300亿元，年利税4600万元，成为中国极具实力的计

〔1〕 本案例摘自MBA智库百科：http://wiki. mbalib. lom/wiki/巨人集团。

算机企业。1994 年 2 月，巨人大厦动土，计划 3 年完工。1994 年 8 月，史玉柱突然召开员工大会，提出了“巨人集团第二次创业的总体构想”，总目标是：跳出电脑产业，走向产业多元化的扩张之路，以发展寻求解决矛盾的出路。1995 年，巨人集团在全国以集中轰炸的方式，一次性推出电脑、保健品、药品三大系列 30 个产品，投放广告 1 亿元，子公司从 38 个发展到 228 个，人员也从 290 人发展到 2000 人。1995 年，史玉柱在提出第二次创业的一年后，不得不再次宣布进行整顿，在集团内部进行了一次干部大换血。集团向各大销售区派驻财务和监察审计总监，财务总监和监察审计总监直接对总部负责，同时，两者又各自独立，相互监控。同年，巨人的发展形势急转直下，出现财务危机，步入低潮。1996 年初，史玉柱为挽回局面，将公司重点转向减肥食品“巨不肥”。同年 3 月，“巨不肥”营销计划顺利展开，销售大幅上升，公司情况有所好转，但公司旧的制度弊端、管理缺陷并没有得到解决。这时，巨人大厦资金告急，史玉柱决定将保健品方面的全部资金调往巨人大厦，保健品业务因资金“抽血”过量，再加上管理不善，迅速盛极而衰，巨人集团危机四伏。1997 年初，只建至地面三层的巨人大厦停工。巨人集团终因财务状况不良而陷入了破产危机。

【导师问答】

问：巨人集团失败存在哪些财务上的问题？

答：1. 资金短缺与协调不当的矛盾问题。巨人集团盲目决策，从事房地产开发和建设，却未向银行申请任何贷款，不仅浪费给企业带来效益的可能机会，也使企业因放弃举债而承担高额的资本成本，最终使企业陷入难以自拔的财务困境。

2. 财务管理失控的问题。巨人集团采用的是控股型组织结构形式，史玉柱本人占有90%的股份，资本过于集中，容易造成决策主观化。各厂属单位保持较大独立性的同时，又缺乏相应的财务审监制度，从而导致公司违规违纪、挪用贪污事件层出不穷，在一定程度上加快了巨人集团陷入财务困境的步伐。

学习要点

1. 企业财务制度的建设，企业财务管理的内容，财务管理的原则与技巧。

2. 现金流对企业发展的重要意义，如何控制与管理现金流。

3. 企业财务危机的表现，控制财务危机的途径与方法。

【知识导航】

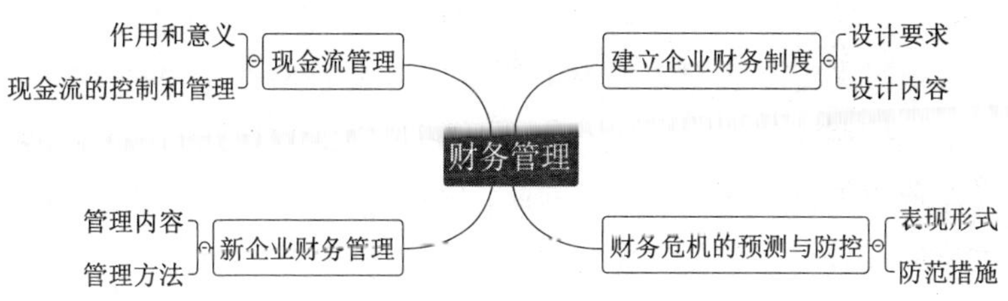

第一节　建立企业财务制度

在经济全球化的市场条件下，管理是决定企业生存和发展的重要因素，特别是新成立的企业，尽快建立健全各项管理制度显得越来越重要。随着企业生产经营过程的社会化程度和现代化水平的不断提高，财务活动越来越复杂，财务管理也由单一到复杂，由低级到高级，在企业管理中的地位与作用逐渐显示出来并被人们所认识接受。加强企业财务管理有利于企业合理有效地利用资金，提高资金利用效果；有利于企业精打细算，努力降低成本费用；有利于企业发现生产经营中存在的问题，减少财务损失；有利于企业提高生产经营水平；有利于企业提高经济效益。当前企业资金短缺问题已成为困扰许多企业正常运转的主要障碍，这说明了加强和提高财务管理水平的重要性和紧迫性。企业理财能力和资金运筹能力直接决定了企业经营效果的好坏。

一、企业财务制度设计要求

设计企业财务制度，一方面必须以国家的财经法规为依据，另一方面必须充分考虑企业自身的特点和要求。一般而言，设计企业财务制度应满足下列要求：

1. 以企业的财务目标为设计目标

企业的财务目标是实现股东价值最大化，企业的总目标是企业价值最大化。建立企业财务制度的重要目的就是使企业的财务活动按照既定的方针进行，以达到最终实现股东价值最大化及企业价值最大化的目标。因此，服从财务目标、实现企业目标就成为设计企业财务制度的出发点和归宿点。

2. 正确处理和规范企业的各种财务关系

正确处理和规范企业的各种财务关系是企业按照制度设计的重要任务。企业财务制度涉及企业的各个利益主体，而这些利益主体在总体目标一致的基础上，具体目标各不相同，各种利益的冲突和碰撞也在所难免。但是，无论企业各利益主体之间发生何种利益冲突，维护出资者的合法权益总是天经地义的。设计企业财务制度就是要通过“法律”化、文本化的形式，对企业各个利益主体的主观愿望与客观实际、内部条件与外部环境、眼前利益与长远规划、全局考量与局部细节等一系列既矛盾、又统一的财务关系进行权衡和规范，使企业财务制度成为处理各方面财务关系的基础规范。

3. 与企业的内部环境及管理需要相适应

设计企业财务制度要实事求是，既要与市场经济接轨，又要符合企业的经营特点和管理需要，更要特别重视财务制度的可操作性和适用性。企业财务制度设计的各个方面应当相互协调，具有合力，并保证财务制度能够服从企业整体发展战略和发展规划。在确定财务的具体目标，如筹资目标、投资目标、营运目标时，要努力把所要达到的目标数量化，以尽量消除定性判断所带来的主观随意性，使制度设计建立在可靠的基础之上。

4. 建立完善的财务管理组织体系

财务管理组织体系主要包括设置管理机构与配备财务人员。要明确财务部门与董事会、经理层的领导关系，特别是明确与会计部门的业务关系。要确定财务人员的任职资格和上岗条件，明确每一个财务管理岗位的职责范围与工作标准。建立完善的财务管理组织体系是实现财务目标的组织保证。

5. 建立科学的财务指标体系

科学的财务指标体系主要包括思想内容：一是为国家宏观调控提供服务的综合财务指标；二是为特定主体如投资人、债权人等提供的财务指标；三是为企业决策层提供的财务指标，以利于决策层正确把握财务状况和发展趋势，提高企业经营管理水平；四是为加强内部管理而设计的财务指标，特别是在市场经济环境下，企业应建立以企业偿债能力为主、营运能力和盈利能力为辅的财务风险控制指标体系，并设定企业财务风险的预警标准。

二、企业财务制度设计内容

企业财务制度涉及企业财务活动和财务关系的方方面面，其设计内容主要涉及以下五个方面：

明确财务主体的范围与关系，包括明确企业内部财务管理的层次；明确企业内部经营单位之间及与企业财务部门之间的财务关系；明确企业与联营单位、投资与被投资单位的财务关系等。

设置财务管理组织体系，包括财务管理体制的确立；财务机构的设置；财务管理岗位的设立；各岗位的职责权利及其相互衔接关系等。

规范财务管理的内容和方法，包括货币资金、存货、固定资产、成本管理、销售收入、利润分配等财务事项的管理内容、管理方法和程序，以及固定资产折旧和无形资产摊销的方法、存货计价方法、费用提取标准等方法的选择。

制定企业内部财务控制规范，包括资产控制、负债控制、权益控制、财务风险控制、成本费用控制等内容。

制定企业财务报告与财务评价的方法和程序，包括财务报告与评价的程序、方法和时间，各相关部门在财务评价中的任务和责任。

第二节　新企业的现金流量管理

现金作为企业的一种资产表现，是企业的血液。企业的生存和发展，离不开现金的正常运转，因此，科学的现金流量管理对于企业就非常重要了。但是在不同的财务管理阶段，人们关注现金流量的角度是不同的。在资产规模与产值最大化的年代，人们更关注企业现金流量的安全性；在追求利润最大化的年代，企业讲求的是收支平衡，管理人员期望保证企业现金和资产的流动性。那么在当今追求价值最大化的年代，企业应该关注现金流量的哪些方面呢？换句话说，企业进行现金流量管理的目标是什么呢？只有解决了这个问题，企业才能进行科学有效的现金流量管理，进而去实现财务管理目标。

一、现金流量管理的作用与意义

在企业的经营活动中，资金从货币形态到实物形态，再到货币形态，不停运转，周而复始，从而实现了企业价值的增值。这样的资金运动贯穿于企业经营活动的全过程，因此，现金流量是企业的筹资、投资以及利润分配的纽带，是企业生产经营的动力源泉。如果缺乏资金的运动，企业就无法持续经营，企业的价值增值与发展更是无从谈起。

现金流量管理的作用与意义主要体现在以下三个方面：

1. 企业经营决策

在我国企业目前的财务管理及会计核算工作中，现金流量是按照收付实现制的原则进行计量的，这是为了保证其与实际的资金运动相一致。这样，企业现金流量信息就直接反映了企业的实际支付能力、资金周转情况、偿债能力等，为企业管理者做出经营决策提供了正确有效的支持。因此，了解和掌握企业的现金流量信息，是增强企业经营决策实效性的有效方法。

2. 企业财务管理

掌握和控制现金流量有利于改善企业的财务状况。通过对企业累积的现金流量的适当调整，可以降低企业的债务水平，减少利息负担；能够实现有效资源的转化，增强企业获利能力与应变能力；能够调节企业经营布局，促进企业资源配置优化等等。

3. 企业融资环境

足够的现金净增量是企业发展的重要资金来源，是企业融资的重要目标和方向。在企业的财务管理及会计核算工作中，现金流量表是按收付实现制编制的，因此，由其反映出的企业现金流量状况能帮助债权人和投资人对企业的市场价值做出正确的判断。企业良好的现金流量状况可以增加债权人和投资人的信心，从而可以为企业带来更多的投资和贷款，为企业的经营和发展创造良好的资金条件和融资环境。

二、现金流量的控制与管理

企业的顺利发展是企业盈利的基础，而企业现金流量的充足和稳定是企业顺利发展的保障。企业现金流量关系到企业经营活动的方方面面。在经营的过程中，现金流量体现着企业现有资产创造未来现金流量大小的能力，体现着企业的活力、竞争优势和发展潜力。因此，现金流量管理对现代企业来说，有着非常重要的意义。加强和改进企业现金流量的管理措施，可以从以下几个方面着手。

1. 构建和保持合理的现金流量组织结构

现金流量的组织结构须依据企业的组织结构进行设计与构建，应按照现金流量的流转路径，设置管理及控制岗位，确定相应的业务与报表。在实行健全的会计核算体系的同时，又要建立业务处理的分工和稽核制度。在现金流量组织结构的控制程序上，经济业务从发生到完成必须严格按照申请、审批、支付、记录、核查等手续，使得现金流量的组织结构做到职责分明、流程严谨。

2. 在财务分析指标体系中引入现金流量指标

会计利润和现金流量反映了企业财务信息的不同侧面。根据企业的实际情况，在财务分析中适当地引入一些现金流量指标，可以清楚地揭示企业资金运作的真实情况，反映企业在现金流量方面的优势以及存在的问题，对企业的财务信息也是一种有效的补充和完善。根据需要了解和分析的问题不同，现金流量的分析指标包括：结构分析指标，如现金流入结构比率、现金流出结构比率等；流动性指标，如现金流动负债比、现金到期债务比等；变现能力指标，如流动比率、速动比率等；获取现金能力指标，如销售现金比率、全部资产现金回收率等；收益质量指标，如现金营运指数；财务弹性指标，如现金满足投资比率。

3. 建立和完善现金流量信息系统

为满足企业经营管理者对现金流量相关信息的需求，构建有关现金流量的信息系统，完善企业内部报告制度尤为迫切。

（1）现金流量信息系统的构建方面。企业应当根据自身生产经营的特点，结合当代信息技术，在优化企业多层组织结构的基础上，减少信息传递环节，优化信息传递质量。同时在应用会计电算化系统的基础上建立信息适时传递系统，依托网络技术逐步推进企业会计信息的集中高效管理。

（2）企业的现金流量内部报告制度方面。企业内部单位或部门应定期报送有关现金流量信息的内部报告，同时，在报送当期现金流量信息的同时，还应报送下期的现金流量预测分析。现金流量信息通过内部报告的形式，对企业的现金流量状况进行及时有效的体现，为企业有计划地运用和调配现金流量及正确分析企业经营状况、规避经营风险，提供了有力支持。

4. 建立现金流量风险预警系统

为了防止可能发生的现金短缺、现金流转不灵等情况，避免企业因缺乏营运资金而陷入财务危机，企业应根据自身经营管理的需要建立相应的立足于对现金流量的控制和监测的现金流量风险预警系统。现金流量预警系统由企业划分专门的人员或机构，从事该系统的预警指标体系构建、指标的分析处理以及现金流量信息的筛选和传递等工作。

当现金流量偏离正常状态时，现金流量预警系统要分析造成该种状态的原因，对可能造成的损失进行判断和分析，对风险事件的概率和可能造成的后果进行估计，了解企业可能面临的危机，追踪和识别企业在生产经营过程中忽视的现金流量风险，以便企业经营者提前采取相应的防范措施，规避企业经营风险。

第三节　新企业的财务管理

财务管理在企业经营管理中具有重要地位，是现代企业管理的中心工作之一。做好财务管理，有利于促进企业经营方式转变，加快现代企业管理机制的建立与完善，推动企业核心竞争力的形成。

一、财务管理的内容

财务管理是指在法律法规的框架下，在企业发展目标的指导下，针对企业的资金流动、经营活动、利润分配及融资等进行的管理活动。财务管理包含很多内容，既包括企业发展资金的筹措、资金的分配，也包括企业与各相关部门、单位及个人的财务关系的协调，同时还包括处理企业与债权人、投资人、债务人等之间的关系。

企业财务管理属于一项专业性较强的工作，表现在企业日常经营管理活动中主要有企业财务计划的制订与施行，企业流动资产、固定资产、无形资产等的管理，企业生产及产品销售收入的管理等。这些共同构成了企业财务管理的主要形式。财务管理作为企业管理的重要组成部分，具备极为重要的功能。具体来说，主要具备企业资金管理功能、成本控制功能和监督管理功能。其中，资金管理功能主要是对支撑企业经营发展的资金进行管理，财务管理人员通过对各方面信息的整合、分析，提出资金利用效益最大化的方案，从而使有限的资金带来最大化的产出；成本控制功能则是影响企业利润的主要因素。财务管理人员要严格控制成本管理，从而提高企业的经济效益；而监督管理功能则是在相关法律法规的限制与指导下，充分发挥财务人员的监督作用，促进企业经营管理制度的完善，对资金使用等活动进行绩效评价从而促进企业经营决策的科学性与合理性。

二、财务管理的方法

1. 重视财务管理

企业要重视财务管理的作用，树立起以财务管理为核心的企业管理理念。在现代企业管理制度中，财务管理既承担管理功能，又承担监督功能，对企业资金运动全过程进行组织、分析、评估和控制，从而使企业经营决策更加科学合理。因此，企业管理者只有树立重视财务管理的理念，真正把财务管理作为服务于企业发展大局的工作，才能把财务管理放在管理工作的核心地位。

2. 健全财务管理机制

要从财务预测、财务计划、财务控制、财务分析、财务检查等环节着手，建立起科学的财务管理机制，使财务管理各个环节能够紧密联系，提高财务管理工作效率。

3. 完善企业内控机制

这是加强企业财务管理的重要举措。完善企业内部控制，能够有效维护会计管理制度的完整性，并促进财务管理制度的有效落实。企业应重视内控部门的建设，完善内部各项规章制度，对企业内部分工互相促进、互相监督，从而保证企业经营活动的效率和经营目标的实现。

4. 提高财务管理人员的素质

财务人员是财务管理工作的主体，因此，必须全面提高财务人员的素质，加强财务人员队伍建设。企业应把好入门关，聘用具备财会工作职业技能、良好的职业道德及现代信息化手段的综合性人才，提高企业的财务队伍整体素质。同时，还要加强财务人员的继续教育工作，使财务人员队伍能够适应新形势的发展需要。

此外，企业还要抓好财务人员管理机制、预决算编制及审核工作、流动资金分析等，通过提高财务管理水平促进企业经营管理水平的提升，进而提高企业的经济效益。

第四节　财务危机的预测与防控

一、企业财务危机含义及其表现形式

财务危机是指由财务状况的不断恶化而产生的，即将危及企业生存的一种状态。任何一个企业的财务危机都有一个逐步显现、不断恶化的过程。财务管理者应当对企业的财务运营过

程进行跟踪、监控，建立财务危机的警报系统，及早发现财务危机，预防或避免可能发生的失败。企业财务危机的产生有着多方面的原因，不仅仅是企业外部条件会造成企业的财务危机，企业内部由于经营管理不善也会导致企业的财务危机。企业的财务危机表现形式通常既有外部征兆又有财务征兆。外部征兆主要表现在以下几方面：

1. 企业交易记录恶化

交易记录恶化不能单独理解为客户偿付贷款中的延期或违约现象。当客户拖延付款时，管理部门应关注以下特征：客户借以拖延或拒付货款的理由是否不合理，甚至是否在强词夺理拖延偿付；客户一向是按期付款的，而最近突然延期或拒付，并未有正当理由说明；客户承认财务状况困难并请求延期付款，在这种情形下，应检查与监督过去及当今的各项信息特征，分析是否考虑继续与该客户业务往来；违约后未做出偿付承诺，在客户违约后负责人不对偿付做出书面承诺是一个危险的信号，同样该负责人做出正式承诺后并未履行，也是财务状况恶化的信号；客户与其债务人之间产生法律纠纷，债权人以法律手段要求偿付债款，并且数额巨大。

2. 企业过度依赖贷款或关联公司

在缺乏严密的财务预算与管理的情况下，较大幅度增加贷款只能说明该企业资金周转失调或盈利能力低下。依赖关联交易，例如子公司对母公司过度依赖，一旦母公司根据战略的需要或者整体投资回报率的考虑，觉得某个子公司不再有原有的利用价值，立即停止对子公司的支持。而子公司如果在销售、供应甚至管理、技术各个方面都完全依赖于母公司的帮助，失去公司的支持后，子公司很可能倒闭。

3. 企业过度大规模扩张

如一家企业同时在许多地方大举收购其他企业，同时涉足许多不同领域，可能使企业因负担过重、支付能力下降而破产。一个企业新建项目扩张或对原有的厂房进行大规模扩修，都是扩张业务的表现。一旦业务发展过程中企业未进行严密的财务预算与管理，很可能会出现周转资金不足的现象。因而，对于大举收购企业（或资产）的行为要多加注意，要能够透过繁华的表象发现破产的征兆。

4. 企业财务报表及有关信息公告不能及时公开

财务报表及有关信息公告不能及时报送，财务信息公开延迟一般都是财务状况不佳的征兆。但这只是提供一个关于企业财务危机发生可能性的线索，而不能确切地告知是否会发生财务危机。如果一个公司的财务信息总是公布不及时或是有意拖延，至少表明其情况不佳，有时会隐伏着严重的财务危机，对这样的公司不仅要分析会计报表，还要关注会计报表附注以及有关的内幕情况，防范风险。

财务征兆主要表现在财务指标及报表方面，主要形式有：现金流量不足，企业不能及时支付到期债务；销售额非正常下降；现金大幅度下降而应收账款大幅度上升；一些比率出现异常，如总资产周转率、营业利润率、资产负债率、流动比率的指标大幅度下降等。

二、财务危机的防范措施

财务危机无处不在，是市场经济环境下特有的经济现象，应对财务危机可通过控制-化解-防范的顺序逐步展开。

1. 财务危机的控制

（1）建立预警系统。首先，建立组织机制。通过组织机制的建立，使企业预警工作常态化、持续化。当发现财务潜在危机时，及时寻找导致财务状况恶化的根源，做到有的放矢，对症下药，阻止财务状况的持续恶化。其次，健全信息机制。通过对财务信息收集、传递建立良好的财务风险预警分析系统，达到及时消除财务风险为目的。再次，健全分析机制。通过分析机制的建立，迅速排除影响小的风险，将主要精力放在重大风险上。最后，健全管控机制。通过研究管理资讯系统数据，提取及时、完整的经营数据并与财务数据比较，从而预防财务恶化。

（2）稳健经营关系。一个高速发展的企业如要应对周围越来越复杂的环境，在竞争中取胜、扩张、变强，就必须构建自己的核心竞争优势，在扩张速度和稳健经营之间平衡核心竞争优势。

（3）抓好关键控制。应将财务与经营管理、发展战略紧密联系起来，密切关注可能引发经营与财务风险的事故频发区。其主要控制点有：资金成本控制点、投资回收期控制点、应收账款控制点、存货结构控制点等。

（4）健全内控体制。为使企业能够驾驭财务管理工作全局，更好地发挥内控机制的功能，经营管理者应认真研究企业内外经济环境、经营模式、传统习惯、职工素质、管理水平等，构建科学、合理符合企业实际的运行通畅、调节灵敏的内控体制。

2. 财务危机的化解

（1）拓宽运营市场。丧失市场是出现财务危机的开始。因此，扭转财务的不利局面应从拓宽、拓新产品的市场开始。

（2）缓解当前危机。企业一旦发生财务危机，就要拟定短期的具体缓解行动方案，通过开源节流来解决当前的支付危机。可以通过处理不良债权，催收往来款，削价处理存货，出租或出售闲置资产，回收对外投资，融资租赁等措施得以实现。

（3）争取多方支持。化解财务危机需要一个过程，在困难时需要得到各方帮扶。企业应主动说明目前存在的问题以及化解策略，得到利益相关者支持，以免遭受更多损失。

（4）提高管理质量。当企业处于危机境地时，其内部的运行机制处于紊乱状态，经营秩序不顺，决策效能低下。为此，企业必须对所存在的问题进行认真分析，制订整改策略，从源头上予以化解。

（5）巧用财务杠杆。财务杠杆是指由于固定性财务费用的存在，企业息税前利润（EBIT）的微量变化所引起的每股收益（EPS）大幅度变动的现象。财务杠杆本是一把“双刃剑”，它在给股东带来额外财富的同时也可能会引起财务危机的发生。巧用财务杠杆效应的有效措施是要权衡确定债务比率，只有当息税前利润（EBIT）大于负债经营成本时，才能实现财务杠杆收益。关键之处在于如何处理长期负债与营运资金比、留存收益率以及债权、股权比率等指标的平衡。

（6）开展重组运作。企业开展重组的方法很多，主要包括三种：一是进行财务重组，即将原来的债权债务关系转变为持股与被持股或控股与被控股的关系，由原来的还本付息转变为按股分红。二是非现资产抵债，即企业和债权人达成协议或经法院裁定，用非现金资产偿债，以缓解企业债务压力。三是资产变现，即在开放资本市场下，企业资源进入资本市场，让其流动，实现社会资源的优化配置，典型方式有：企业兼并、资本控制、资本收购与转让、融资租赁、资本嫁接与改造等。

3. 财务危机的防范

（1）强化风险教育。为了防止财务危机的发生，必须强化对全体员工的财务风险意识教育，包括上到股东会、经理层，下到一线员工。特别是必须强化企业高管的财务风险意识，防止高管基于自身利益的需要，片面追求利润最大化，而不考虑资金成本、资金周转率、投入产出比及消费市场等因素。

（2）尽量回避接触。为了避免财务危机从危机企业向正常企业的扩散，应控制与危机企业之间的接触，以免导致潜在危险。因此，应采取有效防范措施，提高自身免疫力。

（3）拓宽融资渠道。有效拓展融资渠道是应对财务危机的重要方法之一，应特别防止融资渠道单一。应将商业信用、增资扩股、售后回购、售后回租、动产质押、不动产抵押等多种形式有机组合。

（4）资金集中监管。资金集中监管制度是为了以丰补歉、提高资金使用效率而采取的资金管理模式，是一种较好的管理手段，它能有效统筹闲置资金与短期资金两者的协调平衡，但应处理好集权与合理分权的关系。随着企业财务危机的发生频率和危害程度与日俱增，每个企业都会面临不同程度的财务危机，企业要提高财务危机应对水平。如果应对工作做得好，企业就可以化危机为转机，赢得竞争优势；应对工作做得差，企业就可能遭遇到重大损失。

【案例链接】

1. 人人参与财务管理

南京某电子公司是一家成立于1995年的私营企业，注册资金300万元人民币。该电子公司的经营范围是代理国内和国际品牌的通信产品，属于商品流通单位，也负责对终极用户的安装。

成本控制是许多中小企业所普遍重视的，但成本的节约应该是一种有取舍、有原则的节约。为了节约人员的开支，该公司对成本的控制采取了不同情况不同对待的方法。对于少量的终极用户安装业务，多采用临时聘请熟识的工程队；对于机器的日常小规模维护，则采用对业务人员进行普及技术培训的方法；而针对高端机器的紧急修理，则采取和上游厂商签订维护协议的方法。

中小企业应树立不断通过技术创新来降低产品成本的观念。以技术创新促进成本管理，从短期看，技术改造需要投入，开发新产品也需要投入，这都是增加成本的因素，但从长期来看，不仅可以获取更大的效益，而且有利于争取竞争的主动权，它所带来的增利因素要大于其投入的成本因素。

这个电子公司财务部有 4 名会计。虽然公司的会计人员很少，但他们的财务工作却对整体公司的运作起了强大的约束作用。南京某电子公司推行的是“人人参与财务管理”的模式。在公司的走廊以板报的形式，由财务人员每天按照合同的具体条目更新现金回收状况。它的出现，引起了公司每个人的关注：业务人员经常来查对，讨论并通过它来跟进自己负责合同的收款进度；主管也可以通过它来获得对二级经销商回款情况的估计。这样，每个人都可以从这里获得重要的信息。在公司，应收账款在收回前只不过被看成是一项市场费用，如果还没有收到货款，就不能算销售已经完成，也没有客户满意度而言，当然也不会给相应的销售人员支付佣金。“人人参与财务管理”的模式，极大地调动了销售人员的积极性，杜绝了销售人员只管签订合同而不管实际收款的情况。

2. 玩具企业如何控制现金流量

案例背景：某公司主营儿童益智玩具，在东莞有自己的工厂。在去年，公司各部门的支出都超过了预算，加之产品种类增加、生产线扩建等原因，资金一度非常紧张，险些发生现金流断裂的危险。公司曾多次开会讨论，各部门却都在推卸责任，始终没有找到根本原因。

现金流量管理解决方案：

（1）收入预估。根据历史的产品销售数量，结合市场趋势和竞争情况，做出销售量的预测；同时，结合市场均价、实际成本以及产品附加值等因素，做出价格预测，最后得出业务收入的计划。

（2）成本预估。为了完成计划的业务收入目标，企业要结合产品的生产工艺和物料清单，计算产品的标准制造成本，并分析成本的构成，最终落到相应的生产计划、采购计划以及人工分配计划之上。同时，营销、财务、管理等工作都会产生间接的费用，也要摊销在每个产品之中，计入成本。

（3）资本预估。当得出相应成本预算之后，便要结合现金情况，做出具体的融资方案，考虑是靠股权融资、短期借贷还是长期借贷。同时，还要考虑融资金额、融资成本、并购融资周期等因素，确保每个阶段都能有稳定的现金流量，维持企业的正常运转。

比如公司要扩建生产线，第一年购买设备需要 800 万元，加上维护、年底原材料上线生产，需要投入近 1200 万元。第二年开始，每批次的产品销售额可达 600 万元，一年两批便是 1200 万元，除去成本及维护费，利润为 500 万元。

显然，回拢前期投入的资金，需要四年的时间，短期贷款明显不合适，会给企业经营管理过程中的现金流量带来非常大的压力。

效果呈现：公司在 2013 年底完成了 2014 年的预算计划，并在实施过程中，根据市场变化、企业战略部署等具体情况做出调整，截止到今天，公司在现金流量管理方面非常平稳，各部门也没有出现严重超出预算的现象。

【能力训练】

杯子有多大

游戏目的：认识统筹规划的重要性。

游戏程序：

1. 演示装满一杯水，放入大石头、小石头、沙子后水溢出来的情景。

2. 演示装满一杯沙子，放入大石头、小石头，没有空间装的情景。

3. 演示装满一杯小石头，放入大石头，没有空间装的情景。

4. 再按照先放满一杯大石头，分别放入小石头、沙子、水的情景。

5. 请所有学员分享游戏给我们的启示。

游戏准备：一次性杯子、沙子、小石头、大石头等。

现象分析：

杯子代表空间，石头的大小代表事情、资源等的重要程度，顺序代表处理事情、选择资源的先后。当我们用大石头把杯子装满，摇一摇，小石头放了一些进去，接着沙子放进去，摇一摇，又装进了不少，最后还可以装进水。在这个过程里，我们发现只要处理的方法正确，总会发现意想不到的空间。

活动分享：

分析如何搭配资源才能实现更好的效果？在考虑成本的时候，是否平衡了短期和长期的利益？在资金有限的情况下，如何分清轻重缓急，合理分配和使用资金？

【课后练习】

初创企业财务危机化解之道

选择一家自己比较熟悉的初创企业进行调研，了解企业初创阶段遇到的财务问题，学习化解的方法，记录下来，在班内交流。

第十三课

LESSON 13

新企业的营销管理

【创业故事】

从“练摊高手”到“品牌老总”的蜕变

王晶，1993 年毕业于北京联合大学化学工程学院化学工程煤化工专业，1996 年 8 月成立北京市越海扬波科贸中心，该中心拥有“越海扬波”“云桥”品牌，是计算机、服务器、IT 解决方案及服务提供商。2002 年通过了 ISO9001：2008 质量管理体系认证并保持至今；2003 年公司产品通过中国国家强制性产品认证（CCC）并保持至今。该中心是“中央政府采购协议供货”“中共中央直属机关采购协议供货”“北京市政府采购协议供货”等定点企业，多次获得北京市工商管理局“守信企业”的殊荣。

如果当初不是选择了自主创业，王晶说不定会成为一名优秀的大学老师。1993年，王晶由于在校期间优异的表现而成为那一届唯一一位留校工作的毕业生。但她留校工作了两年以后，却觉得四平八稳的生活状态并不符合自己对未来的期许。1995年，王晶毅然决然地辞去高校工作，一头扎进了当时办得如火如荼的中关村。

众里寻他千百度，蓦然回首，那人却在灯火阑珊处。

当时的中关村店铺林立，全国各地尤其是北方的电子产品几乎都从这里进货。可让走进门的客人选择自己店的货品，也不是件很容易的事。王晶一开始也没有意识到自己的天赋，只是在半年以后渐渐发现，生意越做越顺畅，自己的老客户、回头客越来越多，惹得别家铺子羡慕不已。这时候，她才开始思考总结原因。

四年大学的经历让王晶在鱼龙混杂的中关村销售人员中鹤立鸡群。但她没有因为自己的学历高而骄矜自傲，反而放下身段，一方面靠诚信经营，另一方面，因为在学校里四年学生干部、两年团委学生工作的磨炼，王晶知道如何与形形色色的人打交道，亲和力极高。又加上王晶学识广博，知识丰富，和客户交流时总能找到话题，很快就赢得了越来越多客户的信任和好感。

王晶永远也忘不掉自己接到的第一笔大生意。一天，一个西宁客人偶然走进店来，看上了他们的货，由于意外原因，货款没能按时打过来，出货也就晚了几天。90年代没有现在这么方便的银行汇兑业务，电汇或者支票到账最快也要三四天，慢的一个星期都正常。客人说，自己这单合同非常着急，必须及时把货运到西宁去，现在出货晚了，空运都赶不上，合同不能履行，怎么办？虽然是素不相识的陌生人，王晶两口子看客户着急的样子，决定开车帮他送货到西宁。王晶爱人二话不说，向朋友借了一辆面包车，连夜开着车跟着客户上了路。货品千里迢迢及时运到了西宁，客户千恩万谢，结交了这个仗义的北京摊主。就这样，两人赢得了这位西宁的大客户，从那时起至今，两家的业务往来一直都没有断过，彼此成了绝佳的生意伙伴和老朋友。

客人来自天南海北，骗子也不是没有，每年都有上当受骗的经历，交几万元钱的“学费”成了生意中的固定成本。但王晶还是一如既往地信任客户，急客人所急，诚信经营。客户嘴里“信誉没得挑”的越海扬波，就是这样一点一点赢得了“上帝”的心。

【导师问答】

问：在激烈的市场竞争中，创业者凭什么才能赢得“上帝”的心？

答：首先，只有满足客户的需求才能赢得上帝的心，当然，满足客户需求，并不意味着企业要满足所有客户的所有需求，这既不现实也不可能。因此，满足客户需求首先要确定满足什么样客户的需求。其次，赢得上帝的心还需要走近“上帝”。今天的“上帝”们需要面对更为纷繁复杂的产品信息，因此今天的营销一定要把眼光从紧盯着自己产品转移到“上帝”身上，甚至可以毫不夸张地用上心理学移情技巧，真切地了解客户的困扰，只有这样，才能打开“上帝”的心门。

学习要点

1. 企业营销理念，制订营销计划和构建营销网络的相关原则。
2. 生产过程的管理，质量管理体系，批量化生产中的成本管理。
3. 完善营销制度，建立营销团队，制订市场宣传计划。
4. 潜在市场挖掘与推广的策略分析，潜在市场的推广途径。

【知识导航】

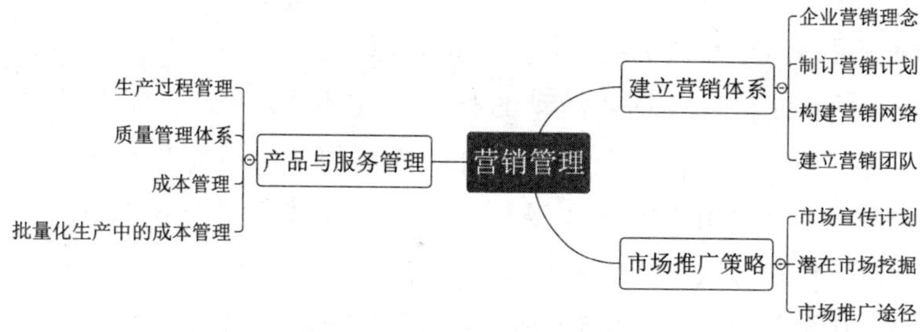

第一节　建立营销体系

一、企业营销理念

1. 销售、推销与营销

销售就是出售商品或服务，是企业说服和诱导潜在顾客购买某项商品或服务，从而实现企业经营目标并满足顾客需求的活动过程。销售是企业经营活动的重要内容和实现其利润目标所必须经过的重要环节，销售竞争的成败决定了企业竞争的胜负，进而决定了创业活动的成败。

销售者（或推销人员）、销售对象、销售品是任何销售活动都不可短缺的三个基本要素。

推销是指企业营销组合策略中的人员推销，即企业推销人员通过传递信息、说服等技巧与手段，确认、激活顾客需求，并用适宜的产品满足顾客需求，以实现双方利益交换的过程。这是促进公司销售和利润增长的最为重要的手段之一。

营销又称市场营销，是指企业发现或挖掘准消费者需求，从整体氛围的营造以及自身产品形态的营造去推广和销售产品，主要是深挖产品的内涵，切合准消费者的需求，从而让消费者深刻了解该产品进而购买该产品的过程。

销售是商业和创业活动的利润实现环节，推销是通过人员推广销路、推动销售业绩的提升，营销则是以销售为活动对象和目标，是对销售的整体经营，而人员推销又属于营销组合的一种策略和方法。推销和营销还是商业实践中销售从传统向现代、从局部向整体、从低级向高级发展的两个阶段。

2. 营销管理

营销管理是为了实现组织目标而设计的各种分析、计划、执行和控制活动，是计划和执行关于商品、服务和创意的概念化、定价、促销和分销，以创造符合个人和组织目标而进行交换的一种过程。

营销管理的任务，就是调整市场的需求水平、需求时间和需求特点，使供求之间相互协调，以实现互利的交换，达到组织的目标。

不同的需求状况有不同的营销任务，根据需求状况和营销任务的不同，可以划分出八种不同的营销管理类型：

第一，扭转性营销，是在购买者对某种产品或服务不仅没有需求，甚至还是厌恶的情况下，扭转人们的抵制态度。

第二，刺激性营销，是在无需求的情况下，设法引起消费者的兴趣，刺激需求，使无需求变为有需求。

第三，开发性营销，是指在多数消费者对现实市场上还不存在的某种产品或服务有强烈需求的情况下，努力开发新产品，设法提供能满足潜在需求的产品或服务。

第四，恢复性营销，是指在人们对产品和服务的需求兴趣衰退的情况下，设法使人们已经冷淡下去的兴趣得以恢复。

第五，同步性营销，是指产品和服务的需求在不同时间、季节的需求量不同的情况下，设法调节需求与供给的矛盾，使二者达到协调同步。

第六，维持性营销，是指在饱和需求的情况下，设法维护现有的销售水平，防止出现下降趋势。

第七，限制性营销，是指在产品或服务需求过量的情况下，长期或暂时地限制市场对某种产品或服务的需求。

第八，抵制性营销，是指在产品或服务对消费者、社会环境或供应者有害无益的情况下，抵制和消除这种需求，实行抵制性营销或由政府禁售。

针对上述各种情况，营销管理者必须掌握一定的营销理论和方法，通过系统的营销调研、计划、实施与控制等活动来完成这些任务。

二、制订营销计划

营销计划是指在对企业市场营销环境进行调研分析的基础上，确定企业及各业务单位的营销目标以及为实现这一目标所应采取的策略、措施和步骤的明确规定和详细说明。营销计划是企业的战术计划，营销战略对企业而言是“做正确的事”，而营销计划则是“正确地做事”。

制订营销计划的目的是确定营销战略和战术，以达到一些具体的目标和目的。为了达到这些目标和目的，就要考虑到营销计划的结构和它的所有要素。一般而言，营销计划的结构及其要素主要包含了以下营销计划提纲所列的内容。

营销计划提纲

概要（整个计划的概览，包括产品或服务的描述、独特的优势、需要的资金、预期的销售和利润等）

一、导言

产品或服务是什么？具体地描述它，解释它为什么适销对路。

二、形势分析

（一）形势环境

1. 需求和需求趋势。（产品预计的需求量：是增长还是下降？谁是决策者？谁是采购商？他们怎样、何时、何地、为何购买？他们购买什么？）

2. 社会和文化因素。

3. 人口因素。

4. 产品在当地和当时的经济与商业环境。

5. 同类产品的技术状态。是高科技产品吗？新产品是否频繁淘汰旧产品（生命周期短）？简单地说，技术成分如何影响这个产品或服务？

6. 政策。政策（现在或将来）是否会影响产品的销售？

7. 法律和法规。（这里适用的法律和法规是什么？）

（二）中观环境

1. 财务环境。（资金到位或不到位如何影响形势？）

2. 政府环境。（现在各级政府的行为偏好是否可能影响产品或服务的销售?)

3. 媒体环境。(媒体正在说什么？现在的媒体是否在正面宣传这个项目？)

4. 特殊利益环境。(除了直接竞争者，是否有任何有影响力的团体有可能会影响到你的计划?)

(三) 竞争环境

1. 描述你的主要竞争对手，以及他们的产品、计划、经验、方法、财务、人员、资金来源、供应商和战略。他们是否受顾客欢迎？如果是，为什么？竞争对手采取什么营销渠道？他们的优势和劣势各是什么?

(四) 企业环境

1. 描述你的产品、经验、方法、财务、人员、资金来源和供应商。你的顾客是否喜欢你的产品？如果是，为什么？你的优势和劣势各是什么?

三、目标市场

利用人口统计、行为心理、地理位置、生活方式等任何合适的指标，仔细描述你的目标市场分布，为什么这是你的目标市场？它有多大?

四、问题和机遇

阐述或重申每一个机会，解释为什么这是一个机会。

阐述或重申每一个问题，说明你打算怎么逐一解决。清楚地陈述有竞争力的独特优势。

五、营销目标和目的

精确地说明销售目标，包括销售量、市场份额、投资收益；说明营销计划的其他目标，包括达到每个目标所需的时间。

六、营销战略

考虑整体战略的选择，例如，对于一个新市场，是第一个进入、早进入还是晚进入？是垂直渗透还是水平渗透？或者是寻找利基市场？

如果营销战略属于宏观战略或在战略营销管理的层面，则应该运用市场吸引力及业务能力的矩阵进行分析，对产品生命周期的分析也必不可少。

七、营销策略

从产品、价格、推广、分销、其他策略或环境变化等方面来说明你如何实现营销战略。

（附注：在营销战略和营销策略部分，需注明当你实施计划时，你的主要竞争对手将会如何反应，你会采取哪些措施来避免威胁并利用机遇。）

八、实施和控制

计算收支平衡点，为你的项目指定收支平衡表。计算3年内每个月的销售预测和现金流量。确定启动资金数目和月度预算，以及其他的任务。

九、小结

简述优势、成本和利益。重申你的计划在竞争中的独特优势。为什么你的计划会成功。

十、附件

包括一切你认为相关的支持信息。

按照营销计划提纲编写营销计划的好处在于，能保证在制订营销计划时不会遗漏重要信息，同时，每件事都能按照逻辑关系列出来。所以在编写营销计划时不管是详案还是简案，都要参考和借鉴上述营销计划结构及其要素的基本内容，其目的就是确保营销计划既符合逻辑，又没有重大遗漏。

三、构建营销网络

营销网络是分销过程中所涉及的一系列相互联系、相互依赖的组织和个人的集合。这些组织和个人通过分工和协作，形成系统的网络化营销渠道，使商品和服务能够有效地从生产者转移至消费者手中，并通过处于市场中的网络末梢，及时准确地收集有关消费者的意见、经销商的态度及竞争对手的举措等信息，帮助企业做出正确决策，指导企业采取相应的行动，在竞争中获胜。

营销网络主要由网络成员、网络渠道两个要素构成。

网络成员即网络中各个结点，是某种产品或服务从生产者向消费者转移时获得这种产品或服务所有权的组织或个人，主要包括生产企业、中间商和消费者，它们按照各自所处位置和分工不同参与产品的营销，构成营销网络的渠道成员。

网络渠道就是产品从制造商手中转移到消费者或最终用户手中所经过的各中间商联结起来的通道。一个良好的渠道应该具备四个特点：一是连锁功能好，能连续不断地将产品流通到最终消费者手中；二是辐射功能广，销售的触角能延伸到目标市场范围；三是配套功能强，交通运输、储存设施、质量服务等齐备；四是经济效益高，商品流向合理，流通费用节约，交易成功率高，资金周转快。

四、建立营销团队

一个完整的营销团队应具有以下五个必备要素：目标、定位、权限、计划和人员。这五个要素紧密相关，相辅相成，共同构成了一个团队的完整框架。

1. 结合营销战略明确团队目标

团队要形成合力，首要前提是成员要认同团队的目标且两者的目标趋于一致；目标本身要具有激励性；团队目标除了业绩指标外，还要建立共同愿景，作为团队成员们的原动力。

2. 重视营销团队领导能力的建设

领导是团队精神的支柱和灵魂。高绩效营销团队需要领导来提供工作方向，团队领导需要整个团队所有成员的一致认同，他的口碑、名声、知识都应当受到广泛的认可，应是团队愿景引领的舵手、团队沟通顺畅的媒介、团队方法递进的推手、团队能力强化的教练和团队精神凝聚的支柱。

3. 构建团队内部组织框架

组织框架的构建不仅能使营销团队成员之间的能力聚合、形成一个能量整体，还能使团队成员之间的关系更加明确，使团队目标通过团队关系的构建进一步强化。常见的营销团队组织框架包括以下两个部分：一是根据团队工作目标进行责任划分并区分等级；二是明确组织框架之间各个职位的制约关系并形成制度。

4. 确定营销团队绩效考核制度

一方面要制定团队整体的考核办法，根据企业营销活动的目的和营销团队的目的，按照团队工作制度，划分绩效考核的准则，确立包括集体销售业绩、客户反馈、团队合作等多个项目的绩效考核方法，以团队整体考核的结果作为薪酬水平的基础；另一方面要制定全体成员的个人绩效考核办法，在团队整体考核制度下，确保员工个人的责任和权利。

5. 培养团队合作能力

一个有竞争力的销售团队应该是个学习互助型团队，团队成员要互相学习、互相帮助。创业者应该督促并指导营销团队主管把这种精神贯彻成团队的主流。建立起良性的内部沟通机制，加强团队沟通，形成协作一致、经验共享的良好团队氛围。

第二节　产品与服务管理

一、生产过程管理

生产管理分为生产组织（即选择厂址，布置工厂，组织生产线，实行劳动定额和劳动组织，设置生产管理系统等）、生产计划（即编制生产计划、生产技术准备计划和生产作业计划等）和生产控制工作（即控制生产进度、生产库存、生产质量和生产成本等内容）。

生产过程管理是指为确保生产过程处于受控状态，对直接或间接影响产品质量的生产、安装和服务过程所采取的作业技术和生产过程的分析、诊断和监控。它的作用是对直接或间接影响过程质量的因素进行重点控制并制订实施控制计划，确保产品质量。

1. 生产过程管理的内容

生产过程管理包括生产资源管理、产品定义管理、生产计划管理和车间作业管理四个子系统，包含了从图纸向产品实体转化的具体实现过程。

生产资源管理是管理直接涉及生产与加工过程的相关资源，包含设备管理、工装工具管理、人力资源管理、生产线维护、工位维护、生产单元管理六个部分功能。

产品定义管理主要是构建产品的客户属性和工艺属性，包括工艺数据、BOM 结构，是维护系统正常使用的基础数据，数据是否准确对系统的可靠性起着决定性作用。

生产计划管理是依据生产资源管理和产品定义管理系统提

供的能力与资源情况，按照生产订单的要求，实施企业、车间、作业三个层面的计划管理与进程监控，包括产品订单管理、生产准备管理、车间/生产线计划管理、作业计划管理、外协管理、监控和查询。

车间作业管理是完成生产过程的具体实现过程管理，包含作业派工管理、工单管理、完工维护、现场作业管理、装机登记确认、调试修复记录单管理、转运管理、货架管理、工时维护、物料消耗统计、维护和查询监控及车间看板功能。

2. 生产过程管理的常用手法

（1）标准化——就是对企业里各种活动的规范，如规程、规定、规则、标准、要领等，形成文字化的标准，而后依标准付诸行动。

（2）目视管理——就是通过视觉导致人的意识变化的一种管理方法。目视管理有三个要点：第一，无论是谁都能判明是好是坏（异常）；第二，能迅速判断，精度高；第三，判断结果不会因人而异。目视管理强调各种管理状态和管理方法清楚明了，达到“一目了然”，从而容易明白、易于遵守，让员工自主地完全理解、接受、执行各项工作。

（3）管理看板——是管理可视化的一种表现形式，即对数据、情报等的状况一目了然地表现，主要是对管理项目、特别是情报进行的透明化管理活动。它通过各种形式，如标语、现况板、图表、电子屏等，把文件上、脑子里或现场等隐藏的情报揭示出来，以便任何人都可以及时掌握管理现状和必要的情报，从而能够快速采取应对措施。

3. 服务运作管理

与制造业生产活动相比，服务活动具有无形性、不可触性、不同质性和顾客参与服务过程等特点，因而服务运作的管理具有不同于制造业生产过程管理的侧重点。服务运作管理需要特别注意以下两个方面的问题。

（1）运作技术的选择与管理。服务运作必须区分两种不同的服务：以人为中心的服务和以技术为中心的服务。即使是在同一行业，有时也会有两种不同的服务特色。例如，在餐饮业，高级餐馆是典型的以人为中心的服务，而麦当劳这样的快餐店是典型的以技术为中心的服务。前者的服务质量和服务效率主要取决于提供服务的人，这种情况下，运作技术的选择不是一个主要问题，主要问题是提高人的工作责任心和服务技能。而后者的服务质量和服务效率在很大程度上依赖于所作用的设备和技术，这就需要慎重考虑可选择的技术。对于这种以技术为中心的服务来说，在制造业发展起来的标准化、工业化方法有极大的参考意义，通过采用自动化程度更高的设备，服务效率有可能大幅度提高，服务质量也容易规范。

（2）服务能力的计划与管理。服务能力计划和管理的基本思路应当是“供需平衡”，即同时从能力和需求两个方面设法调节，使需求的波动尽可能小，使能力的灵活性尽可能大，以最大限度地利用服务能力，同时又满足顾客需求。

关于需求调节，可以考虑三种方法：一是价格杠杆法，通过价格调整刺激高峰需求向低峰转移；二是服务预约法，通过预约、预订把需求安排到服务能力的不同时间段内；三是附带服务法，在服务低峰期开发附带服务。

关于能力调节，可以考虑四种方法：一是顾客参与法，通过促使顾客积极参与使服务设施利用率提高；二是设施布置法，通过灵活的设施布置使服务能力的用途增多，消除瓶颈环节，从而提高利用率；三是技能扩大法，使服务人员的技能多样化，可灵活配置于任何需求高峰；四是灵活日程计划法，制订多种日程计划，灵活运用于不同情况，并使日程计划具有改变的可能性和快速性。

二、质量管理体系

质量是企业生存和发展的第一要素，质量水平的高低反映了一个企业的综合实力，质量问题是影响企业发展的重要因素。在创业过程中，应充分认识质量管理及产品与服务质量对企业发展的作用和影响，把质量观念贯穿产品和服务实现的全过程，构建起完善的质量管理体系。

目前，存在一系列帮助企业保障质量的方法，包括精益制造、标杆管理、ISO9000、全面质量管理等，这些方法可以帮助企业提供满足顾客期望的产品和服务质量。

1. 精益制造

精益制造的核心就是精简，通过减少和消除产品开发设计、生产、管理和服务中一切不产生价值的活动（即浪费），缩短对客户的反应周期，快速实现客户价值增值和企业内部增值，增加企业资金回报率和企业利润率。

精益制造的方法主要有细胞生产方式（即小规模、标准化、可复制的小生产细胞线）、一人生产方式（即每一个员工单独完成整个产品装配任务）、一个流生产方式（即取消机器间的台车，并且通过合理的工序安排和机器间滑板的设置让产品在机器间单个流动起来）、柔性设备的利用（柔性设备即不需要专业人员安装并可随时拆除的设备）、台车生产方式（即在台车上完成所有装配任务的方式）、固定生产线和变动生产线方式等。

2. 标杆管理

标杆管理是一种将创业企业与行业中其他企业或者与最佳实践、标准进行比较的方法。通过使用标杆，可以为创业企业找到改善企业活动的机会。

3. ISO9000

ISO9000是国际标准化组织建立的一套质量管理标准体系。初创企业在应用ISO9000质量标准时应该考虑行业差异，并且从创建开始就要将质量管理的思想纳入企业管理中。

4. 全面质量管理

全面质量管理是一种基于追求战略优势的质量保证方法。其核心思想是持续改进，或者在整个组织内部持续识别和实施变革以关注内外部顾客要求。全面质量管理要求持续监督和改进企业活动过程，通常使用一些具体的质量测量方法，如产品技术标准、生产标准、生产数量、准时运输以及退货率等。

全面质量管理的成功依赖于企业的每一位员工都将其他员工视为顾客，通过员工的共同努力，确保所有企业活动环节均达到质量标准要求。全面质量管理要求每一位员工都能够接受在产品生产和服务过程中所应承担的责任。

5. 服务质量管理

服务管理的核心是服务质量，所以服务管理的一个重要内容就是服务质量管理。要想取得良好的服务质量，需要从以下五个方面加强服务质量管理。

（1）提高服务人员的技术素质。对服务人员的每一个动作、语言、表情都应给出细致严谨的规范。注重对服务人员服务技能的培训和提高，使每个服务人员都能掌握准确的服务动作和高超的服务技术。加强对服务人员进行服务意识、服务态度和职业道德教育，提高每个服务人员的品行、素质，以此来保证各项服务工作的服务质量。

（2）建立服务质量责任制。建立企业服务质量责任制，以使人人有专责，事事有人管。每个职工都有明确的岗位、职责和努力方向，做到心中有数、自我调控。建立企业服务质量责任制，应注意与职工的经济利益相挂钩以及加大考核与奖罚的力度。

(3) 抓住关键的少数。所谓“抓住关键的少数”，就是控制服务过程中对服务质量有重要影响的关键活动。服务过程的关键活动的识别原则有三：一是对服务质量影响较大的部分；二是经常出现不良服务的地方；三是顾客意见较多的岗位。对这些环节必须进行专门的研究分析与策划，制订详细的质量控制程序，并重点加以管理和控制。

(4) 加强现场督导和监控。实行“自检自控、互检互控、专检专控”的“三检三控”制度，这种制度对加强服务企业的过程质量管理是十分有效的。“自检自控”即自己对照服务规范发现偏差后，马上自我进行调整；“互检互控”即其他人员一旦发现有人出现质量问题，主动上前帮助纠正或弥补；“专检专控”即检查人员发现不合格服务后，立即督促和帮助改正。“三检三控”制度在不少服务企业的过程质量管理中都取得了良好的效果。

(5) 提高服务的个性化和艺术化。服务规范一般具有普遍性，而顾客由于国别、地位、教育、行业、信仰等不同有着千差万别的个性，仅靠共性化的服务规范很难满足顾客个性化的需求。因此，在服务行业，不仅要提倡一丝不苟地执行服务规范，更要倡导提高服务的针对性和艺术性，开展灵活的个性化服务和富有人情色彩的服务。

三、成本管理

成本管理是指企业生产经营过程中各项成本核算、成本分析、成本决策和成本控制等一系列科学管理行为的总称。成本管理充分动员和组织企业全体人员，在保证产品质量的前提下，对企业生产经营过程的各个环节进行科学合理的管理，力求以最少生产耗费取得最大的生产成果。成本管理是企业管理的一个重要组成部分。

企业的一切成本管理活动应以成本效益观念作为支配思想，从“投入”与“产出”的对比分析来看待“投入”（成本）的必要性、合理性，即努力以尽可能少的成本付出，创造尽可能多的使用价值，为企业获取更多的经济效益。

成本管理一般包括成本预测、成本决策、成本计划、成本核算、成本控制、成本分析、成本考核等基本内容。

四、批量化生产中的成本管理

批量化生产是指企业生产几种产品，但不是同时生产这几种产品，而是一次一种分批次批量生产的一种企业生产组织方式。一般同时采用专用设备及通用设备进行生产，按每种产品每次投入生产的数量，分为大批量生产、中批量生产和小批量生产三种。批量是指企业（或车间）在一定时期内，一次出产的在质量、结构和制造方法上完全相同产品（或零部件）的数量。

控制成本是批量化生产的一个显著优势和重要目的，成本管理对于批量化生产也就具有了特殊的重要性，为做好批量化生产中的成本管理，需要做好以下几个方面的工作。

1. 确定合适的批量生产

正确选择批量大小和合理确定批量的间隔生产期，对提高批量生产的经济效益十分重要。大批量生产相比于小批量生产可以节约原材料，减少机器设备和工夹具的更换时间，可以大批购进原材料，同时工人能够比较长期地从事一种作业，易于提高劳动的熟练程度，因而劳动生产率较高、经济效益较好。但是，批量并不是越大越好。如果批量过大，会造成生产周期长，原材料、半成品存储量过多，从而要占用较多的资金和较大的生产面积，影响经济效益的提高。企业要经济合理地组织批量生产，必须根据社会需求、市场预测、产品成本、机器设备利用状况等多种因素，确定合适的批量生产。

2. 制订详尽的作业指导书和调试阶段的标准作业程序

作业指导书应包括所需的数控程序、夹具编号、检测手段以及所有要调整的参数。事先准备好作业指导书，可以充分考虑各种因素，通过编制和校对，集合多人的智慧和经验，提高准确率和可行性。还可以有效地减少在线的换型时间，提高设备的使用率。调试阶段的标准作业程序是对调试工作的控制点操作的优化，这样每位员工按照程序的相关规定来做事，就不会出现大的失误。

3. 真正贯彻“预防为主”的原则

要把理论上的“预防为主，预防与把关相结合”的思想，转变为实实在在的预防。这并不是说不再把关，而是将把关的职能再进一步，即把关的内容包括两个方面，一是产品质量的把关，二是过程质量的把关。要达到100%合格，第一重要的不是对产品质量的检验，而是预先在生产过程的严格控制。

4. 构建全员参与、有效运行的质量管理体系

通过设置组织机构，规定各职能部门的职责和权限，明确相互间的关系和工作程序，使各项质量活动能够经济、有效、协调地进行，形成一个全员参与的质量管理体系，并使企业成为一个有机的整体。在这样一个管理体系下，信息可以快速、正确、有效地传递，避免因信息传递错误出现的报废，如无效图纸的误用，生产现场和仓库出现的张冠李戴等错误。通过审

核和评审，对系统实施不断地改进，以适应完善内部管理和外部环境变化的需要。

第三节　市场推广策略

一、市场宣传计划

市场宣传是企业通过自主投资制作文字或图片、动画宣传片、宣传画、宣传书，介绍自有企业主营业务、产品、企业规模及人文历史，用于提高企业知名度的活动。市场宣传的内容主要有两点：企业品牌形象和企业产品或服务。前者主要是整合企业资源，统一企业形象，传递企业信息。它可以促进受众对企业的了解，增强信任感，从而带来商机。后者主要是通过展示企业产品生产过程、突出产品的功能特点和使用方法，让消费者或者经销商能够比较深入地了解产品，从而营造良好的销售环境。

市场宣传计划则是对市场宣传活动的设计规划。制订并执行良好的市场宣传计划是创业企业营销管理的重要工作。市场宣传计划的制订需要关注并落实好以下七个方面的重点内容：明确市场宣传的目标及目的；抓住宣传重点；确定相应受众范围；了解受众群体对企业宣传活动的态度；合理选择宣传内容与形式；合理选择市场宣传依托途径；测试宣传效果。

二、潜在市场挖掘

潜在市场是由那些对某种产品或服务具有一定兴趣的消费者构成的。随着社会资源的日益丰富，同类产品间的差异也越来越小，因此要想在激烈的市场竞争中比对手棋高一着，超前一步，就要善于把握市场上出现的新机遇、新趋势，要出奇制胜。

挖掘潜在市场，就是要思在消费者前面，想到消费者的心中，要在第一时间将消费者的潜在市场需求变成现实需求，把潜在市场开发为企业的现实市场。

1. 举一反三，相关挖潜

一种新产品的产生，可能牵动若干相关或类似产品的出现，涌现一系列的潜在市场。就以大家都熟悉的电脑为例，当电脑发明出来以后，顺着电脑这根“藤”，人们开发了适合电脑的各种程序。然后又发明了INTERNET，现在与电脑相关的产品更是数不胜数。

2. 市场转移，差异挖潜

国家、地区之间存在着风俗、传统、习惯、生活方式和社会制度的差异，而这种差异越大，潜在的市场也就越多。

3. 因势利导，相近挖潜

任何一种产品，在一个国家或地区出现之后，与其技术、经济发展状况相近的国家、地区存在着潜在市场的可能性极大。

4. 开辟蹊径，扩散挖潜

市场上陆续涌现的商品，都有一个逐步由发达地区向欠发达地区、由城市向农村扩散的过程，期间很可能有一些潜在市场，且市场量颇大。

5. 扬长抑短，弊端挖潜

当一种产品出现后，随着时间的推移，环境的变化，其缺点也会不断暴露出来，但同时与此相适应的潜在市场立即涌现。

6. 调研剖析，细分挖潜

根据消费者需求方面的差异，把整个市场划分为若干个分市场，通过对分市场的研究，找到最有利的潜在机会，扩大产品销路，提高产品市场占有率。

三、市场推广途径

市场推广是指企业为扩大产品市场份额，提高产品销量和知名度，而将有关产品或服务的信息传递给目标消费者，激发和强化其购买动机，并为促使这种购买动机转化为实际购买行为而采取的一系列措施。

市场推广是销售、营销的手段和方式。一个新创企业需要采用多种手段、多个途径来推广宣传自己，树立品牌形象、扩大产品或服务销售。目前比较常见的市场推广途径主要有宣传品和资料推广、广告宣传推广、渠道推广、公关及活动推广、互联网推广等，此外还有免费使用、赠送推广、通讯推广等一些其他的市场推广途径，创业者可以根据自己的经费和资源条件，选择其中一种或几种。

1. 宣传品和资料推广

这是成本最低、创业者最容易操作的一种市场推广途径，常用的宣传品和资料包括了宣传页、宣传册、宣传展架、宣传招贴、名片和其他宣传品（如礼品袋、购物袋、节假日问候卡等）。

2. 广告宣传推广

广告也是一种比较容易操作的市场推广途径，但成本比较高，特别是在大众媒体上打广告的成本是非常高的。广告宣传推广大体上可以分为动态广告和平面广告，创业者可以选取的广告载体包括了报纸、期刊、各种出版物、网站、户外箱牌、广播电视等。

3. 渠道推广

市场推广的渠道包括了与创业者的企业和产品或服务相关的合作企业、机构、场所、人际关系网络、口碑宣传等，这些都可以争取用来为市场推广服务。新创企业本身所在的经营场所也是一种重要的渠道推广途径，创业者应加以充分利用，比如做好场地装饰、商品陈列、橱窗展示、户外标牌等。

4. 公关及活动推广

通过组织开展各类公共活动来进行市场推广，有利于展示企业形象、扩大产品销路。新创企业适宜采用的公关推广活动有开业活动、产品说明会、资讯讲座、纪念日或节假日活动、展会和展销等。

5. 互联网推广

互联网推广既有效率又节约成本，已经成为当前创业公司不可忽视的一种市场推广途径，创业者经常采用的互联网推广方式有开设网站、网站链接、搜索引擎等。创业者在做互联网推广后应做好网络营销的效果评估及后续工作。

【案例链接】

1. 余额宝：互联网营销的应用

传统基金销售比拼的是渠道，各商业银行的基金销售部门都是基金公司眼中的“高富帅”，只要绑定一家规模大的代销银行，基金的发行规模就有了保证，也决定了基金的生命力与基金公司的财运。传统基金的资金来源很大一部分来自机构客户，20%的客户拥有80%的资金。相比较而言，余额宝只有直销单一渠道，节省了代理银行销售费用。由于余额宝产品面对的是淘宝小微用户，而他们又具有年轻化、接受力强的特点，因此他们更愿意尝试新的产品。如今沟通交流方式呈多元化发展趋势，网络、微博、微信等新一代传播工具被广泛应用，一个用户体验好的产品，将很快通过每一个圈子发散出去，这也是余额宝用户在短时间内呈几何级数增长的原因。

从余额宝这个案例可以看出，恰当的互联网营销策略不仅可以带来成本的降低，还可借助既定的互联网平台自然实现市场的细分和目标客户筛选，使得企业营销方案能够具有很强的针对性，快速验证创新产品的市场价值，进而实现盈利目标。

2. 快餐食品新秀赛百味（SUBWAY）的青岛市场推广

作为快餐类食品行业新秀的赛百味（SUBWAY）在拓展青岛市场时开展了一系列的市场推广活动，其推广的首要目标是“新市场的开辟”和“知名度的提升”（即在其他类快餐中占有一席之地）。为此，他们采用了宣传品和资料推广、广告宣传（包括动态广告和平面广告）、互联网推广、公关与活动推广、免费试用与赠送推广、通讯推广等多种多样的市场推广途径，并最终取得了良好效果。

首先是在大学教园区周边悬挂横幅以及海报，吸引学生以及本地顾客。在学子家园门口、超市门口等人口密集地区发放传单，最大限度地宣传SUBWAY快餐店。

广告宣传方面包括了广告牌、公交车车体的广告、电视广告、广播台、在报纸中选取广告版面作为媒介，运用卡片或者以彩页形式插入杂志以及进驻点击率较高的网站，如天涯、爱奇艺、豆瓣等年轻人经常使用的互联网络。

定期举办大胃王比赛：在规定时间内以最快速度吃完三明治的顾客可以免费享受本快餐店一年的会员优惠！并且可以现场得到精美礼品一份！在运营店提供VIP会员卡办理，消费累计金额到达500元的用户，或者一次消费100元及以上的用户我们将免费为其办理会员卡一张，以后一年内享受9折优惠。

与高校社团合作，为各大学城的各大高校学生社团提供活动赞助支持，从而争取在大学城内拓展影响力；提供勤工俭学岗位，为青岛各大学的贫困学子提供勤工俭学岗位来帮助他们完成学业；为社会贡献点力量，同时也可以提升自身的形象。

向大学的部分学生发送促销短信，有该短信内容的学生在规定的时间段（逾期无效，可以转发）里可以享受快餐9折服务。

【能力训练】

销售技能训练

情境：现在，有一只签字笔，给你10分钟的时间，先来进行产品设计、制定营销策略和销售策略、意向客户筛选和确定销售流程与计划等准备工作，然后面向学习小组或班级其他成员，开展你的销售工作。

比一比，看谁的销售业绩最棒！

问题：在此项活动中，你有哪些心得感悟？获得了哪些销售经验和技能？

【课后练习】

制定公司质量管理制度及市场推广方案

1. 首先通过各种途径查阅、收集ISO9000质量管理体系的相关资料，然后结合自己的创业项目或创业构想，对照ISO9000质量管理体系相关内容，制定出相应的质量管理制度条文。

2. 找寻身边的创业公司，通过实地考察、交流访谈，总结归纳出给公司的相关市场宣传计划和市场推广途径。

第十四课 新企业的人力管理

LESSON 14

【创业故事】

凡客的烦恼

2011 年 11 月 30 日，吴声的一纸辞文将凡客再次推到风口浪尖。

吴声，原凡客诚品副总裁，曾负责凡客公关及 V+等业务，属于凡客元老级别人物。此次，他原本希望低调、“无声”地辞职。未料，业界哗然一片。他，既是商人，也爱不时摆弄文人雅致，常常喜欢吟诵古典佳句，口才出众。业界认为，以营销推广见长的凡客诚品，之所以成为中国电子商务领域最有文化的公司，吴声功不可没。

吴声的辞职不是个案，随着更多创业元老离开凡客，人们开始拷问“凡客的管理体制是否出现问题”。

一位已离职的员工向记者回忆道：“2008 年，凡客创立之时恰是金融危机肆虐之际。当时，这些创业元老在一起创业，真正是为了创业的激情和梦想，肯定不只是为了金钱。”

他们是一群能力不凡的人。同时，他们用自己的勤奋、干练、清新和爽朗塑造了凡客诚品独一无二的经营模式和管理文化。

“资本助力”“跑马圈地”“快者为王”等一度成为电子商务

领域的“成功宝典”，被后来者纷纷揣摩和效仿。在最初的3年间，VC/PE对凡客诚品的投资超过2亿美元。2010年，凡客诚品销售额约为30亿元。年初，凡客CEO陈年放言，2011年的目标是100亿元。

与凡客诚品一同高速成长的凡客人，也受到业界高度重视和赏识。在嬉笑言谈中，凡客常被同行称为“电子商务领域的黄埔军校”。从这家公司出来的主要管理和经营人员，身价均数倍地上涨。

但是，伴随着凡客的快速扩张，管理难度也日益提升。如果管理不当，直接导致的后果是优秀人才的大批流失。

有知情人士告诉记者，轮岗是凡客管理体系中的一项重要策略。但是，它的轮岗幅度过大，也带来不利影响。“有财务部门的人去掌管仓储，也有技术部门的人去管理市场部。”业内人士向记者透露。这导致的后果是，被调动者觉得自身缺少被信任感，员工又对领导的专业知识和技能颇有微词。同时，凡客诚品内部人士抱怨：“由于凡客公司服装品牌的逐步提升，公司已经越来越从一家互联网公司向时尚类公司转变。这使得公司文化、经营理念和最初都有不少相背离之处，可能也引起不少老员工的不适和离开。”

【导师问答】

问：创业公司选人和留人的关键是什么？

答：第一，企业员工能力不足可以后天培养，但是价值观的不同，会让企业分崩离析。所以，一个团队要有相同的价值观。第二，人才的学习能力要强。他的基础不一定要很好，经验不一定很足，但是学习能力要强。第三，企业要有相对比较成熟完善的培训和激励机制，随着他每一步成长，相应的激励一定要跟上。这三点缺一不可。

学习要点

1. 新企业的岗位设计与岗位责任，企业组织结构图。
2. 小微企业员工招聘的途径与流程。
3. 小微企业员工的绩效管理、薪酬设计的原则和方法。
4. 新创企业如何留住人才。

【知识导航】

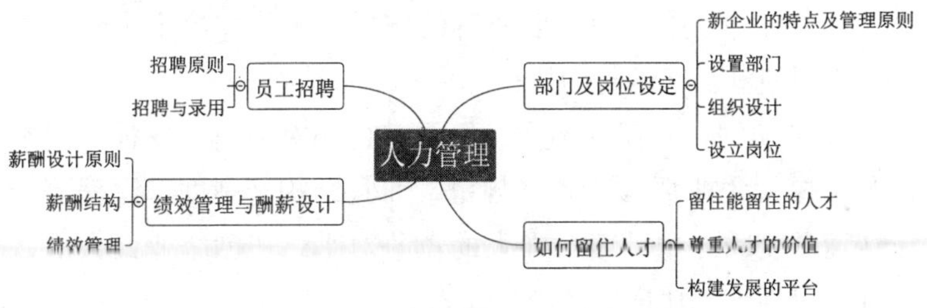

第一节　新企业的部门及岗位设定

一、新企业的特点与管理原则

调查显示，国内创业企业每 100 家企业中只有 20 家到 30 家可以熬过 1 年，而熬过 3 年的企业只占这其中的 30%；至于如今流行的大学生创业，其失败率更是高达 99%。统计数据表明，导致企业失败的前三个原因分别是市场（27%）、管理（24%）和技术（12%）。创业之初考虑的大多是技术，成立企业后考虑更多的是资金分配与调度、人才招募、营销策略制定、管理控制，以及应对来自竞争和市场的变化等，任何一个环节出现问题，对于脆弱的创业企业而言都是致命的。因此，对初创企业的管理既要突出重点，又要统筹兼顾。

与实力雄厚、管理规范的大企业相比，初创小企业呈现出很多不同的特点：

（1）由于受规模和实力的限制，“生存”是初创企业最紧要的问题，活下去是硬道理，企业必须牢牢抓住销售、生产等关键工作，紧紧围绕市场、研发等业务功能来配置资源，一切行为均体现出明显的业务导向。

（2）初创企业的领导核心往往是创业者，创业者的理念通常就是企业的理念。创业者的动机与素质基本上决定了企业的方向、目标和实施能力，创业者的领导风格往往决定了管理者的管理风格和员工的行为风格。

（3）初创企业规模不大，组织结构相对简单，各种制度和流程不像大企业那样齐备、规范，而且结构、制度、流程等处于快速的变动之中。面对强大的竞争对手，初创企业最大的优势在于灵活性、速度以及应变能力。

（4）初创企业人员少，人与人之间一般可以便捷地面对面进行沟通。由于沟通的直接性，加之创业者以及骨干员工多半有血缘、乡缘、学缘等关系，企业往往有浓厚的“家”的色彩，情感性因素较多，而理性的味道淡一些。

初创公司的管理制度以简单适用为原则。作为一个初创企业的管理者，应重点把握以下环节：

（1）要明确企业目标。创业者应该将企业的目标清晰化、明确化。有了目标，才有方向，才有一个共同的远景。只有达成共识，才能大大减少管理和运作上的摩擦。

（2）要明确组织架构。明确“谁听谁的”和“什么事情谁说了算”，并用书面的正式文件规定下来。组织架构设计中最根本的问题就是决策权限的分配。因此，明确每一个核心成员的职责对管理是否畅通非常关键，否则创业者的兄弟意气会让管理陷于混乱。

（3）要制定管理制度。创业期企业里的员工多半有亲属关系或地缘、学缘关系，这些关系在一定程度上影响着企业内正常的工作关系。制定管理制度，同时要求人人都必须遵守，不能有特权，也不能朝令夕改。当公司发展到一定的程度并具备一定的实力时，就要意识到自身能力上的缺陷，尽可能聘请一些管理方面的专业人才来共图大业。

二、设置部门

企业组织结构是企业这个有机体的各个有机组成部分相互作用的联系方式，以求合理高效地组织成员，为实现企业共同愿景而协同合作。组织结构是企业资源和权力分配的载体，在人的能动行为下，通过信息传递，承载企业的业务流动，推动或者组织企业完成使命的进程。

由于组织结构在企业中的基础地位和关键作用，初创企业必须首先考虑企业的组织结构设计。职位职责描述又称职责界定，用来定义和描述一个职位的重要特性，划定该职位的工作内容、职责范围，给工作岗位确定清晰的界限。

但是初创企业不同于大企业，一定要注意不要一开始就雄心勃勃地向大企业看齐，划定一堆大而全的部门，而是一定要根据企业的真正需求，尽量扁平化企业的组织机构，而不是层级化。无谓地增加企业内部的沟通成本，对企业的发展不但无益，还会带来阻碍。职能部门的设置必须在管理和效率上寻求平衡。职能部门的设置越极致、越专业，越可能造成企业效益的下降。所以，不论职能部门设置得怎样五彩缤纷，都不应该冲淡企业提高效率这个主题。

新企业设置部门的方法，常用的有如下几种：

（1）根据经营职能设置部门。例如，生产、研发、市场推广、销售、客服、售后服务、供应采购、人力资源、行政、财务等职能，都可以设立成独立的职能部门。新企业员工人数不多，可以根据需要，优先设立最有需要的部门，而不是一下子就全都建立起来。

（2）综合设置部门。很多初创企业都会有一个人身兼数职，或者一个部门兼具几个职能的情况。例如生产和研发、推广和销售、人力和行政等，都可以设立成综合部门。

（3）按照核心产品和主营业务设置部门。根据企业提供的产品和服务具体分类，根据需求设立部门，也是初创企业的有效部门设置方法。

三、组织设计

组织结构设计是建立在企业战略规划基础上的一项工作，涉及岗位设置、人力资源规划、人员编制等工作以及组织结构设计等。

企业组织形态取决于管理层次和管理幅度。管理层次是指组织内部纵向管理系统所划分的等级数。管理幅度是指管理层次中，主管能够直接有效地指挥和监督的下属的数量。管理层次与管理幅度的反比关系决定了两种基本的管理组织结构形态：扁平结构形态和锥形结构形态。

（1）扁平结构形态，指组织规模已定，管理幅度较大而管理层次较少的一种组织结构形态。由于管理层次少，更有利于缩短上下级之间的距离，加快信息传递速度，使下属拥有较多的自主性；同时，因为管理人员减少，降低了企业的成本开支。但是由于上级所管理的下属人数较多，控制较松，容易失控；同时，同级之间的沟通比较困难，影响信息的及时利用。

（2）锥形结构形态，指管理幅度较小而管理层次较多形成的高、尖、细的结构。在此结构形态中，上级能给予下级更多的指导，上下级之间沟通方便。但是上级对下级的控制过于严密，遏制了下属的积极性；而过多的管理层次不但造成管理人员过多，使管理成本上升，也延长了组织中的等级链，使信息沟通的环节增多，从而加大了信息失真的可能性。

随着环境的变化，组织也日益复杂化，组织结构设计的原则也不是一成不变的。初创企业应当根据自身面对的组织环境的确定性与不确定性的组合情况来考虑不同的设计，即应当采用系统的、应变的组织结构设计程序或原则：

（1）管理幅度与层次适度原则。一个管理人员可以有效管理下属人员的数量是有限的，应根据影响管理幅度的各种权变因素，选择和确定合适的管理幅度范围。

（2）权责对等原则。有权无责容易产生盲目指挥，不计后果；有责无权则会严重挫伤员工的积极性。

（3）集权和分权相结合原则。集权是指企业组织生产经营管理权限较多地集中在组织最高层管理者手中；分权则是一种组织的权力分散状态，是组织中最高层管理者逐步通过有系统的授权而形成的。

（4）合理划分部门原则。部门化就是将不同的工作以及相应的人员组编成可以管理的单位。创建可管理的单位的过程，通常是组织结构设计的第一步。决定部门化的最普遍的基础是职能、产品、顾客、地区，这些也是划分部门的一般基础。

（5）统一指挥原则。统一指挥原则是企业组织管理的一个基本原则，是建立在明确的权力系统之上的，保证政令畅通和效率提高，是这项原则的基本目的和根本要求。为了确保统一指挥，应注意保持信息通道畅通，切忌多头领导和越级指挥。

四、设立岗位

新企业进行初创期的定岗定编时，需要根据企业的具体情况来进行，而不要一味按照成熟企业的编制追求大而全。新企业可以按照以下做法来设立岗位和职位：第一，根据企业的具体需求确定部门内的工作分工，根据职责和权限确定岗位和职位，比如营销部设立营销经理、销售员等。第二，要先确定重点岗位，再根据需求设立必要的辅助岗位。第三，初创企业经常出现一人身兼数职的情况，在这样的情况下，也要把一些常见的岗位设立好，其目的有三：一是让每个员工知道自己的职责范围；二是身兼数职时，可以考核其总体业绩；三是企业壮大过程中，人员渐增，业务交接比较顺畅方便。

岗位职责是设置工作岗位的重要内容，是考核受聘人员业绩的依据。必须根据本企业的工作实际，确定所有岗位的具体岗位职责。

岗位职责的确定原则如下：①根据企业工作任务的具体需求确定岗位名称和岗位数量；②根据工作内容确定岗位的职务范围、工作目标与责任范围；③根据工种性质确定岗位需要使用的工具、设备，以及工作质量和效率；④明确岗位任职资格和工作环境；⑤确定各个岗位之间的工作关系；⑥岗位的工作目标与职责范围各项内容必须量化、准确、全面，方便制定考核标准。

第二节　新企业的员工招聘

人是企业最重要的资源，对于初创企业来说，人力资源招聘工作从“人-事”两个方面出发，挑选出最合适的人来担当某一职位，主要由招募、甄选、录用、评估等一系列活动构成。面对人力资源市场的激烈竞争，大企业通常靠名声、待遇、培训机会等吸引人，在这个阶段，小企业没有知名度，资源非常有限，甚至产品可能还在研发阶段，有竞争力的薪资往往只是个口号。而每一个创业者都很清楚，只有与优秀的人一起，才有可能成就伟大的事，那么如何招到优秀的人才呢？小企业可以通过挖掘自身的“卖点”，如发展空间、工作挑战性和成就感、实践学习机会或其他更具本企业特色的东西，以小搏大、吸引人才。

一、员工招聘的概念与原则

1. 合适的就是好的

小微型企业录用员工的标准与大企业不同，大中企业在员工知识面、工作经验、能力、学历、专业等方面都有一定的标准。针对小微型企业的特点，员工最好具有以下特质：

（1）素质上能吃苦耐劳，积极主动，务实真干；

（2）道德上对业主忠诚，对顾客讲诚信；

（3）精神上敬业、服从、承担责任；

（4）身体上健康，精力充沛，心理承受能力强；

（5）智力上理解能力强，有悟性，能察言观色；

（6）学习能力强，适应能力强，有培养前途；

（7）能独当一面，为企业带来可见效益。

当然，以上提供的只是基本的思考原则，由于小微型企业千差万别，挑选员工的标准应因企业而异，既要防止“叶公好龙”式的人才高消费现象，又要防止舍不得引进人才的低消费。有时过分寻找价廉物美的人才，导致筛选人才的余地太小。“人才只有合适的，没有最好的”。

2. 灵活设岗、合理搭配

大多数小微型企业员工人数是在几个至十几人之间，一至二人的企业比比皆是，所以其组织形态发育并不充分，没有划分出行政、财务、人事、采购、销售、加工等职能部门。除了组织结构不正式外，企业的岗位设定也是粗放的，专业的管理人员很少，甚至创业者和业主本人也是身兼数职，既是采购员，也是销售员，还是送货员。

二、招聘与录用

1. 花更多的时间去雇人

雇人是你能做的最有价值的事情，而且伟大的公司一定拥有伟大的雇员，从来如此。

2. 聚焦在正确的人才渠道

除了招聘广告、网络、会议、校园招聘等方式外，还要更多地使用你的人脉资源。

3. 让人尝试新岗位，而不仅仅是面试

这样做，你将对与这个人一同共事的情形、他是否适合岗位等方面有非常直观的感觉，这是你无法通过面试获得的。同时，他也会对在你公司工作的情况有一些了解。

4. 设定一些文化价值观

如果候选者与你的价值观不匹配，即使他其他方面很优秀，也要果断地放弃录用。团队中意见和性格的多样性是好的，但初创公司中多元化的价值观是很糟糕的。有一些人有他们自己的行为方式，从不愿意遵从你的价值观，你最终将解雇他们。

5. 持续招聘

公司运营的过程会有相当程度的不确定性。如果你发现某个人非常适合某个角色，尽管你在两个月之内还不需要这个角色，你仍应该聘用他。

6. 快速解雇

当某个人明显不适合时，多数情况下事情不会变好。解雇人是创业者必须做的最痛苦的事情之一，但你必须克服困难，并且相信解雇会比拖延带来更好的结果。

第三节　绩效管理与薪酬设计

对于创业企业，初期资金不足，人才短缺，如何吸引并留住人才成了一大难题。创业过程中的同心同德，也是靠激励来完成，没有好的激励，团队的凝聚力和竞争力便不能形成。而企业的激励，多是与薪酬挂钩。对企业来讲，薪酬激励自然要与绩效相联系，如果没有绩效出来，薪酬付出只是徒增企业人力资源成本。

一、薪酬战略与薪酬设计原则

薪酬战略的主要内容在于：薪酬基础、薪酬水平、薪酬结构、薪酬形式、薪酬管理。创业者要明白，员工的哪方面值得我们付出薪酬，我们为实现企业目标总共应该付出多少薪酬，每个人付多少，薪酬里是基本工资高还是绩效奖金高还是福利好，是哪种激励形式，如何管理薪酬等。

总的来看，初创企业的薪酬设计方案可以按照以下原则来制订：①高工资、低福利的原则；②简明实用原则；③增加薪酬的激励力度；④建立绩效工资制度。另外，薪酬在设计时一定要注意内部的公平性、外部的竞争性及个体的公平性，任一方面没弄好都容易出问题。

二、薪酬结构

薪酬结构包括基本工资、津贴、奖金、绩效、福利，当然还有分红。其中，基本工资的设计要与技能、职位相挂钩，比例一般不要超过总薪酬额的65%。绩效的指标选择一定要是员工能影响的，这样才有意义，其比例不要低于35%，如果太少了，激励作用不够。如基本工资占60%，绩效占35%，另5%作为津贴奖金之类也不错。当然，研发人员或其他职能部门员工的基本工资比例要高于市场营销人员的。

对于创业企业而言，核心团队之间的薪酬建议采用公开透明的方式，做得多拿得多，大家都是主人，看得到企业的钱花在哪了，同时又有多少产出，觉得赚得少的自己多努力，职位低的可以提出更高的挑战，因为创业企业的职位空间有很多。因创业团队在管理上经验多为不足，所以懂薪酬的不多，可以在征求员工意见之后集中管理。好的管理制度由谁制定出来的不重要，重要的是符合企业战略，并且大家都满意。沟通可以让很多事情更好办。

公司可以考虑将上一年度的或上一周期内的利润的20%用于人力资源上，这一比例比较保险，因为初创企业一定要留够一定的流动资金，以备接大项目时调用。一般来说，拿出员工给企业创造的利润的10%用于员工的薪酬，员工不会觉得少，激励效果也达到了，而企业也不会有太大负担。对于创业企业来说，一般是翻倍增长，所以可以用上一年度的20%的利润来做新一年度的薪酬水平设计。

三、绩效管理

所谓绩效是指员工的工作成绩和工作过程中的能力和态度表现。绩效考核是指以工作目标为导向，以工作标准为依据，对员工在工作过程中的行为及其成绩进行评定的过程。

1. 绩效考核的目的

在企业造就一支业务精干的高素质、高境界、具有高度凝聚力和团队精神的人才队伍，并形成以考核为核心导向的人才发掘培养管理使用机制。

及时、公正地对员工过去一段时间的工作绩效进行评估，肯定成绩，发现问题，为下一阶段工作的绩效改进做好准备。

为企业中层管理、技术类员工的职业发展计划的制订、员工的薪酬待遇以及相关的教育培训提供人事信息与决策依据。

将人事考核转化为一种管理过程，在企业内部形成一个员工与公司双向沟通的平台，以提高管理效率。

2. 绩效考核的过程

绩效考核分为确定考核标准、确定考核方法、进行绩效考评和考核结果反馈等四个环节。

制定考核标准需遵循 SMART 原则：

明确具体（Specific）：表达清楚，不会造成误解；

可以检测（Measurable）：尽可能量化指标，以便于衡量和检测；

商定一致（Agreed）：与员工商定，让他们认同并接受所定标准或指标；

现实可行（Realistic）：你确定的工作任务应是可以做得到的，指标应该是可以完成的；

时间期限（Timed）：对完成任务和实现指标规定时间期限。

第四节　新企业如何留住人才

一、留住能留住的人才

留住能留住的人才，不是降低对企业留住人才的需要，而是求真务实的表现，同时也符合市场竞争和人才流动的要求。实践证明，企业无论怎样做都留不住的人才，还是让他们痛痛快快地走了好。这样做，既使走的人心情舒畅，又符合人才流动规律，也是对社会的奉献。事实上，任何一个企业也不可能把单位内的所有人才全留住。大而言之，如果各企业真的把人才都留住了，那人才市场流动就难以实现了。

企业留不住的人才主要有三种情况：一是要干大事业的人才，他要创立或领导比本企业还要好的单位；二是另谋高职级、高待遇的人才；三是自认高明，而企业又无法重用的人才。对这些人才，企业应予放行，不应“硬卡”“死卡”，不要压抑人才。

二、尊重人才的价值

要留住能留住的人才，也并非易事。必须在尊重人才的价值上下功夫。一是用好人才，按照人才的才能和特长，安排适当的领导岗位、聘任技术职务，使人才有价值“认可感”，受“信任感”；二是给任务、压担子，让人才攻关键、解难题，使人才有“成就感”；三是表彰奖励有重大贡献的人才，使人才有“光荣感”；四是待遇从优，使人才有“幸福感”“满足感”。

企业发展，本在人才，企业要想留住人才，进一步做强做大，必须着力做到真情招人、真诚用人、真挚待人。

三、构建发展的平台

企业在管理上要严格、规范、精细化，为人才构筑出施展抱负的平台，并能健全学习培训机制，为其搭起自我加压、自强素质、不断提高业务技能的桥梁，充分激发敬业激情。

同时，要在工作、生活和学习上多与之沟通、交流，加强引导，并及时排忧解难，努力营造出用才、爱才、惜才的良好氛围。

人才是企业的灵魂，只有留住人才，用好人才，才能使企业在激烈的市场竞争中做大做强，永远立于不败之地。

【案例链接】

1. 小米团队组织结构和管理机制

雷军回忆起当年团队组建的情景时是这样说的：小米团队是小米成功的核心原因是，和一群聪明人一起共事，为了挖到聪明人不惜一切代价。如果一个同事不够优秀，很可能不但不能有效帮助整个团队，反而影响到整个团队的工作效率。真正到小米来的人，都是真正干活的人，他想做成一件事情，所以非常有热情。来到小米工作的人聪明、技术一流、有战斗力、有热情做一件事情，这样的员工做出来的产品注定是一流的。这是一种真刀实枪的行动和执行。

当初我决定组建超强的团队，前半年花了至少 80%的时间找人，幸运地找到了 7 个牛人合伙，全有技术背景，平均年龄 42 岁，经验极其丰富。3 个本地加 5 个海归，来自金山、谷歌、摩托罗拉、微软等，土洋结合，理念一致，大都管过超过几百人的团队，充满创业热情。

少做事，管理扁平化

扁平化是基于小米相信优秀的人本身就有很强的驱动力和自我管理的能力。设定管理是不信任的方式，我们的员工都有想做最好的东西的冲动，公司有这样的产品信仰，管理就变得简单了。

当然，这一切都源于一个前提——成长速度。速度是最好的管理。少做事，管理扁平化，才能把事情做到极致，才能快速。

小米的组织架构没有层级，基本上是三级：七个核心创始人——部门 leader——员工。而且不会让团队太大，稍微大一点就拆分成小团队。从小米的办公布局就能看出这种组织结构：一层产品、一层营销、一层硬件、一层电商，每层由一名创始人坐镇，能一竿子插到底的执行。大家互不干涉，都希望能够在各自分管的领域给力，一起把这个事情做好。

除七个创始人有职位外，其他人都没有职位，都是工程师，晋升的唯一奖励就是涨薪。不需要你考虑太多杂事和杂念，没有什么团队利益，一心在事情上。

这样的管理制度减少了层级之间互相汇报浪费的时间。小米现在 2500 多人，除每周一的 1 小时公司级例会之外很少开会，也没什么季度总结会、半年总结会。成立 3 年多，七个合伙人只开过三次集体大会。2012 年“815 电商大战”，策划、设计、开发、供应链仅用了不到 24 小时准备，上线后微博转发量近 10 万次，销售量近 20 万台。

强调责任感，不设 KPI

全员 6×12 小时工作，小米坚持了将近三年。维系这样的工作，从来没有实施过打卡制度，而且也没有施行公司范围内的 KPI 考核制度。

小米强调你要把别人的事当成第一件事，强调责任感。比如我的代码写完了，一定要别的工程师检查一下，别的工程师再忙，也必须第一时间先检查我的代码，然后再做你自己的事情。其他公司可能有一个晋升制度，大家都会为了晋升做事情，会导致价值的扭曲，为了创新而创新，不一定是为用户创新。其他公司对工程师强调的是把技术做好，在小米不一样，它要求工程师把这个事情做好，工程师必须要对用户价值负责。

透明的利益分享机制

小米公司有一个理念，就是要和员工一起分享利益，尽可能多的分享利益。小米公司刚成立时就推行了全员持股、全员投资的计划。小米最初的56个员工，自掏腰包总共投资了1100万美元——均摊下来每人投资约20万美元。

我们给了足够的回报，第一是工资上我们是主流；第二是在期权上真的有很大的上升空间，而且每年我们公司还有一些内部回购；第三是团队做事有时压力确实很大，但他会觉得有很强的满足感，很多用户会极力追捧他，比如说某个工程师万岁。

2. 海底捞的管理智慧

海底捞，其创始人张勇从1994年经营麻辣烫开始，到如今成为横跨南北的几十个连锁店，它的扩张虽不如我们想象那么快，但却能在竞争如此激烈的环境下发展壮大，并成为同行甚至外行研究学习的对象，实属不易。海底捞的成就来自于它的细节化的管理智慧。

为客户提供差异化服务

怎么才能让顾客体会到差异？就是要超出客人的期望，让人们在海底捞享受在其他火锅店享受不到的服务。要做到这点不能仅靠标准化的服务，更要根据每个客人的喜好提供创造性的个性服务。如：在海底捞等餐时会有人给擦皮鞋、修指甲，提供水果拼盘和饮料，还能上网、打扑克、下象棋，并且全都免费。吃火锅眼镜容易有雾气，他们给你绒布；头发长的女生，就给你猴筋套，还是粉色的；手机放在桌上，吃火锅容易脏，还给你专门包手机的塑料套。每一位走进店里的顾客，都能感受到服务员体贴入微的服务。

将员工当家人

张勇认为，人是海底捞的生意基石。客人的需求五花八门，单是用流程和制度培训出来的服务员最多能达到及格的水平。制度与流程对保证产品和服务质量的作用毋庸置疑，但同时也压抑了人性，因为它们忽视了员工最有价值的部位——大脑。让雇员严格遵守制度和流程，等于只雇了他的双手，而大脑在什么情况下才有创造力？心理学家的研究证明，当人用心的时候，大脑的创造力最强。于是，“服务员都能像自己一样用心”就变成张勇的基本经营理念。

怎么才能让员工把海底捞当成家？答案很简单：把员工当成家里人。海底捞的员工住的都是正规住宅，有空调和暖气，可以免费上网，步行20分钟到工作地点。不仅如此，海底捞还雇人给员工宿舍打扫卫生，换洗被单。海底捞在四川简阳建了海底捞寄宿学校，为员工解决子女的教育问题。海底捞还想到了员工的父母，优秀员工的一部分奖金，每月由公司直接寄给在家乡的父母。

信任式授权管理

聪明的管理者能让员工的大脑为他工作。为此，除了让员工把心放在工作上，还必须给他们权利。张勇的逻辑是：客人从进店到离店始终是跟服务员打交道，如果客人对服务不满意，还得通过经理来解决，这只会使顾客更加不满，因此把解决问题的权利交给一线员工，才能最大限度消除客户的不满意。在海底捞，从总经理到区域经理，从店长到服务员，他们都有不同的“权力”，比如因正当理由给顾客赠送菜品，因正当理由给顾客免单等。正因为这样的授权，与顾客直接打交道的服务人员能更好地掌握顾客的需求，及时满足顾客的需要。

当员工不仅仅是机械地执行上级的命令时，他就是一个管理者了。按照这个定义，海底捞的员工都是管理者，海底捞是一个由6000名管理者组成的公司！难怪张勇说：“创新在海底捞不是刻意推行的，我们只是努力创造让员工愿意工作的环境，结果创新就不断涌出来了。”如果你是海底捞的同行，想想看，你怎么跟这6000个总是想着如何创新的脑袋竞争？

绩效考核简约而不简单

张勇考核海底捞每个分店的方法不是有点怪，而是很怪。海底捞总部对分店的考核中都不考核利润指标，不仅如此，张勇对海底捞总公司每年要赚多少钱也没有目标要求。现在海底捞对每个分店的考核只有三类指标：一是顾客满意度，二是员工积极性，三是干部培养。

当然，定性考核不是上级“说你行，你就行”。海底捞逐渐摸索出一些验证流程和标准，比如用抽查和神秘访客等方法对各店的考核进行复查。对这些考核结果，要经过上一级以上管理者的验证通过。同时，还有越级投诉机制，当下级发现上级不公平，特别是有人品方面的问题时，下级随时可以向上级的上级甚至大区经理和总部投诉。

不拘一格选人才的晋升政策

在这里，任何新来的员工都有晋升途径可以选择，学历不再是必要条件，工龄也不再是必要条件。这种不拘一格选人才的晋升政策，不仅让这些处在社会底层的员工有了尊严，更是在这些没上过大学的农民工心里打开了一扇亮堂堂的窗户：只要努力，我的人生就有希望。晋升制度是海底捞服务差异化战略的核心保障。海底捞的晋升政策除了能保证管理层知道服务员的冷暖外，也让普通员工感到公平，于是他们笑得自然，笑得灿烂。

海底捞的成功经验告诉我们，即使是在火锅这样技术含量不高的行业，只要管理得当，一样可以创造出令人羡慕的高昂士气，充满激情的员工团队和出色的业绩。

资料来源于《哈佛商业评论》2009 年 4 月刊。

【能力训练】

模拟招聘

目的：通过活动让学生明白企业的岗位需求和用人标准，增强对面试技巧的理解和掌握。同时，站在企业角度考虑如何吸引和留住优秀员工。

情景设计：某培训学校新近招聘了一名培训教师和一名招生专员，作为校长的你，请用 1 分钟的时间向新员工明确一下他们的岗位职责、月报酬和考核标准。

要求：

1. 两人一组（一人扮演校长、一人扮演新员工）。
2. 选 1~2 组同学上台做情景表演。
3. 其他同学对表演的同学进行评价。

【课后练习】

规划企业的组织结构

结合自己的创业项目，绘制自己公司的组织结构图和用工计划，进行岗位设置和岗位职责编订。

第十五课 LESSON 15

新企业的成长管理

【创业故事】

未雨绸缪，稳步发展

北维（中国）数码维修连锁机构掌门人张鑫宇是北京联合大学信息学院2007届毕业生，专业是他自己从小就深爱的网络工程。毕业找工作时，张鑫宇面临两个选择：一个是收入低、较辛苦的中软，一个是收入高、福利好的机场信息部。权衡之后，他认为，要想真正学到技术，还是要去中软，于是来到了这家大型国企开始工作。

三年时间，从司机到优秀项目经理

这三年中，张鑫宇孜孜不倦地学习各项技术。虽然是网络工程专业毕业的，但是大学里学的基本都是理论知识，一开始到中软时，张鑫宇只能从一名司机做起，用他的话来说，是“什么都不会”，他利用各种机会，“偷师”学习技术，同事们看到小伙子勤奋好学，也愿意手把手地教他。从他在中软前三年的业绩，就能看出他的勤奋和努力：第一年，他就被评为优秀新员工，第二年是优秀员工，第三年为优秀项目经理。

自立门户，顺利创业

2009 年 6 月，他正式从中软辞职，组建了自己的公司“宝通赛维科技服务有限公司”，接下了第一个大项目：首都机场运营维护项目。这个项目从 2010 年开始一直持续到 2013 年。

最初张鑫宇的创业团队只有三个人，随着业务项目扩张，公司逐步发展，目前维持在 50 人左右。别看是个小团队，因为口碑好，业务关系多，这几年做的却都是大项目：中国核电全国广域网改造、外网改造、总部内网建设；首都机场 T3 航站楼安防网络改造、T2 航站楼改造、网络系统设备供货；深圳机场 T3 航站楼安放网络建设；中石油 18 个区域中心网络改造、北京数据中心综合布线……

未雨绸缪，稳妥布局

虽然从 2014 年起就不断有这些项目支撑，但是项目总有高峰期和低谷期。低谷期的客户关系如何维护？怎样才能在项目空闲时间养活这么多人？张鑫宇在业务开展得如火如荼时，已经开始思索这些问题了。

2011 年，张鑫宇通过详细精当的考察，加盟了北维（中国）数码维修连锁机构，开始通过承包服务的方式承接关系企业的日常硬件维修和供货。这期间收到的大项目也不受影响地继续承接。2011 年底，与正打退堂鼓的北维老板洽商，一举收购了北维（中国），使其成为宝通赛维科技服务有限公司的全资子公司。收购之后，张鑫宇按照自己的想法优化了北维的经营模式。

首先，对于外地来京加盟的企业，北维将其所交的加盟费全部转化为其企业人员的技术培训费，同时为其品牌授权，为其提供宣传、技术和供货渠道的支持。

张鑫宇一开始租借教室进行加盟商的技术培训，随着培训规模的扩大，2013 年 5 月收购了其中一所具有 1400 人年招生规模的学校——芯盛培训学校。

拥有了合理的加盟模式、自己的培训学校，完成布局之后，张鑫宇开始打造全国连锁的加盟平台。目前全国的北维加盟商已经有七八十家，遍布各大中城市。

生存危机，提前化解

目前，张鑫宇又看到了电商把线上资源引入线下、抢占线下服务平台的商机，认为在北京社区铺开的社区店还是有发展空间的。维修服务不可能全部受到电商挤压，这也正是当时张鑫宇入行的考虑。同时，张鑫宇已经开始做微信公众平台业务的代理，为各行各业的中小企业做微信公众服务平台的建立和维护，抢占先机。所有张鑫宇看好并开展的业务，都是与人合作、互利共赢的业务，张鑫宇的原则就是：该是别人赚的钱一定让别人赚到。

当被问起创业期间有没有什么特别难忘的事、有没有什么难题时，张鑫宇思索了半天也没有想出来。确实也好理解，因为他已经先人一步，预先设想了企业发展的每一步，未雨绸缪，当然没有化解危机、度过险关的体验！

【导师问答】

问：请问张总，您的未雨绸缪和提前规划是如何做到的？

答：未雨绸缪、提前规划都是逼出来的，如果不抢先思考企业的生存空间，只满足于企业现阶段的红火，企业迟早会面临生存危机。处在高新技术日新月异的21世纪，多少曾经沾沾自喜的企业现在已经难觅踪影！

学习要点

1. 新企业各类风险的来源及表现，企业出现危机的原因。
2. 企业危机预警的表现形式，企业危机处理的基本原则和方法。
3. 如何打造企业文化，企业宣传对打造企业文化的重要意义。
4. 构建企业长效管理机制的基本方法，建设企业形象的途径。

【知识导航】

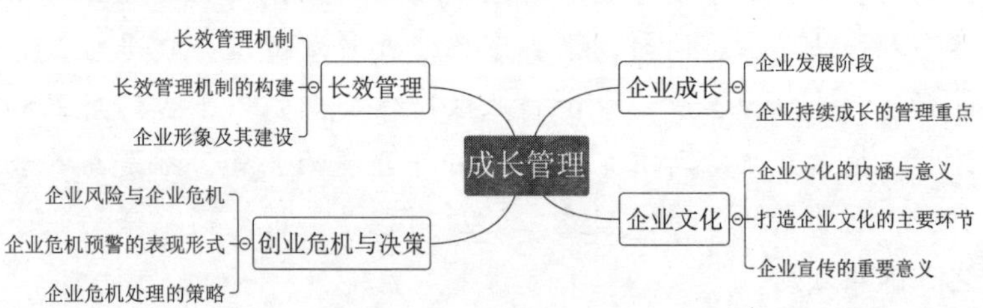

第一节　企业成长

一、企业发展阶段

在实际创业过程中，一般可将创业企业的发展过程划分为初创期、成长期、成熟期和衰退或蜕变期四个阶段。

1. 初创期

新创企业在这一阶段的生存能力比较弱，市场占有率比较低，生产的产品种类单一，以追求企业生存为最高目标，并且很容易受到既有企业的威胁，风险较大。但初创期的企业比较有活力，富有创业精神，由生存欲望所激发的奋斗精神、创新精神成为这一时期新创企业成长的主要动力。

2. 成长期

新创企业能经过初创期存活下来，一般就会较快地进入成长期。处于成长期的企业规模不断扩大，各项业务步入正轨，规模经济开始产生作用，企业经济实力增强，市场占有率提高，员工人数增加，抵抗市场风险的能力得以增强。虽然进入成长阶段，但是大量进入者的涌入、竞争加剧，使产业的盈利迅速下降，企业的盈利随之也有下降的可能。因此，这时候企业仍然需要寻找新的、规模更大的产业。

3. 成熟期

新创企业进入成熟期后，销售额大幅提升，几近完美的产品和服务为企业带来高额的利润，企业步入鼎盛时期，开始关注社会责任，意图提高企业形象。顾客在此阶段的地位是极其重要的，因为企业利润的来源直接取决于顾客。经营员工的素质也决定着企业是持续发展还是进入衰退期直至消失。所以，企业要生产质量过关的产品，让渡给顾客高价值的产品和服务。

4. 衰退或蜕变期

进入衰退期的企业，资金、人才和市场迅速恶化，企业社会责任有时即使在法律前提下也成了最后考虑的问题。企业步入衰退期的原因很复杂，但以下原因普遍存在：一是企业因某个关键人物（如创业者）的离去而衰退；二是因产品或服务市场（如电报业、寻呼机）的消亡而衰退；三是因技术的落后而衰退；四是由于企业组织的自然老化而衰退，如患了大公司病的企业，官僚主义横行，本位主义泛滥，创新精神缺失，总体表现为失去活力或生命力。

二、新创企业持续成长的管理重点

新创企业在成长过程中会遇到诸多障碍，如管理能力的制约、市场容量的限制、资金的约束等。为获得持续成长，新创企业的管理重点主要有以下四个方面。

1. 进一步明确企业的愿景和使命，营造健康的企业文化

企业愿景、使命和核心价值观是支持企业发展的灵魂，是企业文化的重要组成部分。虽然这些都是无形的，但都渗透在企业发展的方方面面。进一步明确企业的愿景、使命与价值观，营造鼓励创新创业、积极向上、倡导高校合作的企业文化，是企业健康成长与成功的基础。

2. 注重整合外部资源，追求外部成长

相对而言，新创企业的人、财、物力资源一般都比较匮乏，注重借助外部的力量，发展壮大自身，便显得更加重要。这也是快速成长企业特别擅长的策略。通过上市获得短缺资源并迅速扩大规模也是实现成长的捷径之一。

3. 建设高效管理团队，做好人力资源管理工作

随着企业的成长与发展壮大，依靠创业者个人力量和原有合作伙伴已经无法维系企业的运营，建设高效的管理团队就成为当务之急。而且，随着企业规模的扩大，适当弱化创业者在企业经营中的决定性作用，更好地发挥集体的力量，也是十分必要的。

在团队建设过程中，首先要为新成员提供良好的工作环境，包括有竞争力的工资收入、奖金、良好的工作条件以及健康保

险等；其次要为新成员提供成长的机会，包括晋升的机会、学习的机会等。

4. 妥善处理好创业元老问题

创业元老的问题是成长性企业经常遇到的问题，妥善处理这一问题既有利于安抚老员工，稳定公司团队，又有利于开拓思维，提升公司效率。

第二节　企业危机与决策

一、企业风险与企业危机

1. 风险与危机

企业风险是指因为各种内外部原因给企业各项利益带来损害的可能性。

企业危机是指因为各种原因给企业造成重大损失的可能性。由于性质和波及范围的不同，危机可以给企业带来不同性质、不同程度的危害。据损害性质和程度的不同，可以将企业危机划分为8个层次：企业信誉受损、公司品牌受到损害、产生重大损失、信任危机、企业生产陷于停顿、资产被查封、企业有关责任人入狱或自杀、企业破产。

风险对企业的危害较小，且一般不会造成企业破产或资产被查封等影响企业生存的情况；危机则往往会给企业造成重大损失或者影响企业的生存。

危机都是由风险转化而来的，危机的早期都体现为风险。

2. 新企业的风险类型及其来源与表现

新企业在运营过程中经常会遇到各式各样的风险。这些风险可以分为系统风险和非系统风险两个大类。系统风险是指由新企业外部环境的不确定性引发的风险，又称为客观风险，比如政策立法、宏观经济及社会、文化带来的风险。非系统风险是指非外部因素引发的风险，又称为主观风险，如市场风险、技术风险、管理风险等。

新企业最容易发生且影响最大的是市场风险、技术风险、资产风险、管理风险和环境风险五种类型。

(1) 市场风险，指新企业从事经济活动所面临的盈利或亏损的可能性和不确定性，它是导致新产品或新技术的商业化或产业化过程中断甚至失败的核心风险之一。具体表现在四个方面：一是难以确定市场的接受能力；二是难以确定市场接受的时间；三是难以确定市场的竞争能力；四是市场战略缺乏针对性。

(2) 技术风险，指在新企业产品创新过程中，因技术因素导致创新失败的可能性。具体表现如下：一是技术研发的不确定性；二是技术前景的不确定性；三是技术效果的不确定性。

(3) 资产风险，指因资金不能适时供应而导致新企业利益受损的可能性。

(4) 管理风险，指管理者素质、决策行为、组织和人力资源等因素中任何一方面的不确定性所引发相应的风险，包括了管理者素质风险、决策行为风险、组织和人力资源风险等。其中决策失误是最大的风险，管理者决策水平低下、组织结构不合理、用人不当都是制约新企业发展的重要因素。

(5) 环境风险，指新企业的经营活动由于其所处的社会、政治、政策、法律等环境的变化或由于意外灾害发生而造成失败的可能性。所以新企业必须重视环境风险的分析和预测，把环境风险降到最低限度。

3. 企业危机的产生原因

企业从产生风险到爆发危机是一个过程，这一过程就是企业的衰败过程。

新企业危机产生的原因主要包括以下十个方面，其中前八个是内部原因，后两个是外部原因。

（1）不恰当的规模化。由于逐利的本性，绝大多数企业都有不断扩张的冲动。不恰当的规模化，在产能扩张的过程中，会引起负债增加、产品积压、货款不能及时回收、管理和销售费用大幅增加乃至失控等问题，导致企业资金链断裂；还会使原材料供应紧张、人员大幅增加、产品合格率下降、废品率增加，从而出现产品质量风险；机构设置的膨胀、管理团队缺乏、管理失控，最终出现管理风险。

（2）不恰当的多元化。不恰当的多元化会导致企业人员和资源的分散、资金缺乏；使高层分心，不能集中精力于主营业务上；使企业进入未知领域，形成非专业人员管理专业项目的情况；不能形成规模经济，导致成本上升；导致企业管理团队、技术团队缺乏。所有这些弊端都会导致企业风险的发生。

（3）不恰当的融资行为。不恰当的融资行为有五个表现：一是融资规模过大，资产负债过高，导致资金链条断裂；二是资金来源和用途在期限上不能匹配，流动资金被固化；三是不能归还到期债务，导致企业与融资方产生法律纠纷；四是融资过程的创新或“打擦边球”行为，导致企业涉嫌违法、违规；五是在融资过程中遭遇融资骗局。

（4）运营模式的失误。运营模式是企业在整合各要素过程中采用的整合资源的方式，运营模式失误常常表现在以下几个方面：投资建立原料基地，全部自己生产；发展初期企业的销售渠道全部由自己建立；产品生产上全部自己生产；资金完全是自由资金滚动发展；技术全部由自己创新；人力资源方面全部是专职人员；品牌一切要重新打造。

（5）违法和违规行为。很多企业出现不能持续经营乃至破产的情况，不是外部原因，而是因为企业自身的“踩红线”行为。任何不遵守游戏规则者，将不可避免地受到法律的制裁。

常见的企业违法、违规行为主要表现在九个方面：商业贿赂、偷税漏税、虚假出资、非法集资、各类骗贷行为、虚假广告宣传、挪用资金、股市操纵和生产假冒伪劣产品导致产品质量事故等。

（6）企业老板的素质有待提高。对于新建立的创业企业而言，创业者素质的高低更是新企业危机产生的一个至关重要的原因。一旦创业者在心智能力、知识储备、办事风格等方面的素质存在不足，将会给新企业的发展带来极大的隐患与障碍，特别是创业者因此做出错误决策时，将对新企业产生致命的打击，从而促成企业危机的爆发。

（7）缺乏核心团队。缺乏核心团队是许多公司危机频发的主要原因之一。所谓核心团队，是指企业所有中层以上人员以及那些有一定能力、忠诚度较高和未来有培养前途的员工。具体包括核心营销团队、核心技术团队、核心生产团队和核心管理团队等。

（8）缺乏管理体系。一个企业要真正能够抵御风险，必须建立一个完整、科学的管理体系。缺乏管理体系是许多企业危机频发的又一个主要原因。管理体系的缺乏将会使企业不能对风险及时诊断、预见和预警；不能建立完善的风险防范机制充当企业危机的“防火墙”；在危机发生后不能快速反应，以降低风险造成的损失；也无法具备某种自愈功能，使企业在危机发生后快速恢复。

（9）政策的变化或调整。在特定形势下，政策的变化或调整将会对企业运营产生深刻影响，例如，环保政策的调整将增加企业环保投资，提高企业的运营成本和投资风险；放松或紧缩银根、限制贷款规模等信贷政策的调整会提高或降低企业的融资成本与难度；税种、税率等税收政策的调整会增加或减少企业的税收支出；鼓励或限制某一行业发展、对行业进行治理整顿等产业政策将增加或减少相关行业的需求，影响相关产品的市场价格，或者给相关行业的资源整合带来机会；劳动政策的调整有可能会提高企业的人力成本支出等。所以，忽视政策的变化或调整，甚至与其“逆势而为”，就会为企业危机的产生埋下隐患。

（10）企业经营环境的变化。企业之间有七种关联，即原材料采购的关联、市场的关联、产业链之间的关联、资金运作过程的关联、企业与媒体的关联、企业与销售渠道之间的关联、企业竞争对手之间的关联，这些关联构成了企业的经营环境。关联之间的变化就意味着企业经营环境的变化，对于相互之间关联紧密的企业而言，经营环境的变化常常会导致企业承受风险，甚至遭遇危机。

二、企业危机预警的表现形式

企业危机的爆发具有不可预测性或不确定性。一般说来，企业危机预警的表现形式主要有销售额的异常波动、投资无序与资金短缺、公司大客户倒闭、多元化陷阱、人员负担过重、企业反应迟钝和权力交接不畅等。

1. 销售额的异常波动

警示企业危机的销售额异常波动通常有两种情况，一是销售额的持续下降，二是销售额增长但利润没有变化。

销售额的持续下降——销售额下降应放在危机预警的首要地位。销售额下降未必会致使公司立即倒闭，但它会对公司进行蚕食，这种状况如果持续一段时间，公司将极有可能处于危险的境地。

销售额增长但利润没有变化——销售额提高后，利润丝毫未见增加，反而下降。这往往是公司走向危险道路的一个明显征兆。当管理经费、财务费用的增长大于销售额的增长时，公司的经营管理就有可能发生问题，表现出这种倾向，说明经理人员正在挥霍无度，甚至发生贪污行为。

2. 投资无序与资金短缺

投资无序——几乎所有倒闭的企业都面临偿还贷款的问题，其中多数公司倒闭的原因都是无节制地投资，以致负债累累，资金亏空过大。

效益亏损——长期亏损必将造成资金周转困难，并导致贷款增多，对企业的压力加大，最终使企业无内部留存以致倒闭。

企业流动资金黑洞——一个公司能够承受多大程度的亏损需视公司的自有资金而定。自有资金比率越高，公司的安全性也就越高。如果自有资金不足，则可能立即陷入绝境。

3. 公司大客户倒闭

对于产业单一的企业而言，当公司的大客户发生危机时，其影响和危害是极其巨大的。这意味着公司的资金链条和物流链条将会发生断裂。企业如果不能及时采取措施，危机马上会波及自身。

4. 多元化陷阱

当企业手中握有大笔现金的时候，或者是在国家银根放松的时候，许多企业往往在没有把握的情况下，贸然进入一些陌生的投资领域。这将会给危机的爆发埋下祸根。

5. 人员负担过重

裁员是任何企业都将面临的课题。当企业出现严重高薪低能、人员过剩时，由于未及时裁员改组而使企业倒闭的现象屡屡出现。

6. 企业反应迟钝

企业要特别注意国家的整体经济运行形势、经济政策、国家法律、政府干预、市场变化、科技进步、主要竞争对手的动向等。企业生存的外界环境变化，既有可能给企业带来机遇，也有可能带来威胁。如果企业对此反应迟钝，将会丧失机遇，或者面临危机。

7. 权力交接不畅

调查显示，公司的倒闭与经营者的更替有很大关系。许多创业企业都存在着后继乏人的苦恼。交接不畅就好比将一台机器交给一位不熟悉操作的操作员，很容易出事故。

三、企业危机处理的策略

1. 危机处理与危机管理

危机处理——危机处理即风险和危机管理部门采取各类风险处置预案、整合内外部资源、降低损失的过程，主要指事件发生后的一些技术性的措施，例如人员如何调配、记者招待会何时召开、会前准备、选择合适的发言人、善后的处理等。

危机管理——危机管理是企业为了预防、摆脱、转化危机而采取的一系列维护企业生产经营的正常运行、使企业脱离逆境、避免或减少企业财产损失、将危机化解为转机的积极主动行为，是企业管理的一种。

危机处理是危机管理的核心。危机处理得当可以极大地减少企业的损失，并可以把危险转化为机遇；如果处理不当，则会使企业陷入万劫不复的境地。

2. 企业危机处理的基本原则

企业危机处理的基本原则包括主动性原则、及时性原则、诚意性原则、真实性原则、协同性原则和群众性原则等六条。

主动性原则——在处理危机时首先是根据危机性质，主动采取措施，控制局势；勇于承担责任，寻找解决问题的契机，变被动为主动，使不利因素变为有利因素；先不要急于追究责任而任凭事态发展。

及时性原则——危机的苗头一旦出现，应在最短时间内查明究竟哪个环节出了问题、是什么原因造成的、有没有补救措施，以最快的速度搜集信息、发布信息、采取应急措施。一定要抓住处理问题的最佳时机，以免局势失控并造成无法挽回的损失。

诚意性原则——企业危机不仅严重损害了企业形象，而且给社会公众带来了损害。企业应站在公众立场上考虑问题，对受害消费者表示歉意，并尽企业所能减少受害者损失，必要时通过新闻媒介向社会公众发表道歉公告。这种诚心诚意的态度与行为不仅有利于缓和企业与公众的矛盾和解决问题，而且变危机处理为争取客户的推销广告。

真实性原则——危机爆发后，企业应主动向公众讲明事实真相，特别是新闻宣传更要坚持真实性原则，不必遮遮掩掩，否则会欲盖弥彰，不利于控制危机局面。如果记者或公众对企业产生不信任感，就极可能加大危机处理难度。

协同性原则——处理企业危机必须有序进行，统一指挥，分工负责，言行一致。无序状态只能造成更大的混乱，使局势恶化。还应注意前后政策一致，对外宣传解释必须口径一致，不能相互矛盾或存有较大差异，要做到对内对外和对所有顾客不歧视。否则，人们会怀疑其真实性，甚至会引起不必要的法律纠纷。

群众性原则——企业危机处理不能只是几名专家的例行性业务，而应让全体职员了解危机的性质、深度及影响，了解危机处理方法，增强透明度，动员企业职员关注事态发展，发挥每一名职员的宣传作用和积极性，为企业献计献策，共渡难关。这不仅会使职工在企业危机中经受特殊的锻炼，而且有利于防止危机再度发生。

3. 企业危机处理的基本方法

以最快的速度启动危机处理计划——企业危机爆发的紧急性决定了危机发生时，争取第一时间、果断采取措施是战胜危机的关键因素。在危机处理阶段，速度是关键。

组织专门调查小组开展全面调查——调查内容包括危机事件的基本情况，事态现状及具体受损情况，事态造成的影响，是否已被控制，控制的措施是什么，是否有恶化的趋势，事件发生的原因，事件涉及的公众对象，与事件有关的组织和个人，与事件处理有关的部门机构、新闻媒体等，企业与有关人员应负的责任等。

对危机进行确认和评估——企业的最高领导人面对危机，应考虑到最坏的可能，必须对危机所造成或者可能造成的危害以及影响有一个整体的把握。例如是否会导致破产，是否危及企业的生存，影响是短期还是长期等，并以此为基础快速形成危机处理的主攻方向和重点。

开辟高效的信息传播渠道——任何危机的发生都会使公众产生种种猜测和怀疑，引起新闻媒介的极大关注。企业必须采取真诚、坦率的态度以赢得公众和新闻媒介的信任。在危机发生而事故真相尚未查明前，通过各种形式向公众告知危机事件的初步情况、企业采取的措施、事件处理的基本原则以及与事件相关的资料等情况。同时应尽快调查危机事件的原因，弄清真相，尽可能地把完整情况告诉新闻媒体，避免公众的各种无端猜疑。

实施适当的危机处理策略——如危机中止策略、危机隔离策略、危机消除策略、危机利用策略。①中止策略就是根据危机发展趋势，主动承担危机造成的损失，如停止销售、收回产品，关闭有关工厂、部门等；②隔离策略是指当某一危机产生之后，企业应迅速采取措施，切断这一危机与企业其他经营方面的联系，及时将爆发的危机予以隔离，以防扩散造成更大的损失；③消除策略就是企业根据既定的危机处理措施，迅速有效地消除危机带来的负面影响，如通过新闻界传达企业对危机后果的关切、采取的措施等，并随时接受媒体的访问以及回答记者的提问；④利用策略是变“危机”为“生机”的重要一环，越是在危机时刻，越能昭示出一个优秀企业的整体素质和综合实力。只要采取诚实、坦率、负责的态度，就有可能将危机化为生机。如果处理得当，还会促进企业发展。

充分发挥公证或权威性的机构对解决危机的作用——企业处理危机时可以利用权威机构在公众心目中的良好形象，最好邀请公证机构或权威人士辅助调查，以赢得公众的信任，这往往对企业危机的成功处理起到很重要的作用。

维护企业形象，做好危机公关——企业在危机平息后应该继续通过媒体向公众传达企业的信息，以实际行动表明企业重振雄风的决心和期待今后公众支持、帮助的愿望；举办富有影响的公关活动，主动营造良好的公关氛围，借此提高企业的知名度和美誉度。

第三节　企业文化

一、企业文化的内涵与意义

1. 企业文化的内涵

企业文化是一个组织由其价值观、信念、仪式、符号、处事方式等组成的其特有的文化形象。企业文化是企业的精神基础，是员工在企业中行动的方针和办事依据。企业文化的核心是决定企业行为方式的价值观系统。企业文化的本质是以人为本，实行人性化管理。

2. 企业文化的意义

企业文化在企业管理上的意义，主要表现在企业文化的功能上。

定向功能——企业文化指示企业成员在思考和行动方面的方向。

凝聚功能——企业文化起着向同一方向凝聚组织成员的作用。

信息功能——企业文化能使企业内的信息沟通得以顺畅。

效率功能——企业文化影响企业的效率，影响企业的计划、组织、人事、领导和控制等各项管理职能的实施方式。

形象功能——企业文化是企业品牌和企业形象的总体展示，优秀的企业文化是企业的核心竞争力。

二、打造企业文化的主要环节

1. 科学地确定企业文化的内容

（1）根据社会发展的趋势和文化的渐进性，结合国家、企业的未来目标和任务考虑文化模式、生产方式、生活方式的变化和进步。

（2）根据企业的外部客观环境和内部现实条件，形成企业的共性文化和个性文化。

（3）对源远流长的民族文化和现有的企业文化采取批判与继承的态度。

（4）博采众长，借鉴吸收其他民族和企业的优秀文化。

（5）重视个性发展。

（6）着眼企业发展战略，注重培育企业精神。

2. 宣传倡导，贯彻落实

（1）广泛宣传，形成共识。

（2）领导带头，身体力行。

（3）完善制度，体制保证。

（4）树立榜样，典型引导。

（5）加强培训，提高素质。

3. 积极强化，持之以恒

（1）企业员工的价值观、信条、口号、作风、习俗、礼仪等文化要素，是不断进行积极强化的产物。

（2）企业文化建设应是企业的长期行为，靠短期突击不能奏效，而且短期突击是有害的。企业进行企业文化建设必须长期努力，持之以恒。

三、企业宣传对打造企业文化的重要意义

宣传是指一定的社会组织运用各种思维方式，传播事实和观点，用以引导、控制人们思想倾向的过程。企业宣传的根本目的在于统一全体员工的认识与意志，为企业的发展提供思想保障和社会舆论环境保障。宣传本身并不是目的，其根本目的是统一员工的思想认识，排除干扰，把心凝聚到一起，将精力

集中到企业发展上，保证企业大目标的实现。可见，企业宣传不仅是打造企业文化的重要环节和方式，其内容和根本目的与企业文化也是相融合的，因此，企业宣传对打造企业文化具有十分重要的意义，具体表现在以下四个方面：①营造有利于企业发展和企业文化建设的舆论氛围；②振奋有利于企业发展和企业文化建设的员工精神；③总结有利于企业发展和企业文化建设的成功经验；④消除不利于企业发展和企业文化建设的负面影响。

第四节　长效管理

一、长效管理机制

长效管理机制是指运用具有长期性和可持续性的方式、方法和手段，有效实现企业长久性持续发展目标的运作方式，是一种具有持续效应、综合效能的企业管理机制。

长效管理机制具有四个特点：一是基础性，从预防上做好基础工作，从治本上考虑研究管理策略、发展思路和应对措施。二是系统性，即长效管理机制整体统一，需要有多项措施或者多个子系统支持其功能的实现。三是有效性，指管理机制掌控企业运营的正确程度，能有效减少、消除和预防企业风险的发生，及时发现、预警，并迅速采取纠正措施和预防措施，使各项企业管理工作都处于有效受控状态。有效性是建立企业长效管理机制的最终目的。四是长期性，即长时期发挥作用，管理机制效应在规划、管理和采取的措施上不是一种短期行为，对今后相当长一段时期的工作都会产生积极影响。

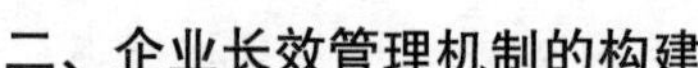

二、企业长效管理机制的构建

1. 企业长效管理机制构建的原则

整体性原则——在构建企业长效管理机制时，必须通盘考虑、统筹推进，使各机制及其结构要素之间实现有机结合和协调发展，促进企业长效管理机制形成最大的整体功能和综合效益。

动态性原则——企业长效管理机制同样处于不断变化之中，面对复杂多变的实际情况，要不断调整使其适应现实。

实事求是原则——企业长效管理机制的构建要坚持实事求是的原则，根据各企业自身的实际情况采用符合各自不同特征的长效管理机制。

员工参与原则——员工参与建章立制，不仅有利于集思广益，也有利于增强员工的认同感。只有得到员工的认同，企业才会有凝聚力，新建的管理机制才会因为有员工的支持而长效。

2. 企业长效管理机制构建的方法

构建企业长效管理机制的根本目的在于使企业能够走上长效发展之路。要达到这一目的，实际上就是要解决三个问题，即企业愿不愿、能不能、敢不敢实施长效管理。愿不愿是价值取向的问题，能不能是业务能力和运营方式的问题，而敢不敢则是目标激励的问题。

更新观念，培育长效管理的价值取向——要构建企业长效管理机制首先就要更新人们的观念，提高全体员工对长效管理的认识，端正态度，认同长效管理的理念，养成长效管理的价值取向。

强化培训，提升长效管理的业务能力——通过培训和学习提升全体员工业务能力和素养，进而组建优秀高效的团队，激发团队潜能，加强团队绩效考评，全方位培育强大的团队向心力，凝聚长效管理的力量。

规范流程，塑造长效管理的运营方式——塑造长效管理的企业运营方式就是要对包括业务流程与管理流程在内的企业流程做出规范和优化，甚至是企业流程的局部再造或系统再造，提高其受控程度和工作效率，使之适应长效管理的需求，增强企业资源配置合理程度，促进并长久维持企业协会持续高效运行。

完善制度，凸显长效管理的目标激励——目标激励是长效管理的重要手段，通过设立长远目标，树立长效管理的标杆，并结合长效管理的特点，从制度上对企业考核方式和考核指标体系做出相应调整，建立健全各种配套政策和制度，为企业提供长效管理的监督模式和激励驱动。

企业长效管理机制构建的步骤包括：①调查研究；②建章立制；③监督与激励的落实；④机制的运作。

三、企业形象及其建设途径

长效管理的一项重要内容就是塑造企业形象。

企业形象是指社会公众对企业在运作过程中的各种表现的整体感觉、印象和认知、评价，是企业的外在形象与内在本质、物质文明与精神文明的统一和企业素质的综合体现，具有客观性和真实性、整体性和不完整性、相对稳定性和可变性、主观性和价值性等特征。

企业形象是企业的无形资产，是现代企业的重要特征，是涉及企业生存与发展的重大问题。

企业形象的构成可以归结为五个主要方面：①产品与品牌形象；②员工形象；③环境设施形象；④经营管理形象；⑤企

业诚信形象。

企业形象建设的途径主要包括五个方面：①培育优秀企业文化；②加强全面质量管理；③以顾客为中心理念建设；④整合传播企业形象；⑤开展公关活动。

企业形象的建设是一个长期的系统工程，创业者应当把形象管理作为企业发展的重大战略来抓，切实实施和推进企业形象战略，不断创新，持之以恒，才能保持良好的企业形象。

【案例链接】

1.“同仁堂” 民族品牌形象塑造

全国中药行业著名的老字号——同仁堂，是中国第一个驰名商标，品牌优势得天独厚，被国家商业部授予“老字号”品牌。其产品以其传统、严谨的制药工艺享誉海内外。而该集团对药品质量一丝不苟的追求，奠定了“同仁堂”在中药行业的地位，塑造了它独特的企业形象及品牌形象，形成了一套完善准确的CIS战略。其特定的CIS战略内容使各要素相互联系，协同合作，推动了同仁堂经营发展的步伐。

首先，“同仁堂”的理念识别：“诚信为本，药德为魂”。同仁堂对药品制作中的选方、用药、配比及工艺等各个环节进行了严格规范的把关，恰如其配方书中所言：“遵肘后，辨地产，炮制虽繁，必不敢省人工；品味虽贵，必不敢减物力”。

其次，“同仁堂”的行为识别：“以义取利，义利共生”。在同仁堂看来，舍义取利固不可取，舍利取义实施起来，颇有难处，权衡取舍一番，坚持先义后利，义利共生不失为双赢之策。

最后，“同仁堂”的视觉识别：体现在商标设计和店铺设计上。①“同仁堂”的商标是模仿汉朝瓦当造型，“同仁堂”三个字是由我国著名书画家启功先生亲笔所写，作为主要图案，这三个字象征着药品的质量。左右两边是两条对称的龙，代表着源远流长的中国医药文化历史。②用红、黄两色设计商标，色彩鲜明，秉承了我国传统文化中一贯对高贵的描绘，体现了“同仁堂”视每一个患者都为尊贵顾客的决心，设计独特，蕴含丰富内容，具备成功民族品牌标志的特点。③“同仁堂”每一个店铺都有着一致的建筑物外形、相同的门面装潢和旗帜等，为同仁堂营造了独特的环境风格，其龙柱的外形有效地传递了“同仁堂”的民族品牌形象。

“同仁堂”是一个民族品牌，自该集团实施 CIS 战略以来，品牌形象得到了提升，企业形象获得了公众的广泛认同。由此可见，一个品牌不仅仅是一个标志，更多的是质量、性能、满足消费者效用的可靠程度的综合体现。品牌是企业参与竞争的无形资本；在全球竞争日趋激烈的今天，我国企业必须加强对品牌的建设，塑造企业形象，建立我们自己的品牌。

2.从北京和颐酒店新闻发布会说起

在备受社会关注的北京和颐酒店女子遇袭事件中，当事酒店在事发 60 个小时后才举办发布会，而且发布会还是在与会记者等待近 5 个小时、酒店新闻发言人以 5 分钟的读手机版电子稿后匆匆结束。可以说，和颐酒店的新闻发布会不仅没有达到应有的效果，反而在炽热的舆论上火上浇油、引火烧身，进一步引起不满的社会情绪，可谓是一场多此一举、自取其辱的危机公关。

和颐酒店召开新闻发布会的目的在于危机公关。合格的危机公关应澄清事实真相、安抚社会公众情绪、获得当事人和社会公众的谅解。但和颐酒店举办的新闻发布会不但没有澄清事实，还引发了当事人和在场记者的不满，使得媒体纷纷帮助当事女子讨公道。究其原因，在于和颐酒店举办的新闻发布会，违背了危机公关的三个基础原则：及时、透明、坦诚。

首先，和颐酒店在事情发生60个小时后才召开新闻发布会，违背了危机公关的首要原则——及时，给事件的恶化和舆论的发酵、传播留下了充足的时间。

其次，企业发生危机不可怕，处理不当才可怕。处理得当，危机有可能成为企业的机会。在处理危机时，企业应拿出诚恳的态度，给出解决方案，及时向当事人和社会公众道歉，获取谅解，让大事化小、小事化了，尽可能地修复品牌形象。

一场合格的新闻发布会应具备两个部分，第一是信息发布，第二是回答记者提问。信息发布是为了披露事实，还真相于公众，终止无休止的讨论和猜测；回答记者提问是解读事实真相的补充环节，也是对记者的尊重和配合。

而和颐酒店的新闻发布会，形式极其不认真严肃：在记者等待近5小时后召开，和颐新闻发言人用5分钟左右的时间读手机上的底稿，而后匆匆离场。

常言道：形式决定意义。新闻发言人的视听语言和态势语言等细节，对危机公关的成功与否也有着决定性作用。诚恳、主动示弱好过傲慢和强势，这也是在一场注重细节的危机公关新闻发布会中，新闻发言人往往选择柔弱、温和女性的原因。

还需强调和补充的是，新闻发言人应具有足够的分量，坦诚地为公众解开真相。这比和颐酒店发言人拿出官方套稿来、在未获得充分授权情况下主导新闻发布会，最终导致不回答任何问题而陷入处处被动的境地好很多。

目前，以和颐酒店遇袭女子为主的80后、90后消费者，正成为社会中坚消费力量。他们是理智、主体意识强烈、懂得保护自身权益的新一代消费者，也是互联网的原住民，这也使得企业和消费者之间信息不对称趋于零。企业试图“愚弄”“欺瞒”消费者的机会已经没有，这对企业危机公关的处理提出了新的要求。

第一，在移动互联网时代企业需要建立全员参与的危机公关体系，争取做到危机发生即刻解决。聘请专业人士担任企业公关顾问，对企业员工进行危机公关培训，并在危机公关处理方面充分授权。例如，许多餐饮企业便将处理危机的权利下放到服务员层面，当菜品出现问题时，服务员有赠送菜品和免单的权利，真正做到在危机发生的现场就能有人有权妥善解决，避免危机的扩散和处理过程中的拖延。

第二，要建立公关危机预警机制，最好是分等级的危机预警机制，让危机发展的每一个阶段都有一个预备的“消防员”。如果和颐酒店建立了相应的危机处理预警机制，当酒店服务员层面的员工无法妥善解决时，相应的高一级员工可以在得到汇报后，拿出更高一级的危机处理方案去“扑火”，比如和颐酒店店长及时联络当事人，及时致歉，获取谅解，避免事态扩大。

第三，挑选合适的新闻发言人。新闻发言人不一定是专职人员，可以由企业高管兼任，该高管须知晓企业的运营状况，深谙企业的危机处理机制和新闻发布会的召开方式和正确的发言方式。

公关不能改变已经发生的事实，但却可以改变消费者对事件的认知。正确妥善的危机处理方式不仅可以在一定程度上弱化企业遭遇的危机，还可给企业带来新的机遇。面临新的社会环境、传播环境和新的受众，企业也需要及时审视这些变化，建立新的危机防火墙。

【能力训练】

风险投球

训练目标：学习风险和回报之间的理性选择；学习面对挫折时的情绪处理；培养团队合作精神。

具体任务：将球投入桶中。

时间：每组每次投球的时间控制在5分钟内。

分组：6~8人一组（可根据活动场地、班级人数和活动时间灵活分配）。

准备：乒乓球10个；桶一个（水桶或纸篓）；在约3米×2米的平地中间沿直线方向按照20厘米的间距画出10个标记，将桶放在直线标记的尾部，在各标记处写上数字1、2、3、4、5、6、7、8、9、10，离桶越远，数字越大。

步骤和要求：

1. 每组选出五名代表，参与投球比赛。

2. 投球地点可选择1~10之间的任意位置，离桶越远，分值越高。

3. 球被成功投入桶中得分，球如果弹出桶外不得分。

4. 每位同学可投球2次，位置可调整，选高分计入组内成绩。

5. 投球期间，他组同学可采用非身体接触的方式干扰队员投球。

6. 组内5位同学的累积得分为本组成绩，分数高者胜出。

活动分享：

1. 团队分工与合作：每组选派5名参赛选手，其余同学为啦啦队员，在人员安排及先后顺序上有何技巧？

2. 距离桶越远进球得分越高，但同时也更容易失误，是用冒险方案还是稳妥进行，该如何选择？

3. 如何在不违规的前提下巧妙地干扰他组同学投球？

4. 在合作的过程中很容易发生许多状况，如队友失误等，这时该如何接纳别人的失败？

5. 由高挫折活动所引起的情绪管理问题。

【课后练习】

创业校友采访

要求：

1. 了解他在创业过程中曾经遇到过哪些困境。
2. 他是如何处理和解决的？
3. 如果你碰到这种情况，你会如何解决？

第十六课

创业计划书

LESSON 16

一、创业计划书模板

创业计划书共分三部分：封面、个人信息和正文。具体格式如下：

（一）封面

创业计划书；

学员姓名；

培训机构（盖章）；

培训起止日期。

（二）个人信息

学员姓名，年龄，性别；

文化程度，固定电话；

移动电话，电子邮件；

家庭住址，邮政编码。

（三）正文

1. 个人情况

（1）受教育情况

表 16-1　受教育情况

时间	学校或培训机构	专业或受训内容

续表

时间	学校或培训机构	专业或受训内容

（2）工作或创业经历

表 16-2　工作或创业经历

时间	单位名称	部门及职务

（3）创业的动机与目标

表 16-3　创业的动机与目标

创业动机	□生存需要 □把握机会 □兴趣所在 □寻求发展空间		
预期收入（元）	半年	一年	两年

2. 创业项目基本信息

（1）企业经营范围

表 16-4　企业经营范围

主要经营范围	具体描述

续表

主要经营范围	具体描述

（2）产品或服务特征

表 16-5 产品或服务特征

产品或服务	新颖性、独特性和可行性

3. 市场分析

（1）目标顾客描述

表 16-6 目标顾客描述

目标客户	主要客户	
基本情况		
社会特征		
消费习惯		

（2）市场情况分析

表 16-7　市场情况分析

市场需求	
市场供应	
预期占有率	
竞争对手描述	
市场前景预测	

（3）自我分析

表 16-8　SWOT 分析

优势（S）	
劣势（W）	
机会（O）	
挑战（T）	

（4）项目的风险和对策

4. 市场营销计划

（1）产品定价

表 16-9　产品定价计划

产品或服务	成本价	销售价	竞争对手的价格

（2）主要销售渠道

（3）宣传推广

表 16-10　宣传推广计划

广告推广		成本预测	
渠道推广		成本预测	
公关活动推广		成本预测	
网路推广		成本预测	
营业推广		成本预测	
人员推销		成本预测	

5. 企业的组织结构

（1）拟创办企业的情况

表 16-11　拟创办企业的情况

企业名称	
企业类型	□加工制造 □零售 □批发 □服务 □IT □养殖/种植 □其他
法定形态	□个体工商户 □个人独资企业 □合伙企业 □股份合伙制企业 □有限责任公司 □其他

（2）部门及岗位设置

表 16-12　部门及岗位设置

部门/工作内容	岗位及职责	雇员数	预计薪金

续表

部门/工作内容	岗位及职责	雇员数	预计薪金
组织结构示意图			

（3）企业合伙人（出资人）

表 16-13　企业合伙人情况

合伙人 项目				
出资方式				
出资额				
股权比例				
经营管理分工				

（4）经营选址

表 16-14　企业选址计划

地址	面积	费用或成本	选择该地址的主要原因

（5）企业注册登记

表 16-15　企业注册登记情况

需申办的证照、许可	办理机关	预计费用

续表

需申办的证照、许可	办理机关	预计费用

6. 资金需求

（1）生产经营所需设备、工具和办公家具

表 16-16　生产经营设备、工具和办公用品置办情况

名称	数量	单价	费用（元）

（2）原材料采购计划

表 16-17　原材料采购计划

名称	数量	单价	费用（元）

(3) 其他经营费用

表 16-18　其他经营费用举例

项目	费用（元）	说明
合伙人工资		
雇员工资		
房租		
装修费		
VI 设计费		
营销费用		
登记注册费		
保险费		
维修维护费		
水、电、交通费		
其他		
合计		

(4) 资金筹集和使用计划

表 16-18　资金筹集和使用计划

筹资形式	筹资金额（万元）	占投资总额比例	资金用途及用款计划
自有资金			
合伙人出资			
亲友借款			
小额担保贷款			

续表

筹资形式	筹资金额（万元）	占投资总额比例	资金用途及用款计划
商业贷款			
其他融资			
合计			

7. 经营效益分析

（1）经营第一年月销售收入预测

表 16-19　经营第一年月销售收入预测分析

产品 销售	1	2	3	4	5	6	合计
平均售价							
月销售数量							
月销售收入							
备注							

（2）经营第一年月销售成本和净收入预测

表 16-20　经营第一年月销售成本和净收入预测分析

月销售收入	
直接成本/费用（销售成本/费用）	原材料采购/进货：
	销售提成/分成：
	其他销售费用：
	共计：

续表

<table>
<tr><td>月销售收入</td><td></td></tr>
<tr><td>流转税费</td><td></td></tr>
<tr><td>毛利和毛利率</td><td></td></tr>
<tr><td rowspan="8">间接成本/费用（经营固定成本/费用）</td><td>场地租金：</td></tr>
<tr><td>人员固定薪酬：</td></tr>
<tr><td>日常营销费用：</td></tr>
<tr><td>用品及耗材：</td></tr>
<tr><td>水、电、交通费：</td></tr>
<tr><td>设备折旧：</td></tr>
<tr><td>其他间接费用：</td></tr>
<tr><td>间接成本/费用共计：</td></tr>
<tr><td>利润</td><td></td></tr>
<tr><td>所得税预计</td><td></td></tr>
<tr><td>税后净收入</td><td></td></tr>
</table>

（3）盈亏平衡点（保本点）

固定成本/毛利润＝

8. 企业的发展目标和规划

（1）企业的远景目标：

（2）头两年的发展目标、策略和措施

初创头三个月：

头半年：

第一年：

第二年：

（3）两年后的发展规划

财务计划明细表

附表 1. 第一年的月销售额和销售净收入

附表 2. 第一年的月固定成本费用和纯收入

附表 3. 第一年的现金流量计划

二、创业计划书填写说明

（一）封面

创业计划书封面填写内容有三个：学员姓名、培训机构、培训起止日期。

填写要求：

姓名——要求和身份证姓名一致，居中填写；

培训机构——北京联合大学；

培训起止日期——要求填写起始日期到结束日期，某年某月某日至某年某月某日。

（二）个人信息

个人信息包括学员姓名、年龄、性别、文化程度、固定电话、移动电话、电子邮件、家庭住址、邮政编码等内容。

其中学员姓名（要求同封面）、年龄、性别、文化程度（最后学历）为必填内容，固定电话和移动电话可选填一个，电子邮件、家庭住址、邮政编码为选填，可以不填。

（三）正文

正文是创业计划书最重要的部分，包括个人情况、创业项目的基本信息、市场分析、市场营销计划、企业的组织结构、资金需求、经营效益分析、企业的发展目标和规划、财务计划明细表等九个部分。

1. 个人情况

（1）受教育情况

采用时间倒叙，从最近的由上到下写起，包括学历教育和各种资质资格培训，一定从最近的开始，即首先应当填写“创业培训”。

（2）工作或创业经历

采用时间倒叙，从最近的由上到下写起，可以是在校外的打工、促销等有报酬工作实习经历。

（3）创业的动机与目标

创业动机可以多选，预期收入要求与最后第九部分的表格数据大致吻合，暂时先不要填写。

2. 创业项目基本信息

（1）企业经营范围

主要经营范围——根据工商注册要求，先选择经营项目所属的类别，如贸易类、服务类、科技类等，再选择行业分类，然后选择经营范围，最后选择具体经营范围。

具体描述——针对所选具体经营范围进行进一步的文字描述。

（2）产品或服务特征

产品或服务——在自己经营的范围内选择1~3个有代表性的具体产品或服务。

新颖性、独特性和可行性——针对所选产品的特点、优点进行描述。

3. 市场分析

（1）目标顾客描述

目标客户基本情况——目标客户大类群体概括。

主要客户基本情况——目标客户大类群体中具体对象人群的概括。

目标客户社会特征——主要是年龄、经济能力、受教育程度、职业职位等社会特征描述。

目标客户消费习惯——目标客户消费偏好的描述，包括产品偏好、品牌偏好、消费行为偏好等。

（2）市场情况分析

市场需求——是根据市场调查得出的结果。

市场供应——是指现在有哪些提供类似产品或服务的商家。

预期占有率——是指你提供的产品或服务在同类产品或服务中可能占有的比例。

竞争对手描述——分析竞争对手的优势和劣势。

市场前景预测——创业项目前景的概括性描述。

（3）SWOT 分析

SWOT 是优势、劣势、机会、挑战的含义，结合市场调研分析创业项目涉及产品或服务在商场竞争中具备的优势、劣势，采用哪些措施开拓市场使企业生存发展。

（4）项目的风险和对策

主要写出针对创业项目可能遇到的风险和规避风险采取的措施，以及出现风险采取的应对策略和措施。

4. 市场营销计划

（1）产品定价

产品或服务——与表 16-5 一致。

成本价——自己生产的产品，成本价主要是指转移到商品里的原材料价值；购进的商品，成本价即商品的购进价值。

销售价——单个商品的价格，及单个商品定价。

竞争对手的价格——市场调查的结果。

（2）主要销售渠道

创业项目的产品或服务通过哪些方式渠道推向市场，如店铺销售、电话预订、网络预订、送货上门等不同方式。

（3）宣传推广

选择提供的宣传推广方式，填写具体宣传推广方式，不一定都有；成本预测根据调查和询价填写。

5. 企业的组织结构

（1）拟创办企业的概况

企业名称——根据自己创业项目起一个好听实用的名字，按工商注册要求起名。

企业类型——结合第十课学习内容，在提供的选项中选择即可。

法定形态——结合第十课学习内容，在提供的选项中选择即可。

（2）部门及岗位设置

结合第十四课学习内容，根据实际需要设置部门、岗位及人数，并规定部门工作内容、岗位职责，根据岗位工作性质并结合当地政府最低工资指导，初步确定预计薪金数额。

组织结构示意图——画一个简单结构图，表明各个雇员之间的关系。可以一岗多职。

（3）企业合伙人（企业股东、合伙人、出资人）

出资方式——指为公司或企业投入资金注册的形式，通常有货币、实物、知识产权、土地（房屋）使用权、劳务和信用出资等方式。

出资额——具体数额。

股权比例——根据出资数额和总股本算出。

经营管理分工——明确各出资人的具体分工。

（4）经营选址

地址、面积、费用成本根据实际情况填写，也可根据调查结果虚填；选址原因应做简单理由描述。

（5）企业注册登记

根据注册企业类型和工商注册登记要求及其他特殊要求，填写需申办的证照、许可和办理机关。需要申办的证照和许可包括营业执照、税务登记证（三证合一，自己办理没有费用），经营食品需要健康证、卫生许可证，特种行业需要行业许可证等，费用都需要在后面表格中体现。

6. 资金需求

（1）生产经营所需设备、工具和办公家具

根据实际需要和询价或购置情况填写。

（2）进货采购计划

根据表 16-19 经营产品需要填写。一般原料采购按照一个月的原料采购计算，涉及具体费用在后面表格中使用，采购成本应和表 16-19 中成本价计算基本一致。

（3）其他经营费用

其他经营费用也是按月计算填写。

合伙人（股东）工资——根据表 16-12 和表 16-13 填写。

雇员工资——根据表 16-12 填写。

房租——根据表 16-14 填写。

装修费——根据装修总费用分摊入 12 个月填写。

VI 设计费——根据委托设计合同或商议费用填写，若没有，做“无”说明即可。

营销费用——根据表 16-10 填写。

登记注册费——根据表 16-14 填写。

保险费——应依据国家现行政策四险一金比例，根据雇员工资计算得出。实际填写时可简化为员工工资总额×30%计算。

维修维护费——根据可能发生的日常维修维护费用进行填写，若没有，做“无”说明即可。

水电交通费——根据日常实际可能发生的费用填写。

其他——除上述费用以外可能发生的其他费用，若没有，做“无”说明即可。

(4) 资金筹集和使用计划

筹集金额形式根据提供形式选择，自有资金和合伙人出资根据5.3填写，亲友借款、小额担保贷款、商业贷款和其他融资根据实际情况或需要填写。资金用途及用款计划应作明确描述。

7. 经营效益分析

(1) 经营第一年月销售收入预测

产品和平均售价——根据表16-18填写

收入预测一定要前后结合填写，最好结合表16-20写，创业项目有盈利，表16-20中直接成本和间接成本固定，企业要有盈利，月销售收入要做好才可能盈利，表16-19和表16-20中的数据直接对应创业计划书的附表1，一定要写准确。

(2) 经营第一年月销售成本和净收入预测

月销售收入——根据表16-19收入合计填写。

直接成本/费用——原材料采购/进货根据表16-17填写；销售提成/分成可根据自定提成比例（如销售收入的5%或10%）计算填写；其他销售费用（可能发生的包装、装卸、运输、保险等）根据实际填写，没有即为0。

流转税费——销售收入×3%（月销售收入不超20 000免收，超20 000全额收）计算填写。

毛利和毛利率——毛利=销售收入-直接成本费用共计-流转税费；毛利率=毛利/销售收入×100%。

间接成本/费用——场地租金与表16-14和表16-18一致；人员固定薪酬与表16-12和表16-18一致；日常营销费用与表16-10和表16-18一致；用品及耗材根据可能发生的实际填写；水、电、交通费与表16-18一致；设备折旧根据表16-16中设备费按一年折旧，及设备总费用/12计算得出；其他间接费用与

表16-18其他费用一致。

利润——利润=毛利-间接费用共计。

所得税预计——根据年利润20万以下10%，20万~30万17.5%，30万以上20%计算得出。

税后净收入——税后净收入=利润-所得税预计

（3）盈亏平衡点（保本点）

保本点=固定成本/毛利率

8. 企业的发展目标和规划

（1）企业的远景目标

主要畅想未来，根据自己创业项目书写就可以，最好不要太不着边际。

（2）头两年的发展目标、策略和措施

初创头三个月——主要是立足，即通过宣传达到了解、接纳到推荐的过程。

头半年——开始盈利，客户数量扩大，销售持续上升，是一个发展阶段。

第一年——实现盈利，收回投资，销售额逐步上升，是一个稳定发展阶段。

第二年——稳定发展，进入扩充阶段。

（3）两年后的发展规划

主要从扩张角度进行规划和展望。

9. 财务计划明细表

结合第十一课和第十二课知识内容，根据6、7的数据进行计算填写。在各个月销售数量的填写上，应结合8的发展规划，遵循由少到多并逐步稳定的原则填写。

参考文献

1. 陈丰:《创业培训一体化教程》，延边大学出版社 2011 年版。

2. 李家华:《创业基础》，北京师范大学出版社 2013 年版。

3. 李时椿、常建坤:《创业基础》，清华大学出版社 2013 年版。

4. 焦雨梅:《大学生创业教育》，航空工业出版社 2013 年版。

5. 李肖鸣:《大学生创业基础》，清华大学出版社 2013 年版。

6. 罗国锋:《创新创业：行动学习指南》，经济管理出版社 2013 年版。

7. 李政:《创业基础》，高等教育出版社 2015 年版。

8. 姬振旗、周峰:《创业教育实务》，高等教育出版社 2014 年版。

9. 周德文、张建营、张振宁:《中小企业风险防范与危机管理》，中华工商联合出版社 2009 年版。

10. 高敬:《哈佛模式：公司危机管理》，中央民族大学出版社 2003 年版。

11. 王中义:《企业文化与企业宣传》，北京大学出版社 2008 年版。

12. 谢丁宁:《长效机制的建立与运作》，海风出版社 2006 年版。

13. 侯书森等:《EMBA 前沿管理方法：长效管理》，中国言实出版社 2003 年版。

14. 胡飞雪:《创新思维训练与方法》，机械工业出版社 2009 年版。

15. 古红梅:《大学生创业教育实务训练教程 》，北京出版社 2014 年版。

16. 杨明海:《创业实务：创业准备、实施与保障》，电子工业出版社 2011 年版。

17. 鲁百年:《创新设计思维》，清华大学出版社 2015 年版。

18. 季跃东：《创新创业思维拓展与技能训练》，科学出版社 2012 年版。

19. 殷建松:《从零到英雄——互联网“玩·创·投”三步走》，北京出版社 2016 年版。

20. 欧阳小珍:《销售管理》，武汉大学出版社 2003 年版。

21. 梁锐光、杜绍基:《Design Thinking01：设计思维玩转创业》，三联书店（香港）有限公司 2016 年版。

22. ［美］菲利普·科特勒、红瑞云等著，梅清豪译:《市场营销管理（亚洲版）》，中国人民大学出版社 2001 年版。

23. ［美］威廉·A. 科恩著，刘宝成译:《营销计划》，中国人民大学出版社 2006 年版。

24. ［美］斯科特·安索尼著，王雪畅译:《最初一英里——从创意到创业，把创新想法变成伟大事业》，人民邮电出版社 2016 年版。

25. ［美］迈克尔·米哈尔科著，曲云译:《米哈尔科创意思维 9 法则》，中国人民大学出版社 2010 年版。

26. ［瑞士］亚历山大·奥斯特瓦德、［比利时］伊夫·皮尼厄著，王帅、毛心宇、严威译:《商业模式新生代》，机械工业出版社 2015 年版。

27. ［美］蒂莫西·克拉克、［瑞士］亚历山大·奥斯特瓦德著，毕崇毅译:《商业模式新生代（个人篇）》，机械工业出版社 2015 年版。

28. 徐新宇:“企业发展的血脉——资金链”，载《时代金融》2009 年第 3 期。

29. 王胜彬:“如何提升企业的资金链管理”，载《会计之友》2008 年第 7 期。

30. 任永涛:“创业者必知的六种融资方案”，载《共鸣》2010 年第 2 期。

31. 赵延忱:“如何解决创业资金问题”，载《中国电子商务》2008 年第 8 期。

32. 韩耀德:“浅谈企业财务制度设计”，载《甘肃科技纵横》2008 年第 3 期。

33. 刘惠丽："我国企业现金流管理存在的问题及对策研究"，载《工业技术经济》2012 年第 3 期。

34. 刘焕东："浅谈财务管理对企业经营管理的重要性"，载《品牌》2015 年 2 月下。

35. 陈富："财务危机识别与防范研究"，载《财会通讯》2014 年第 6 上期。

36. 闫玲玲："公司市场营销网络研究与案例分析"，中国农业科学院 2007 年硕士学位论文。

37. 陈杰："企业营销网络建设和管理的问题与对策"，载《现代经济信息》2009 年第 10 期。

38. 徐瑞忠："企业营销团队建设"，载《中国市场》2014 年第 21 期。

39. 刘丽文："论服务运作管理的特殊性"，载《清华大学学报（哲学社会科学版）》1999 年第 2 期。

40. 王云："服务企业的服务质量管理"，载《中国质量》2002 年第 2 期。

41. 黄建忠："企业宣传策划中需要注意的关键问题"，载《东方企业文化》2014 年第 6 期。

42. 赵妍："赛百味中国市场推广方案"，载《中国包装工业》2015 年第 7 期。

43. 左亮："市场推广已步入分众促销时代"，载《北京农业》2008 年第 8 期。

44. 邓白君："浅谈新创企业的人力资源管理"，载《经济研究导刊》2010 年第 21 期。

45. 贾学蕾："浅析新创企业人力资源激励管理"，载《科学之友》2013 年第 22 期。

46. 杨梅："论危机处理和危机管理"，对外经济贸易大学 2002 年硕士学位论文。

47. 王军："企业危机处理的成功之道"，载《商业研究》2004 年第 15 期。

48. 张炜："企业危机的成因与处理"，载《管理现代化》1998 年第

5 期。

49. 李江火："福特企业文化的启示"，载《东莞日报》2011 年 12 月 26 日第 B02 版。

50. 黎群："试论企业文化的形成机制与建设"，载《北方交通大学学报》2001 年第 10 期。

51. 杨廷飞："城市道路交通安全长效管理机制研究"，福建师范大学 2009 年硕士学位论文。

52. 郝婷："农民培训长效机制研究"，西北农林科技大学 2012 年博士学位论文。

53. 刘学林："论企业形象及其塑造途径"，载《企业技术开发》2005 年第 10 期。

54. 袁美娜："民族品牌的形象塑造——以'同仁堂'的 CIS 战略为例"，载《新闻世界》2011 年第 9 期。

55. 李光斗："互联网时代企业如何危机公关——从北京和颐酒店新闻发布会说起"，载《中国质量报》2016 年 4 月 13 日第 8 版。

后 记

北京联合大学是北京市人力资源和社会保障局认定的首家创业培训定点高校，自2013年以来，我校为500多名应届大学毕业生和社会人员提供了形式多样的创业培训，受到了社会各界的广泛认同。在此，特别感谢北京市人力资源和社会保障局劳动服务中心、朝阳区人力资源和社会保障局各位领导对我校创业培训工作的大力支持，感谢朝阳区科委对我校大学生创新创业实践基地建设的支持与帮助。

本书是北京市人力资源和社会保障局指定的首批大学生创业培训试点教程，是编写组全体成员在总结以往创业培训经验的基础上，结合首都大学生特点编写的创业实务训练教程。

本教材以创业行动为导向，围绕创业评估、创业准备、企业开办和新企业管理四大模块，以创业活动过程为体系，围绕典型创业故事展开教学内容，每章下设【创业故事】-【导师问答】-【知识导航】-【案例链接】-【能力训练】-【创业实战】等模块，依照小微企业成立和发展的过程设计各章内容，解答创业者在创业过程中可能遇到的一系列问题，注重实操性，重点讲解流程、方法和注意事项，以创新创业思维拓展和能力训练为主，适当介绍必备的创业基本知识和理论，旨在让学生了解和掌握创新创业活动的基本规律和进行创新创业实践的最基本的方法。

本书所选的创业故事绝大部分都来自身边大学生的真实的创业故事，其中既有创业成功的案例，也有创业失败的案例。既从正面告诉同学他人创业成功的经验，也从反面警示同学该如何规避创业的风险，避免了传统教材反面案例不足的问题。

本书作为《大学生创业教育实务训练教程》的升级版，倾注了众多领导和老师的心血，特别感谢唐邦勤、李鹏、骆祥、焦相卿、李昕、刘春阳等老师为教材编写付出的辛苦，感谢马丽萍、蒋丽平等老师为教材案例编写提供的校友创业故事，感谢周志成为本书作序。同时对中国政法大学出版社的大力支持表示感谢。对为本书提出宝贵意见的各位领导和同仁表示衷心的感谢。

本书适合普通高校各专业学生学习参考和各类创新创业教练的教学参考。

本书参阅了大量文献和研究成果，主要参考书目在书后列出，部分网上资料出处不详无法全部列出，在此一并表示感谢。

由于时间紧迫、水平有限，不当之处敬请广大读者悉心指正。

编 者

2016 年 10 月